新しい物価理論

一橋大学経済研究叢書 52

渡 辺 努・岩 村 充 著

新しい物価理論
——物価水準の財政理論と金融政策の役割——

岩 波 書 店

経済研究叢書発刊に際して

　経済学の対象は私たちの棲んでいる社会である．それは，自然科学の対象である自然界とはちがって，たえず変化する．同じ現象が何回となく繰返されるのではなくて，過去のうえに現在が成立ち，現在のうえに将来が生みだされるという形で，社会の組立てやそれを支配する法則も，時代とともに変ってゆくのが普通である．したがって私たちの学問も時代とともに新しくなってゆかねばならぬ．先人の業績を土台として一つの建造物をつくりあげたと思った瞬間には，私たちは新しい現実のチャレンジを受け，時には全く新しい問題の解決をせまられるのである．

　いいかえれば経済学者は，いつも摸索し，試作し，作り直すという仕事を，性こりもなく続けなければならない．経済研究所の存在意義も，この点にこそあると思われる．私たちの研究所も，一つの実験の場である．あるいは，所詮完全なものとはなりえない統計を，すこしでも完全なものに近づけることに努力したり，あるいは，その統計を利用して現実の経済の動きの中に発展の法則を発見しようとしたり，あるいは，分析の道具そのものをみがくことに専念したり，あるいは，外国の経済の研究をとおして日本経済分析のための手がかりとしたり，あるいは，先人のきわめようとした原理を追求することによって今日の分析のための参考としたり，私たちの仕事はきわめて多岐にわたる．こうした仕事の成果を，その都度一書にまとめて刊行しようというのが本叢書の趣旨にほかならない．ときには試論の域を出でないものがあるとしても，それは学問の性質上，同学の方々の鞭撻と批判を受けることの重要さを思い，あえて刊行を躊躇しないことにした．ねがわくば，読者はこの点を諒承していただきたい．

　本叢書は，一橋大学経済研究所の関係者の筆になるものをもって構成する．必らずしも定期の刊行は予定していないが，一年間に少なくとも三冊は上梓のはこびとなろう．こうした専門の学術書は，元来その公刊が容易でないのだが，私たちの身勝手な注文を心よくききいれて出版の仕事を受諾された岩波書店と，研究調査の過程で財政的な援助を与えられた東京商

科大学財団とには，研究所一同を代表して，この機会に深く謝意を表したい．

　1953年8月

一橋大学経済研究所所長
都　留　重　人

はしがき

　日本が経験しているのは，経済のファンダメンタルズに対する自信の喪失と，物価水準の低落の同時進行である．

　一国の経済についての人々の見方は強気になることもあるし弱気になることもある．また，貨幣価値は上昇することもあるし低落することもある．だが，経済についての見方が弱気になる一方で，貨幣価値の上昇(物価水準の低落)が進行することは珍しい．多くの人の直感は，強い経済の下でその国の通貨は強くなり，弱い経済の下で通貨は弱くなるというものだろう．日本で起こっているのは，そうした直感の逆を行く現象なのである．

　本書の問題意識は，このような日本の現象がなぜ起こっているのか，それを解き明かす物価理論を探そうというものである．

　ところで，強い経済の下では通貨も強く，弱い経済の下にある通貨は弱いという直感の背後にあるのは，貨幣価値はその国の経済力によって支えられているはずだという考え方だろう．このような考え方は，ケインズが『貨幣論』の中でマーシャルやピグーらのケンブリッジ数量方程式として紹介している議論にもみることができる．彼らの議論では，社会の「総資力」から貨幣に対する要求を満たすために取り分けた「資力」を想定し，貨幣価値は，この「資力」を「貨幣量」で割ったものであるとされる．ここで，社会の総資力から貨幣価値維持のための資力を取り分けるシステムが存在し，それが，例えば，社会全体の経済力に比例して貨幣価値維持のための資力を取り分けるというような単純なものであるとすれば，強い経済の下にある通貨は強く，弱い経済の下にある通貨は弱くなるはずである．

　しかし，日本で起こっているのは，その逆の現象である．これは，貨幣価値維持のための資力を取り分けるシステムが，そう単純なものではなく，したがって，その日本の問題を理解することは，貨幣価値を支えるシステムの理解につながるということも示すものである．私たちが，本書で考えたいのは，このシステムの問題なのである．

金本位制の下での貨幣価値を考えてみよう．貨幣を支える資力の重要な部分が金準備であることは明らかであろう．だが，貨幣を支えている資力はそれだけではない．中央銀行が企業や銀行そして政府への債権を保有していれば，それも貨幣を支える資力だということになるだろう．さらに，人々が貨幣制度を支えるスポンサーとして政府をみているとすれば，そうした政府の信用全体が貨幣を支える資力ということになる．

現代の管理通貨制でも同じことである．貨幣は中央銀行の資産だけによって支えられているのではなく，中央銀行制度を設計運用する国の統治機構全体への信用によって支えられている．貨幣を支える資力とは，貨幣制度全体への信用であり，より具体的には，中央銀行を含む広義の政府の意志と能力に対する信用なのである．

一方，そうした政府への信用に支えられている債務は貨幣だけではない．国債も，貨幣と同じく，政府への信用に支えられた債務である．貨幣を支える資力には中央銀行の資産だけでなく政府への信用も含まれるのだと考えるとすれば，その資力が支える債務として，貨幣だけでなく国債をはじめとする様々な政府債務を視野に入れておかなければならないだろう．

私たちは，経済の問題を考えるのに財政と金融の各々の役割を区別するという二分法になじんできた．だが，貨幣価値を維持するための資力という観点から問題を考え始めると，財政と金融を別々のものと考える二分法では捉えきれない財政と貨幣価値との関連に改めて眼を向けざるを得なくなる．こうした観点から貨幣価値すなわち物価水準についての理論の再構築を行おうとする試みとしては，財政金融の二分法の理論的盲点を指摘した，サージェントとウォレスによる 1981 年の論文 "Some Unpleasant Monetarist Arithmetic" がある．だが，財政と物価水準との関連性についての研究が本格的に行われるようになったのは，1990 年代半ば以降のことであり，その背景には，新興市場経済で相次いだインフレと通貨危機が，貨幣価値を支えるものとしての政府の統治能力に人々の注目を集めさせたという事情がある．このように財政と物価水準との関係に注目する議論は，FTPL（Fiscal Theory of the Price Level）とよばれる理論体系を形成し

つつある．

　ところで，もしFTPLがインフレを説明する理論たり得るのなら，インフレの逆の現象，つまりデフレをも説明できるのではないだろうか．インフレを説明する理論ならデフレを解明する理論としても有用なのではないだろうか．それが，本書を書いてみようと思った筆者たちの発想の出発点である．

　本書の各章は次のように構成されている．
　第1章は，筆者たちが財政と金融そして貨幣価値の問題を考えていくうちに理論としてのFTPLに出会うまでの発想の道筋を，理論的というよりは直感的な分かりやすさを優先してまとめたものである．FTPLは新しい物価理論であり，したがって，その理論が，どの程度の幅と広さで現実に妥当するのかについて，多くの読者はなかなか「相場観」がつかめないはずである．第1章で筆者たちが提供したいのは，その相場観である．この章が，すでに歴史の中の制度になってしまっている金本位制から議論を開始しているのは，理論の有効性に関する相場観を読者と共有するためには，現代の貨幣制度と歴史の中の貨幣制度との間で共通する原理がないかどうかを点検しておくことが重要だと考えたからである．
　第2章から第4章では，FTPLの基本的なアイディアを筆者たちの視点から整理した上で，日本のデフレ現象をも扱えるような，より広い分析枠組みへと拡張することを試みる．リカードは，「政府債務の増加に対して現在価値でちょうどそれに見合うだけの増税を将来のどこかの時点で実行する」(その逆に債務の減少に対しては同額だけ減税する)という原理に則って財政運営が行われると考え，それを前提として有名なリカードの等価定理を主張した．リカードの仮定した財政運営のスタイルは「リカーディアン・レジーム」とよばれ，伝統的な貨幣経済学で物価決定を論じる際には常にこの仮定が用いられてきた．だが，この仮定がいつでもどこでも満たされるという保証はなく，現に通貨危機などいくつかの重要な事例では満たされていないことが確認されている．第2章の主な課題は，このレジームから乖離した状況を想定し(「非リカーディアン・レジーム」)，そこでの物価決

定の仕組みを分析することである．第2章で詳しく論じるように，ひとたびリカーディアンの仮定から離れると，物価水準や為替相場の決定について新たな視界が拓け，これまで不可思議とされてきた現象や制度について説得的な理解を得ることができる．

　財政運営のスタイルについて新たな視点を取り入れることで物価決定の議論に拡がりを与えてきたのが90年代後半以降のFTPLの貢献であるとすれば，第3章と第4章で展開される議論は，財政だけでなく金融政策運営についても新たな視点を持ち込もうとする試みである．従来型のFTPLでは名目利子率が常に均衡実質利子率(あるいは自然利子率)に一致していると仮定されてきた．経済の実物部門に起因する自然利子率の変動に対して名目利子率をきちんと追随させることが物価安定につながるという，ヴィクセルの主張を踏まえれば，従来型のFTPLは「ヴィクセリアン・レジーム」の枠の中で展開されてきたと言える．しかし自然利子率の変動を名目利子率が常に追跡できるとは限らない．例えば，90年代後半以降の日本経済が経験したように，名目利子率がゼロを下回らないという制度的な制約がネックになって自然利子率のトラッキングに失敗することもあり得る．第3章と第4章の狙いはFTPLの議論を「非ヴィクセリアン・レジーム」へと拡張することである．

　具体的には，第3章では財政のスタイルをリカーディアンに限定した上でヴィクセリアンと非ヴィクセリアンの比較を行う．続く第4章では，今度は財政レジームを非リカーディアンとした上で金融政策レジームについて同様の比較を行う．この2つの章での分析を通じて，日本が経験してきた流動性の罠の下でのデフレーションの仕組みや，それに対する政策的な処方箋について議論を展開する．

　最後に第5章では，前章までとは観点を変えて，現在の制度の中で何が起こるかではなく，現在の制度を変えると何が起こるかを考える．取り上げるのは，名目価値減価型の貨幣の可能性と，様々な外生的ショックの中で貨幣を安定的に維持するような政府行動をビルトインする制度的な可能性についてである．そこで得られる結論の一つは，金本位制とは異なるが金本位制と原理的に通じるところのある貨幣制度設計の合理性であるが，

これは中央銀行が貨幣を発行するに際し買い入れる資産として何が適切かという問題に対して，国債を最も健全な資産であるとする「常識」に疑問をさしはさむものでもある．

FTPL の研究で先駆的業績を挙げているシカゴ大学のコクラン教授は，2003 年 1 月に発表した論文の中で，貨幣経済学の分野で過去 10 年間に起きた変化は "perhaps as deep as those of any decade in the 20th century, including the decades of Irving Fisher's and Milton Friedman's seminal contributions to the quantity theory" と述べ，その変化のひとつとして FTPL を挙げている．もちろん，この評価が正しいかどうかを判断するにはまだまだ多くの時間が必要であろう．ただ，流動性の罠の下でのデフレという日本経済の状況に FTPL を適用しようと試みた筆者たちの実感からすると，通貨危機や戦時インフレなど貨幣価値の下落現象を念頭において開発された FTPL は，理論の発展の方向がそうした現象に強く引きずられている傾向があり，汎用性に欠けるとの憾みがあった．

本書の検討によって，インフレのみならずデフレを理解するための理論としての FTPL の可能性を読者に伝えることができれば，この新しい理論が日本の現在の困難を解決する一助になるのではないかと考えた筆者たちの狙いは，すでに十分過ぎるほど果たせたことになる．

本書の執筆に当たっては多くの方々から助言をいただいた．特に，青木浩介，植田和男，林文夫，福井俊彦，Toni Braun，Andy Levin，Michael Woodford の各氏とは，本書に関連する論文作成の過程で議論する機会を得ることができ，本書執筆の有益なヒントを頂戴した．また，本書第 3 章に関連する論文の共同執筆者でもある Jung Taehun，寺西勇生の両氏との議論は有益であった．さらに，白塚重典，藤木裕，工藤健の各氏には本書の草稿に目を通していただき詳細なコメントを頂戴した．これらの方々に対して心よりお礼申し上げたい．

なお，本書第 1 章は富士通総研『Economic Review』2003 年 10 月号掲載の「政府の貨幣価値コミットメントと金融政策の限界」を，また第 3 章

は『経済研究』第 51 巻第 4 号掲載の「流動性の罠と金融政策」をもとに改稿したものである．これらの論文の作成過程で頂いた様々な助言と協力にも改めてお礼申し上げる次第である．

　本書は，一橋大学経済研究叢書第 52 巻として刊行させていただくものである．ところで，一橋大学経済研究叢書で物価を論じる機会を与えられたからには，その第 17 巻『現代価格体系論序説』(1965 年)を執筆された故高須賀義博博士の業績に言及しなくてはならない．経済を政府部門と民間部門に分け，その両者のバランスの変化が貨幣と実物財との価格変動すなわち物価水準の変動を引き起こすと考える FTPL の議論は，経済を独占的な大企業と非独占企業に分け，両者の生産性格差が生産要素の偏在を生み物価変動を引き起こすと論じた高須賀博士の物価決定論に通じるものがあるからである．政府とは税率という非競争的価格で公共サービスを供給する独占企業のようなものだと考えれば，そうした政府の行動は物価水準の決定に無関係なはずがないが，これは FTPL のアイディアそのものではないだろうか．もとより，FTPL の枠組みは博士の提示したものとは大きく異なっている．しかし，分析の枠組みこそ異なっていても，物価が貨幣量だけで決まるという見方を排し，部門間の生産性格差が物価水準に与える影響に注目した博士の先見性と独創性から筆者たちが得たものは大きい．

　1991 年に逝去された博士の 13 回忌に当たる 2003 年に，博士が価格決定論を展開されたその一橋大学経済研究叢書で物価の問題を論じるのを許されたことへの感謝を，この序文を借りて記しておきたいと思う．

2003 年 11 月

渡　辺　　　努
岩　村　　　充

目　　次

はしがき

第1章　誰が貨幣価値を支えているのか ── 1

1.1　はじめに …………………………………………………………… 1
1.2　金本位制の世界 …………………………………………………… 2
　　1.2.1　貨幣価値を支えていたもの ……………………………… 2
　　1.2.2　政府の統合バランスシート ……………………………… 7
　　1.2.3　アンカーとしての金 ……………………………………… 12
1.3　FTPL──物価水準の財政理論 ………………………………… 16
　　1.3.1　物価決定における財政の役割 …………………………… 16
　　1.3.2　物価決定における金融政策の役割 ……………………… 19
　　1.3.3　企業金融とのアナロジー ………………………………… 24
1.4　政府と中央銀行 …………………………………………………… 27
　　1.4.1　政府とそのコミットメント ……………………………… 27
　　1.4.2　政府の信用と貨幣の信用 ………………………………… 32
1.5　金本位制から現代まで …………………………………………… 36

第2章　FTPLの道具箱 ── 39

2.1　財政と貨幣価値のリンク ………………………………………… 39
　　2.1.1　戦時インフレ ……………………………………………… 39
　　2.1.2　新興市場経済における通貨危機 ………………………… 43
　　2.1.3　本章の構成 ………………………………………………… 47
2.2　最小限のモデル …………………………………………………… 47
　　2.2.1　財政に関する均衡条件式 ………………………………… 47
　　2.2.2　財政政策ルール …………………………………………… 51
2.3　多期間モデル ……………………………………………………… 56
　　2.3.1　多期間モデルへの拡張 …………………………………… 57

	2.3.2　リカーディアン型財政政策ルール ……………	61
	2.3.3　物価を決めるのは金融政策か財政政策か ………	65
	2.3.4　リカーディアン型か非リカーディアン型か ……	70
2.4	多国モデル ………………………………………………	79
	2.4.1　2国1財モデルへの拡張 ………………………	81
	2.4.2　変動相場制 ………………………………………	83
	2.4.3　固定相場制 ………………………………………	86

第3章　ゼロ金利下の政策コミットメント（Ⅰ）——— 91

3.1	はじめに ………………………………………………	91
3.2	日本銀行のゼロ金利政策 ………………………………	97
	3.2.1　ゼロ金利政策の意図 ………………………………	97
	3.2.2　ゼロ金利継続のコミットメント …………………	98
	3.2.3　ゼロ金利解除の条件 ……………………………	102
3.3	ゼロ金利制約に関する研究 …………………………	106
	3.3.1　クルーグマン仮説 ………………………………	106
	3.3.2　名目長期金利の引き下げ余地を巡る議論 ………	110
	3.3.3　ゼロ金利を回避するための事前措置 ……………	112
3.4	ゼロ金利下の最適金融政策 …………………………	114
	3.4.1　数　値　例 ………………………………………	115
	3.4.2　中央銀行の最適化問題 …………………………	117
	3.4.3　公　約　解 ………………………………………	121
	3.4.4　シミュレーション ………………………………	123
	3.4.5　ゼロ金利解除の条件 ……………………………	128
	3.4.6　サマーズ効果 ……………………………………	133
3.5	結　　び ………………………………………………	136

第4章　ゼロ金利下の政策コミットメント（Ⅱ）———139

4.1	はじめに ……………………………………………	139
4.2	流動性の罠と財政コミットメント …………………	140
	4.2.1　国債金利の下限 …………………………………	140
	4.2.2　国債金利と金融政策——2つの事例 …………	149

4.3　物価水準の決定モデル ……………………………………… 157
　　　4.3.1　民間経済 …………………………………………………… 159
　　　4.3.2　政府・中央銀行の予算条件式 …………………………… 160
　　　4.3.3　物価決定式 ………………………………………………… 162
　4.4　比較静学 ……………………………………………………… 166
　　　4.4.1　ゼロ金利制約がバインディングになる条件 …………… 166
　　　4.4.2　今日のデフレか明日のデフレか ………………………… 170
　　　4.4.3　クルーグマンの処方箋再考 ……………………………… 172
　4.5　最適な政策コミットメント ………………………………… 174
　　　4.5.1　テイラールール …………………………………………… 174
　　　4.5.2　最適な金融政策ルール …………………………………… 177
　　　4.5.3　最適なポリシーミックス ………………………………… 182
　　　4.5.4　シミュレーション ………………………………………… 184
　4.6　結　　び ……………………………………………………… 190

第5章　代替的な制度 ———————————————————— 193

　5.1　はじめに ……………………………………………………… 193
　5.2　ゲゼル型貨幣 ………………………………………………… 193
　　　5.2.1　ゲゼルの提案 ……………………………………………… 193
　　　5.2.2　名目金利マイナスの効果と限界 ………………………… 199
　5.3　リカーディアンの政府 ……………………………………… 203
　　　5.3.1　インデックス国債と貨幣のレジデュアル性 …………… 203
　　　5.3.2　契約型リカーディアン …………………………………… 207
　　　5.3.3　公約型リカーディアン …………………………………… 213
　　　5.3.4　自己安定型リカーディアン ……………………………… 219
　　　5.3.5　貨幣リザーブ確保の制度的枠組み ……………………… 226
　5.4　結　　び ……………………………………………………… 229

参考文献 ……………………………………………………………… 231
索　　引 ……………………………………………………………… 239

図目次

- 図 1.1　最適な政府規模　28
- 図 2.1　日本の物価, 1830-1999 年　40
- 図 2.2　オーストリアのハイパーインフレ, 1921-24 年　43
- 図 2.3　能動型金融政策ルール　67
- 図 2.4　受動型金融政策ルール　67
- 図 2.5　非リカーディアン型財政政策ルール　69
- 図 3.1　コール翌日物の推移　99
- 図 3.2　インプライド・フォワード・レートの推移　99
- 図 3.3　ショックに対する最適な反応($\rho=0$ の場合)　126
- 図 3.4　ショックに対する最適な反応($\rho=0.1$ の場合)　128
- 図 3.5　ショックに対する最適な反応($\rho=0.3$ の場合)　129
- 図 4.1　米国の国債価格支持政策, 1942-51 年　150
- 図 4.2　国債金利とインフレ率　154
- 図 4.3　ゼロ金利政策の継続期間に関する市場の予想　155
- 図 4.4　最適金融政策(自然利子率が正の場合)　185
- 図 4.5　最適金融政策(自然利子率が負の場合)　187
- 図 4.6　最適ポリシーミックス　189
- 図 5.1　ゲゼル型貨幣と金融政策　201
- 図 5.2　リスク移転契約の効果——流動性の罠に陥っていない場合　212
- 図 5.3　リスク移転契約の効果——流動性の罠に陥っている場合　213
- 図 5.4　消費者物価上昇率, 1881-1995 年　225

表目次

- 表 1.1A　中央銀行のバランスシート　3
- 表 1.1B　日本銀行のバランスシート　3
- 表 1.2A　中央銀行のバランスシート　5
- 表 1.2B　中央銀行のバランスシート　5
- 表 1.2C　中央銀行のバランスシート　5
- 表 1.3A　政府と中央銀行の連結バランスシート　7
- 表 1.3B　政府と中央銀行の連結バランスシート　11
- 表 1.4　日本銀行のバランスシート　16
- 表 1.5A　政府と中央銀行の連結バランスシート　17
- 表 1.5B　政府と中央銀行の連結バランスシート　18
- 表 1.6　政府と中央銀行の連結バランスシート(実質ベース)　21
- 表 2.1　東アジア通貨危機　45
- 表 2.2　金融・財政政策ルールと物価決定　68
- 表 2.3　変動相場制, 財政従属のケース　84
- 表 2.4　変動相場制, 財政独立のケース　84
- 表 2.5　固定相場制, 財政従属のケース　87
- 表 2.6　固定相場制, 財政独立のケース　87
- 表 3.1　財政・金融政策レジームの分類　95
- 表 3.2　2 期間の数値例　115

表 3.3　最適な目標インフレ率　　135
表 4.1　3 期間の数値例　　144
表 4.2　パラメター値　　184
表 4.3　政府債務の満期構成と J^*　　188
表 5.1　政府と中央銀行の連結バランスシート（実質ベース）　　210
表 5.2　金本位制における政府と中央銀行の連結バランスシート（実質ベース）　　223

第1章　誰が貨幣価値を支えているのか

1.1　はじめに

　現在の私たちを支えているのは，金(きん)とのリンクを断ち切った通貨制度，一般に管理通貨制といわれる仕組みである．そうした現在に生きていると，私たちはインフレやデフレといわれる物価の変動現象を，貨幣が金という確固とした価値との結び付きを失ったためだと考えがちである．確かに，財としての実物的価値があるはずの金が，石炭や小麦などのリアル経済に属する財と安定した相対価格を保っていたとするならば，その金に結び付いた貨幣の価値もリアル経済の財の価値との相対関係において安定していたはずであり，そうだとすれば，金本位制の世界では金とリアル経済の財との相対価格が変動しない限り，インフレもデフレもなかったはずだ，そんな気もしてくるだろう．

　しかし，金本位制の歴史はそうした単純な理解を裏切っている．19世紀英国のように典型的な金本位制の時代にデフレもありインフレもあったことを私たちは知っている．しかも，そうしたインフレやデフレの過程では，金とリアル経済の財の相対価格という意味での貨幣価値が変化するばかりでなく，平価つまり貨幣と金との相対価格という意味での貨幣価値に対する予想が変化し，その平価を維持するために金融や財政を使った政策調整が行われるということは珍しくなかった．私たちが現在の管理通貨制の下で行っているような政策調整は，金本位制という貨幣価値を金とリンクさせるという枠組みの下でも，一定の条件が整えば現在と同じように貨幣価値に対して有効だったのである．だから，私たちが物価の問題を考えるのならば，歴史上に存在した金本位制を，ただ現在とは違う制度だからというだけで無視するのではなく，金本位制と現代の管理通貨制を通じて妥当する貨幣価値決定のメカニズムを考えたいものである．それが考えられたとき，私たちは物価の問題を理解できたといえるのではないだろ

うか．

　本章では，まず第2節で金本位制下の貨幣価値決定の問題を考察し，金本位制の本質は，政府と中央銀行が一体となったコミットメントにあったことを明らかにする．第3節では，そうした貨幣価値コミットメントのシステムは，現在の管理通貨制といわれる貨幣制度における物価決定においても，実は同じように機能していることを示し，それを定式化する．第4節では，そのような貨幣価値コミットメントの提供者としての政府と中央銀行について考察する．第5節は本章の結びである．

1.2　金本位制の世界

1.2.1　貨幣価値を支えていたもの

　金本位制とは金の一定量と貨幣単位とを結び付ける制度である．だから，もし貨幣と金を交換せよという要求が発行済みの全部の貨幣について持ち込まれても，その交換要求に応じるに十分な金が常に準備資産として用意されているような制度を考えるとすれば，貨幣とは要するに金の預かり証書のようなものであり，その価値は文字どおり金の価値と同等であるとみなしてよいことになる．そうした制度があったとすれば，その実質は金で貨幣を鋳造して流通させる制度，すなわち金貨制と同等と考えるべきだろう．

　だが，近代の金本位制は，そのように単純なものではない．貨幣を発行するのが政府そのものである場合でも，あるいは政府とは別に設立された中央銀行である場合でも，彼らは，発行済みの貨幣すなわち銀行券の総量に等しい金を準備資産として常に用意していたわけではない[1]．彼らは，発行済みの貨幣の一部については金を支払準備として文字どおり金庫に保管していたものの，残りの大部分については公社債や手形などの収益を生

---

1) 貨幣には金貨や銀貨などの金属貨幣と，一種の債務証書である銀行券とがあり，日本も含め多くの国では，金属貨幣を発行するのは国そのものであり，銀行券を発行するのは国と異なる人格を有する中央銀行であるという制度をとっている．だが，本書では議論を単純化するために，特に断らない限り金属貨幣と銀行券を区別せず，両者を一括して「貨幣」と呼ぶことにし，また，そうした貨幣を発行する機関を中央銀行と呼ぶことにしよう．

む資産に運用し，そうすることで，実際に存在する金の量の数倍もの貨幣を生み出すとともに，その資産が生み出す収益，すなわちシニョレッジを貨幣制度維持のための費用にあてていたのである[2]．

表 1.1A　中央銀行のバランスシート

資産の部		負債および資本の部	
金	A/ξ	貨　幣	M
金融資産	B_a	資　本	K_c

表 1.1B　日本銀行のバランスシート

（単位: 1,000 円）

資　産　の　部		負債および資本の部	
地　金	33,606	発行銀行券	226,229
現　金	67,170	国庫金	5,630
政府貸出	28,831	政府預金	68,658
民間貸出	109,355	民間預金	3,822
国　債	40,202	その他負債	3,533
預け金およびその他資産	80,363	資本金・積立金・当期剰余金	51,655
合　計	359,527	合　計	359,527

注）1897 年 12 月末，金本位制開始直後のもの．
出所）日本銀行百年史編纂委員会編（1986）より作成．

表 1.1A は，こうした金本位制下の中央銀行のバランスシートを概念的に図示したものである．資産の部には金 A とその他の金融資産 B_a とを計上し，負債および資本の部には中央銀行の負債としての貨幣 M と資本 K_c とを計上しておいた．バランスシートは貨幣で表示しても金で表示しても良いわけだが，ここでは貨幣で表示することにしておくこととしよう．そうすると，資産の部の金を貨幣で表示するためには，それを金と貨幣とを換算するレートつまり平価 ξ（貨幣 1 単位が何単位の金に相当するか）で除して貨幣の金額に換算し，A/ξ としておく必要がある．なお，実際の金

---

[2] そもそもシニョレッジは，貨幣に含まれる金の量目と貨幣価値とが完全に等しい金貨制では生じない．歴史上に存在した金貨制は，金量目についての保証を行うことの対価としてのシニョレッジ（金量目と貨幣価値との差，鋳造益）を財源とし，為政者の顔や名前あるいは政治的スローガンを彫り込んだ貨幣を発行することによる統治的な効果を狙って運営されていたのであろう．そうした観点からは，金貨制におけるシニョレッジと，政府とは別の主体として設立された中央銀行におけるシニョレッジ（部分準備制におけるシニョレッジ）は，その発生の理由という点で区別しておいた方が良い．

本位制下での中央銀行のバランスシートを表 1.1B に掲げておく．これは，1897 年 (明治 30 年) 12 月末，貨幣法により金本位制を採用した直後の日本銀行のバランスシートである．

さて，このような枠組みで発行された貨幣の価値が，どのように評価されるのかを考えてみよう．ここで重要なことは，金融資産 B_a の権利を実現できるのは現在ではなく将来であるから，その現在価値は経済状況の変化によって変動するということである．市場金利の変動は金利が固定された金融資産の現在価値を変動させるだろうし，債務者の信用度の変化も金融資産の現在価値変動の原因になる．しかし，そのような金融資産 B_a の価値増減は，そのまま貨幣の価値増減すなわち平価の変動に直結するわけではない．

数値例で考えてみよう．100 単位の金を払い込むことによって創設された中央銀行があったとする．この銀行が，$\xi = 1$ の平価を設定して，貨幣の発行を開始したとするのである．ところで，貨幣の発行というのは，何の対価も求めずに，いきなり人々に貨幣を配って歩くわけではない．何らかの価値のある資産を担保にして貸付を行うことの見合いとして貨幣を発行し，あるいは，そうした資産を買い入れることの見合いとして貨幣を発行するのである．ここでは，金を 200 単位買い入れ，また，金融資産を金 200 単位相当額 (平価は 1 対 1 なので貨幣でも 200 単位相当になる) 買い入れることにより，合計で 400 単位の貨幣を発行したことにしておこう．そうすると，中央銀行のバランスシートは，資産の部に金 A が 300 単位と金融資産 B_a が 200 単位計上され，一方，負債および資本の部には貨幣 M が 400 単位と資本 K_c が 100 単位計上されることになる (表 1.2A)．

さて，このような資産負債構成で発足した中央銀行の保有する金融資産 B_a が何らかの理由で値上がりし，その価値が金 200 単位相当額から 250 単位相当額へと増加したとしよう．ところが，こうした中央銀行保有の金融資産の価値増加つまり利益は，貨幣の価値変動に直結するわけではない．中央銀行があげた利益は第一次的には資本として中央銀行に留保されるが (表 1.2B)，その利益が貨幣の信用を維持するのに十分以上だと考えられれば，中央銀行の設立にかかわった出資者たちに配当されたり，あるい

表 1.2A　中央銀行のバランスシート

資産の部		負債および資本の部	
金	$A/\xi=300$	貨　幣	$M=400$
金融資産	$B_a=200$	資　本	$K_c=100$

表 1.2B　中央銀行のバランスシート

資産の部		負債および資本の部	
金	$A/\xi=300$	貨　幣	$M=400$
金融資産	$B_a=250$	資　本	$K_c=150$

表 1.2C　中央銀行のバランスシート

資産の部		負債および資本の部	
金	$A/\xi=300$	貨　幣	$M=400$
金融資産	$B_a=150$	資　本	$K_c=50$

は中央銀行に貨幣を発行する権能を与えた政府に納付されたりして，中央銀行のバランスシートから流出することになる．金融資産が値上がりしたのではなく，そこから利子や配当収入が生じた場合も，その一部は中央銀行という機能を維持するための人件費や設備の維持費などの経費にあてられるが，残余は出資者や政府に流出することになる．

　損失が生じた場合でも基本は同じである．中央銀行の金融資産 B_a に損失が生じて，その価値が金200単位相当額から150単位相当額に減価してしまったとしても（表1.2C），それが直ちに貨幣価値の減価をもたらすわけではない．金融資産に生じた損失は中央銀行の資本を減少させるが，そうした損失を将来にわたって埋め合わせるべく中央銀行の出資者への配当や国への納付金が抑制されるだろうと人々が予想すれば，貨幣価値は維持されるはずだ．損失額が非常に大きくて資本金 K_c を上回れば中央銀行は債務超過に陥るが，それでも，例えば政府からの追加出資など，欠損を埋め合わせるために対策がとられると予想されれば，貨幣と金との交換比率は維持されるだろう．

　このように考えると，金本位制という仕組みの下での貨幣価値を支えていたのは，単に中央銀行が貨幣の見合いとして保有している資産の価値だ

けではないことが分かるだろう．貨幣の信用度とは，強力な親会社の傘下にある子会社が発行する社債の信用のようなもので，それを子会社の財務だけで判断するわけにはいかないのだ．子会社がいくら良い業績を上げていても，その成果を株主である親会社が吸い上げてしまうだろうと人々が予想すれば，子会社の業績は社債の信用度に反映しない．反対に，子会社が巨額の損失を計上しても，親会社による子会社への支援を人々が予想すれば，そうした損失が直ちに子会社の社債の信用度下落につながるわけではない．政府と中央銀行との財務的な関係というのは，親会社と子会社の財務的な関係のようなもので，両者を連結して評価するのでなければ，判断できないのである．政府は，中央銀行に貨幣の発行権を与え，その流通を保証し，シニョレッジつまり貨幣発行益の配分にあずかり，ときには損失を補填する役割を負っていた．つまり，貨幣と金との交換レートつまり平価という意味での貨幣価値を支えていたのは，貨幣価値を維持することにかける政府(中央銀行自身を含む広義の政府)の意志と能力すなわちコミットメントの強さだったのである[3]．

　もっとも，貨幣制度のスポンサーとしての政府がいくら強い意志に基づいてコミットメントを発行しても，そうしたコミットメントを実行し続ける能力がなければ貨幣価値は維持できない．つまり，金本位制下での貨幣価値に関するコミットメントの有効性を考えるためには，広義の政府全体を見渡して，貨幣価値に関するコミットメントを履行するのに十分な意志と能力があるかどうかを評価する必要があるわけだ．

　では，どうすればそれを評価できるだろうか．

---

[3] 言うまでもないことだが，こうした財務的な政府と中央銀行の連結性は，中央銀行の政策決定プロセスを行政府の政策決定プロセスから隔離して独立させるべきとする政策論としての「中央銀行の独立性」の議論とは別の問題である．政策論として「中央銀行の独立性」が重要なのは，財務的には政府と連結性があるはずの中央銀行に，あえて政策決定における独立性を与えようとするからであって，例えばハイエクが『貨幣発行自由化論』で説くような政府から財務的に独立した発券銀行が競争的に銀行券を発行しているような制度を考えるのならば，不正その他の疑いでもない限りその政策決定(貨幣発行ポリシー)に政府が口出ししないのは，むしろ当然だと考える人が多いだろう．

1.2.2　政府の統合バランスシート

　貨幣価値に関するコミットメントを評価しようとするとき，その意志の強さを定量化するのは難しいが，能力について定量化するのは難しくない．この場合の能力とは要するに財務的な支払能力であるから，政府および中央銀行に帰属する資産と負債を点検し，それらを連結ベースのバランスシートとして書き上げていけば良いからである．私たちは，これを政府の統合バランスシートと呼ぶことにしよう[4]．それが表 1.3A である．

表 1.3A　政府と中央銀行の連結バランスシート

資　産　の　部		負債および資本の部	
金の名目価値	A/ξ	貨　幣	M
金融資産の市場価値	B_a	国債の市場価値	B_b
将来税収の名目現在価値	F/ξ	将来経常支出の名目現在価値	G/ξ

　ところで，この表 1.3A には単体としての中央銀行にはあった資本金が消去してある．日本を含めて多くの中央銀行では民間の出資者に対する配当や財産分配は厳しく制限され，シニョレッジのほぼ全部は最終的に国庫に帰属することとなっているのが普通なので，そうした性格の資本金なら国と中央銀行を連結したときには相殺消去すべきだと考えられるからである．もっとも，このことは，統合バランスシートにおいて自己資本に相当する項目があり得ないということを直ちに結論するものではないのだが，そのことについては後で考えることにして，とりあえずここでは，中央銀行の資本金が相殺消去されることだけに注目して統合バランスシートを考えることにしよう．

　さて，統合バランスシートの負債の部には，中央銀行が負担する負債である貨幣 M と政府が負担する負債である国債 B_b が計上される．ただし，中央銀行が保有する国債は，政府との連結によって相殺されるので，この国債 B_b とは，発行済みの国債から中央銀行保有の国債を除いた民間保有

---

4)　ここで「政府のバランスシート」というのは，いわゆる公会計という意味でのバランスシートではない．公会計というのは，公的部門に帰属しているか帰属するプロセスが具体的に予想できる権利や義務を，企業会計原則に近いかたちで表記することで，政府活動のアカウンタビリティを高めようとするものだが，私たちがここで行いたいのは，現在から将来にわたって広義の政府部門に生じると予想されるキャッシュフローの現在価値を，バランスシートのかたちを借りて表現しようとすることだからである．

分である.だが,負債サイドに計上すべきはこれだけではない.政府とは,警官を雇ったり道路を建設したりという活動を行うことを使命とする機関である.だから,こうした政府活動に必要な費用の現在価値は,広義の負債として認識しておかなければならない.また,こうした政府活動の水準は,国民経済の規模や国民が政府に要求する実質的なサービス水準で決まっていて,貨幣価値の変動があっても実質ベースでは変化しない費用のはずである.ここでは,そうした実質ベースの政府支出(政府による財やサービスの購入にあてられる政府支出)を G とすることにしよう.もっとも,バランスシートは名目ベースであるから,計上額は G を ξ で割った G/ξ である.

一方,バランスシートの資産サイドには,政府および中央銀行が保有する金準備 A/ξ と金融資産 B_a が計上されるが,負債サイドに政府支出 G を計上したのと同じ理由で,資産サイドには政府の将来税収の現在価値 F を計上しておこう.政府が将来あげることができる税収は,債務の支払財源になるという観点からは資産とみなすことができるからである.バランスシートへの計上額は F を ξ で割った F/ξ である.

さて,このバランスシートから何がいえるだろうか.当たり前のことであるが,このバランスシートのすべての項目を市場が適切に評価しているとすれば,その負債サイドの評価額合計は資産サイドの評価額合計を上回ることはできない.それは,政府の能力を超える貨幣価値へのコミットメントだからである.すなわち,政府の能力という点で,

$$A/\xi + B_a + F/\xi \geq B_b + M + G/\xi$$

あるいは,

$$A/\xi + B_a + F/\xi = B_b + M + G/\xi + K_g,$$
ただし $\quad K_g \geq 0$

でなければならない.ここで K_g とは政府自身に帰属する留保分であり,いわば政府の自己資本に相当するものである.

それでは,負債サイドの評価額合計が資産サイドの評価額合計を下回る

こと，言い換えれば政府の自己資本である K_g がゼロではなく正の値をとることは可能なのだろうか．問題は，K_g が正の値をとったとき，そうして留保された富はどうなるのかという点である．もし，政府のオーナーが絶対的な権力者だったら，留保した富を私的な金庫にしまいこんで，永遠に退蔵してしまうかもしれない．それなら，K_g は正の値をとれるだろう[5]．だが，政府に何らかの意味で納税者による監視が行われていたら，そうした退蔵は困難になる．政府に富の退蔵があると知れば，彼らは減税を要求するか，政府がしまいこんだ富に見合う国民へのサービス向上を要求するはずだからである．だから，民主的な政府では，このバランスシートの負債サイドの評価額が資産サイドを上回ることもできないし，逆に下回ることもできない．すなわち，

$$A/\xi + B_a + F/\xi = B_b + M + G/\xi \qquad (1.1)$$

でなければならないのである．民主的な政府では，政治的な意志があってこそ，その意志を実現するために必要な能力を備えることが許されるはずだから，K_g を正の値にするような非効率は許されるはずがなく，その意志と能力は見合ってなければならないはずだからである．

さらに，多くの国々が互いに競い合っている世界においては，納税者による監視が行われていない絶対的な権力者に統治されている国の場合でも，K_g を野放図に大きくすることはできない．K_g の値を大きくするような非効率運営を行っている政府は，資源や技術において他国に優る国力の障壁で守られているのでない限り，より効率的な他国に凌駕されてしまうはずだからである．凌駕されるシナリオとしては，軍事的な侵略を受けるということもあるだろうし，国内の人々や産業が逃避してしまうということもあるだろう．これは，国家間の効率化競争のシナリオであるが，各

---

[5] ここでは，経済の登場人物として政府，家計に加えて，政府オーナーを想定している．家計とは別な主体として政府オーナーが存在し，そのオーナーは通常の意味での消費活動を営まないというのが議論の前提となっている．この前提を緩めて，政府オーナーは家計の一部であると考えるとすれば，K_g は政府から家計への移転支出であり，本来 G に含まれるべきものである．したがって，定義により $K_g=0$ となる．ただし，政府オーナーが家計の一部と想定したとしても，政府が財を海に無コストで廃棄できる場合には，以下に述べる (1.1) 式は等号ではなく不等号 ($>$) になる可能性がある．この点については第 2 章で詳しく議論する．

国の政府がそのような競争を意識しているとすれば，必ずしも納税者による直接的な監視を受けていなくとも，自ら効率化に努めることによって，競争に生き残ろうとするはずである．そうした競争シナリオの下では，すべての国の非効率（K_g の値）は，世界で最も大きな国力（レント）をもっている国の非効率の範囲を出ることができなくなる．そして，もし，そうした最強国の政府に納税者の監視が行き届いていて K_g がゼロであるとすれば，他国の政府は，その政治組織が民主的であるかどうかにかかわりなく，やはり K_g がゼロでなければならなくなるはずだ．

このように考えると，民主的な政府あるいは民主的な政府にリードされた世界で競い合って存在している政府については，その貨幣価値へのコミットメントを評価するのに，財務的な能力を定量化しておけば，あえて意志の強さを定量化する必要はないということになる．すなわち，政府が行う貨幣価値へのコミットメントを評価するには，政府の統合バランスシートをみておけば十分なのである．

では，統合バランスシートを使って貨幣価値へのコミットメントを評価してみよう．もっとも，評価を行うにはバランスシートに多少の手を加えた方が分かりやすい．そこで，「実質税収 F − 実質政府支出 G」は「財政余剰」と呼ばれるものなので，これを $\tilde{s}$ としよう[6]．また，「国債 B_b − 金融資産 B_a」は政府と中央銀行を統合した名目ベースでの金融収支という意味で一つの項目としてみることができるので，これを「ネット国債」という意味で B としよう．すなわち

$$\tilde{s} \equiv F - G; \quad B \equiv B_b - B_a$$

とする．そうすると，表 1.3A は表 1.3B のように書き換えることができ，この表 1.3B のバランスシート条件から，

$$\xi = (A + \tilde{s})/(M + B) \tag{1.2}$$

を得る．この式が成立しなければ，貨幣価値と金価格の間に裁定の機会が

---

[6] $\tilde{s}$ は統合政府の財政余剰であり，ここには貨幣発行益（シニョレッジ）も含まれる．

表 1.3B　政府と中央銀行の連結バランスシート

資　産　の　部		負債および資本の部	
金	A/ξ	貨　幣	M
財政余剰の名目現在価値	$\tilde{s}/\xi$	国債（ネットベース）の市場価値	B

残ることになり，貨幣の市場は均衡しなくなってしまうだろう．したがって，これが，私たちが求める金本位制下での貨幣価値決定式である．

　さて，この式が意味するのは，財政余剰に対する人々の予想の変化は，貨幣価値すなわち平価に対して影響を及ぼすだろうということである．例えば，戦争が起こって多額の戦費が必要になる一方で，それを増税によってまかなうのが難しいと多くの人が予想するような状況が生じたとしよう．これは財政余剰 $\tilde{s}$ の減少つまり貨幣価値決定式の分子の減少を意味する．だから，こうした分子の減少にもかかわらず，名目ベース項目である国債 B や貨幣 M の金額が変わらないとすれば貨幣価値 ξ は減少するほかはない．すなわち平価の切り下げを人々は予想することになる．財政余剰の増加がもたらすのは，その逆である．例えば，この国が戦争に勝って賠償金が転がり込んできたとする．これは金準備 A の増加になるから，他の条件が変わらなければ，この国の平価は切り上げられることになるだろう．

　ところで，ここで重要なことは，このような財政余剰に対する予想の変化から生じる貨幣価値への影響は，金融政策により緩和したり増幅したりすることもできるということである．もっとも，単なる貨幣供給の増減では意味がない．貨幣供給を増加させるためには中央銀行は市場に存在する金融資産を買い入れ，その市場価格相当分だけの貨幣を発行することになるわけだが，それだけでは(1.2)式の分母においてネット国債 B と貨幣 M との間での同じ金額での振り替えが起こるだけで，財政余剰 $\tilde{s}$ の変化がもたらす貨幣価値への影響を緩和も増幅もしてくれないからである[7]．重要なのは，そうした中央銀行の行動が，市場金利の変化を通じて国債の市場

---

7) ここでは，議論を単純にするため，B と M の振り替えがシニョレッジに及ぼす影響は無視している．シニョレッジも含めた詳細な議論は第 4 章で行う．

価格を変化させるかどうかである．

例えば，中央銀行が国債を買い入れることで市場金利が低下し，それで国債の価格が上昇すれば，(1.2)式の分母に含まれているネット国債 B は，額面ではなくその時価であるから，中央銀行による国債の買い入れは，国債 B と貨幣 M との間の単なる振り替りを超えて分母全体を増加させる効果をもつことになる．中央銀行の行動がそうした効果を発生させることになれば，すなわち金融政策は貨幣価値に影響を与えることができることになる．このように国債の価格を変化させて貨幣価値を維持することが，金本位制下での中央銀行の役割だったのである[8]．

1.2.3 アンカーとしての金

私たちは歴史の中に金本位制という貨幣制度があり，そして現代の管理通貨制という制度があると教えられてきた．しかし，金本位制下の貨幣価値決定というのは，金にリンクして価値が定まった貨幣という言葉が示すほど単純なものではなかったはずである．前節までの議論で示したように，金本位制という制度のもとでも，貨幣価値の決定に決定的な影響を与えるのは財政や金融に対する人々の予想形成であって，金にリンクさえしていれば貨幣の価値が直ちに決まるというようなものではない．では，金本位制における金の役割とは，そもそも何だったのだろうか．

ヒントは，(1.2)式にある．この式で金準備 A がどんどん小さくなってゼロになった場合を考えよう．それで貨幣価値がなくなるわけではないことは式の形からみても明らかである．金準備がいくら小さくなっても，人々が現在から将来に至る財政のポリシーについて一定の予想をもち（これは分子の決定のために必要である），また金利の動向についても一定の予想をもっているならば（これは分母の決定のために必要である），貨幣の価値に対する人々の評価は形成されるし，それとのバランスにおいて金と貨幣との相対価格つまり平価も形成される．すなわち，金本位制を制度として設計する

---

8) ちなみに，金融政策が国債価格（国債金利）の変化を通じて貨幣価値に影響を及ぼすという考え方は金本位制に特有のものではない．管理通貨制下での議論の例としては例えば Daniel (2001b) を参照されたい．

ためには，貨幣量に比例的な金準備が必要なわけではないのである．

実際，最も古典的な金本位制の時代であったとされ，法令によって中央銀行に比例準備や限度額超全額準備を要求していた19世紀英国でも[9]，金準備と銀行券発行高の関係は，片方が増減すると他方も比例的に増減するというような機械的なものではなかった．例えば，1836年恐慌時の1836年1月から翌37年2月までの約1年間に，イングランド銀行の金準備高は700万ポンドから400万ポンドに急減しているにもかかわらず，同行の銀行券発行高は1700万ポンドの水準を保ってほとんど変化していない．金本位制における通貨供給の実際は，金とリンクするという制度の建前から想像されるほどには，自動的あるいは機械的なものではなかったわけだ[10]．

しかし，このことは，金本位制における金が無意味であったということと同じでない．金があれば，一国が自国通貨の価値を公にコミットしようとするときの物差しになるばかりでなく，金兌換というかたちでコミットメントを具体的に示す証拠にもなる．物差しとしての金があれば，人々は財政や金融についての予想を「量的」に形成しやすくなるし，金兌換というかたちで政府(広義の政府)がコミットメント履行にコストをかけていれば，人々は政府のコミットメントを信用しやすくなる．すなわち，金本位制における金は，貨幣という名目資産に関するコミットメントが漂うことがないよう，実質つまり現実の世界に下ろしてつなぎとめるための「アンカー」としての役割を担っていたわけだ[11]．

金本位制の歴史をみても，金の役割が，金兌換や金現送のような物理的

---

[9] イングランド銀行券を法貨とした1833年条例では，銀行券発行高の3分の1の金準備を保有するよう同行に要求していた．

[10] 吉川光治(1970)による．なお，こうした金準備の運用は，当時のイングランド銀行の現実的な政策判断によるものだといわれている．実際，彼らが当時の金流出に合わせて機械的に貨幣量を縮小させるような政策を採っていたら，1836年恐慌ははるかに深刻なものになっていただろう．イングランド銀行は，条例の理論的背景ともいえる考え方，すなわち，金準備と貨幣量の比例制による通貨調節を重んじる考え方(通貨主義)ではなく，商取引の増減に応じて発行されるかどうかで貨幣の信頼性が維持されるのだとする考え方(銀行主義)によって現実に妥協し，また，それなりにうまくやっていたように思われるのである．金本位制下における通貨供給の実際については Bordo and Schwartz (1999) も参照されたい．

[11] コミットメントメカニズムとしての金本位制に注目する研究としては Bordo and Kydland (1996) がある．

な存在としての役割から，アンカーとしての役割へと変化して行く流れを辿ることができる．例えば，第2次大戦以前の古典的な金本位制の時代であっても，国内決済においては，多くの国で，金ではなく中央銀行の発行する貨幣つまり銀行券や中央銀行の預金が使われるようになっていたし，拡張版の金本位制ともいえるブレトン・ウッズ体制，すなわち金にリンクした米ドルに各国の通貨がリンクするという第2次大戦後の世界通貨体制においても，慣行的には，金ではなく米ドルが国際間決済に用いられるようになってしまっている[12]．

ところで，このように金が決済とりわけ国際的な決済に用いられていたことは，各国通貨相互間の価値つまり為替レートの決定プロセスに金が重要な役割を果たしているとする議論の有力な論拠になっていた．いわゆる通貨主義の議論である．この議論は，一国が海外に比べて相対的にインフレになる，すなわち海外物価に比べ国内物価が割高になると，海外からの輸入が増加(対外バランスが悪化)することに注目する．対外バランスが悪化すれば金を海外に輸出しなければならないが，こうした金の海外への流出は金本位制，とりわけ貨幣と金準備との間に一定の比率を維持することを法定する比例準備制のもとでは，国内通貨の「自律的」縮小をもたらすと考えられるからである．通貨の縮小は国内景気を引き締め，国内物価を下落させる．そうなれば輸入も減少するので，対外バランスも回復に向かうだろう．これが通貨主義における金本位制の貨幣価値の自動安定機能である．

しかし，人々の予想と期待形成を重視する立場からは，金本位制における貨幣価値の安定は，必ずしもこうした実物的な金移動に頼らなくても達成できることに気づくはずである．ケインズは，19世紀末から20世紀初頭にかけて南アフリカ産金の大量流入の中で当時の物価が安定していたのは，そうした金流入にもかかわらず政府が貨幣価値を変化させる積りがな

---

[12] もちろん，慣行に従わない国もあるし，慣行を崩壊させるために原則を持ち出す国もある．ブレトン・ウッズ体制の崩壊は，本質的には米ドルの実質的な価値が制度上の平価を大きく下回ってしまった(それが可能になったのは米国が国内で流通する金を管理し二重価格制をとっていたからである)ためだが，その直接の引き金になったのは，金兌換という制度上の原則を持ち出して米国に対して金兌換の実行を要求し続けたフランスの行動であったとされている．

いだろうと人々が信じていたことによると述べているが[13]，これは金本位制下における貨幣価値の決定において政府のコミットメントが果たす役割の重要さについての指摘だといって良い．そして，このように人々が政府の貨幣価値コミットメントを信じていたのであれば，輸出超過や輸入超過のような対外バランスの不均衡があっても，政府や中央銀行がそれを吸収し平価に変動を及ぼさないよう行動するであろうという期待を明確にもつはずだろう．そうした人々の期待が強固なものであれば，金移動による貨幣流通量の変化の結果としてではなく，貨幣流通量の変化を生じさせるような現在から将来に至る政策のすべてを先取りした結果として，金本位制採用国の貨幣価値が維持されていたのだと考えることができるのである．

私たちは，金本位制と管理通貨制の異なる貨幣制度において，制度が異なるのだから，そこでの貨幣価値の決定についても異なった原理が働いていると思いがちである．だが，歴史の中での金本位制をみると，日本を含めて多くの国で金本位制は実施されたり停止されたりして，なかなか慌しい．しかも，そうした制度の変更にもかかわらず，制度の変更を境にして貨幣価値が不連続に変化したりはしていない．物価の安定を見定めて金本位制を実施したり，インフレやデフレに耐えられなくなって金本位制を停止したりした例は多いが，金本位制の実施により急速に経済がデフレ化したり金本位制の停止によりインフレが急燃したりすることは多くないのである．

このような事実は何を物語るのだろうか．自然な解釈は，金本位制と管理通貨制とはそもそも連続する制度であって，(1.2)式で示したような政府の意志と能力を貨幣価値に結び付ける仕組みが金本位制の時代にも管理通貨制の現代にも同じように機能しているのだと考えることであろう．以下では，こうした観点から，現代の管理通貨制における物価水準の決定に

---

[13]「金が比較的多量に流入する場合は，金準備を多少引き上げれば吸収されてしまうし，また，金が比較的稀少であるときは，金準備を実用に供する意図はないという事実が，〔準備〕率を多少引き下げても，平静を保たせることができたのである．ボーア戦争〔1899-1902年〕の終わりから1914年までに流入した南アフリカの金の大部分は，ヨーロッパその他の諸国の中央銀行の金準備となり，物価に対する影響は僅少であった」(Keynes 1923，中内恒夫訳，138頁)．

1.3 FTPL――物価水準の財政理論

1.3.1 物価決定における財政の役割

　表 1.4 は現在の中央銀行のバランスシート，具体的には 2003 年 3 月末における日本銀行のバランスシートである．一見して分かるとおり，資産の部の大半を占めるのは国債すなわち政府に対する債権であり，それに次ぐのが買入手形などの民間部門に対する債権である．また，これらに比べれば，金額的にははるかに少ないとはいえ，外国為替すなわち海外の政府等に対する債権があり，また金本位制の時代の名残ともいえる金地金も計上されている．これに対して負債の大半を占めるのが銀行券であり，それに次ぐのがいつでも銀行券に交換可能な債務という意味で一種の貨幣だと考えて良いはずの当座預金(準備預金)である．

表 1.4　日本銀行のバランスシート

(単位: 100 万円)

資産の部		負債および資本の部	
地　　金	441,253	発行銀行券	71,057,380
現　　金	264,660	当座預金	30,929,708
買現先勘定	12,188,040	その他預金	1,124,100
買入手形	29,126,100	政府預金	14,613,493
国　　債	88,651,215	売現先勘定	17,610,788
金銭の信託	1,168,005	その他負債	17,517
貸出金	290,292	引当金	2,815,102
外国為替	4,208,629	資本金	100
代理店勘定	3,870,964	準備金	2,404,740
その他	958,267	当期剰余金	594,496
合　　計	141,167,425	合　　計	141,167,425

出所) 2003 年 3 月末貸借対照表より．

　このように現代の中央銀行のバランスシートをみてみると，それが表 1.1B で示した金本位制下の中央銀行のバランスシートと，その本質において異なっていないことを確かめることができる．ただ，資産の部において金の比重が著しく下がっていること，また金融資産における国債の比重

が非常に大きくなっていることが目立つ程度である．こうしたバランスシートの姿からも，金本位制であろうと管理通貨制であろうと，貨幣価値を維持するために必要な財務的な構造に大きな違いがなく，違いがあるとすれば，そこで提供される貨幣の価値が金を介在してコミットされているか否かであるに過ぎないということが確認できるだろう．

　管理通貨制の中央銀行が，そのバランスシートの項目という点では，金本位制時代と大きく違っていないことが確認できたところで，金本位制のところで検討したのと同様に政府と中央銀行を連結したバランスシート（第0期の期首におけるバランスシート）を考えることにしよう．ただし，管理通貨制では金を他の資産と区別して特別扱いする必要はないし，金額的にも小さなものになっているので，議論の単純化のために無視してしまうことにしよう．そうして得られるのが表1.5Aである．

表1.5A　政府と中央銀行の連結バランスシート

資産の部		負債および資本の部	
財政余剰の 名目現在価値	$\sum_{j=0}^{\infty} \tilde{s}_j P_j / R_{0,j}^n$	貨幣	M_{-1}
		国債の市場価値	$\sum_{j=0}^{\infty} B_{-1,j} / R_{0,j}^n$

　表1.5Aでは，実質税収 F と実質政府支出 G はその収支期(j期)ごとにネットで計算して実質財政余剰 $\tilde{s}_j$ を算出したうえで，これに物価水準 P_j を乗じることによって名目金額を求め，これを第0期から第 j 期の間の名目金利 $R_{0,j}^n$，すなわち

$$R_{0,j}^n \equiv (1+i_0)(1+i_1) \times \cdots \times (1+i_{j-1})$$

で割り引いて財政余剰の現在価値を求めたうえで(i_j は j 期の短期名目金利)，これだけを資産サイドに計上することにしてある．また，金融資産 B_a と金融負債 B_b はその元利払スケジュール(j期)ごとに差し引き計算して各期におけるネット国債の元利払負担 $B_{-1,j}$ を求め，これを名目金利 $R_{0,j}^n$ で割り引いて負債資本サイドに計上してある．なお，ネット国債の元利払負担を $B_{-1,j}$ と表記しているのは国債が前期に発行済みであることを明示するためである．同様に，貨幣量は前期における貨幣供給量を引

き継いでいるので M_{-1} としてある．

ところで，この表 1.5A では，各期の物価水準 P_j が資産サイドに入り込んでいるので，現在の物価水準 P_0 がどのような制約条件の下にあるのかが分かりにくい．そこで，財市場と貨幣市場との均衡条件式であるフィッシャー式

$$P_j/P_0 = R_{0,j}^n/R_{0,j}^r \qquad (1.3)$$

を用いて P_0 以外の P_j を消去してしまえば，資産サイドは表 1.5B のように書き換えることができる．ここで，$R_{0,j}^r$ は第 0 期から第 j 期の間の均衡実質金利(自然利子率)である．この表 1.5B が得られれば，これから物価水準 P_0 が満たすべきバランスシート条件

$$P_0 = \frac{M_{-1} + \sum_{j=0}^{\infty} B_{-1,j}/R_{0,j}^n}{\sum_{j=0}^{\infty} \tilde{s}_j/R_{0,j}^r} \qquad (1.4)$$

を導くことができる．これが，私たちが求める物価水準に関する条件式である．

表 1.5B 政府と中央銀行の連結バランスシート

資 産 の 部	負債および資本の部
財政余剰の名目現在価値 $\{\sum_{j=0}^{\infty} \tilde{s}_j/R_{0,j}^r\}P_0$	貨　幣　　　　　　　　　　M_{-1} 国債の市場価値　$\sum_{j=0}^{\infty} B_{-1,j}/R_{0,j}^n$

この式を金本位制下の貨幣価値決定式として示した(1.2)式と見比べてみよう．この 2 つの式は，片方が貨幣価値に関する制約を取り扱い，他方が物価水準に関する制約を取り扱うものであるため，分母と分子が反対になってはいるが，その本質的なメッセージは同一であることに気づくだろう．この 2 つの式から読み取れるのは，財政余剰の将来流列 $\tilde{s}_j$ に対する予想の変化は，それが，フェアな価格付けによる収支実行期の入れ替えでない限り[14]，貨幣価値つまり物価水準を変化させるということであり，また，技術進歩や人口高齢化などによって自然利子率の流列 $R_{0,j}^r$ が変化し，しかも，そうした変化に財政余剰の変化が同調しないだろうと人々が予想する場合も同様だということである．このような観点から物価水準に

関与する政府の役割を重視する考え方を FTPL(Fiscal Theory of the Price Level: 物価水準の財政理論)という．

　もっとも，物価水準の決定における政府の役割を重視するという考え方自体は，とりたてて新しいものではない．ケインズは，金本位制を停止していた第 1 次大戦後まもなくのフラン相場に関し，「長期的なフラン安定要因は投機や貿易収支ではなくまたルール占領の冒険の結末でもなく，フランスの公債保有者に対する支払いとしてフランスの納税者が自分から徴収することを承諾する勤労所得の割合なのである」(Keynes 1923，中内恒夫訳，60 頁)と分析して，税収つまり財政余剰の水準が為替相場を決定するとの認識を示している．また，サージェントも，この時期のフラン相場について，第 1 次大戦中の戦費が嵩みドイツからの賠償金支払いも予定どおりに進まない中での財政見通し大幅悪化によりフランが売り込まれていたことによるものだとしたうえで，そうした状況は，ポアンカレ内閣が財政再建プログラムとして将来に向けての財政再建のパスを国民の前に明確に示したことにより打開されたと述べている[15]．

1.3.2　物価決定における金融政策の役割

　ところで，(1.4)式の条件が与えられただけでは，まだ物価水準は決まらない．(1.4)式の右辺には，現在から将来に至る名目短期金利の流列から決まる $R^n_{0,j}$ が含まれているからである．しかし，ここで，名目の経済活動規模と金利感応的な貨幣流通速度から名目貨幣需要が決まると想定すれば($M=k(i)Py$)，中央銀行は現在から将来に至る各期における貨幣供給量 M_j $(j=0,1,\cdots)$ を決めることにより，第 0 期から第 j 期までの名目金利 $R^n_{0,j}$ を決めることができることになる．$R^n_{0,j}$ を決めることができれば，

---

[14]　ある期に発生するものと予想されていた財政収支について，自然利子率を適用して得た換算同額の財政収支として別の期に実行するよう実行スケジュールを変更するのが「フェアな価格付けによる収支実行期の入れ替え」である．このような実行期の入れ替え(例えば，フェアになるよう理想的に計算された「前倒し減税」がこれに当たる)は，財政余剰の現在価値 $\sum_{j=0}^{\infty} \tilde{s}_j / R^n_{0,j}$ を変化させないから，貨幣価値にも影響しない．

[15]　Sargent (1983a) による．このポアンカレ内閣の財政再建プログラムによりフランへの信認は回復し，1926 年には戦前平価の約 8 割減価の水準で事実上の金本位制復帰を果たすことになった．

現在の物価水準 P_0 を決めることができることになる．これは金融政策が持つ物価への影響力を示すものである．こうしてみると，金本位制と管理通貨制とは，その貨幣制度としての外見は大きく異なっているが，将来の政府の行動に対する人々の予想と，将来の金融政策に関する人々の予想との関係で，現在の物価が決まるということに基本的な違いはないことが分かるだろう．

このように，金融政策は物価水準の決定に一定の役割を果たしているが，その役割には次のような限界がある．

第1点は，このような金融政策の効果は，現在の金利がどうなるかではなく，その将来にわたる予想，言い換えれば，長期的な金融政策スタンスへの人々の予想に依存するということである．(1.4)式の物価水準決定式の分子には $R_{0,j}^n$ というかたちで現在から将来にわたる短期金利の流列が含まれているので，例えば，中央銀行が国債を買い入れることによって現在の金利 i_0 を引き下げることに成功しても，それを相殺するような将来金利 i_j の上昇予想が発生してしまえば，物価水準決定式の分子は変化しないかもしれないし，極端な場合には減少してしまうかもしれない．短期金利の操作は多くの中央銀行にとって最も標準的な政策意図の実現手段であるが，短期金利の変化が長期金利の反対方向への変化を併発すれば，金融政策の効果は減殺され，場合によっては逆効果になってしまうこともある．金融政策が効果を発揮するためには，単なる金融市場での資金の供給行動だけではなく，人々の予想あるいは期待に適切に働きかけることが必要なのである．

第2点は，このような金融政策の効果には，上方にも下方にも限界があるということである．確かに国債の市場価値総額 $\sum_{j=0}^{\infty} B_{-1,j}/R_{0,j}^n$ は名目金利 $R_{0,j}^n$ を上げていけば小さくはなるが，その限度はゼロでありマイナスになることができるわけではない．現在から将来に至る金利の全部が無限大になったときには，国債の市場価値総額はゼロになるが，それが中央銀行によるインフレ対策能力の限界である．特定の一次産品に大きく依存するような経済では，一次産品の国際価格が低下すると財政余剰に対する人々の予想が毀損して物価への上昇圧力が生じる．中央銀行はそうした物

価上昇圧力に対して金利 $R_{0,j}^n$ を引き上げて対抗しようとするだろうが，物価上昇圧力が強くなるのに対抗して金利 $R_{0,j}^n$ を引き上げていけば，最後には現在から将来に至るすべての金利予想が無限大になって国債の市場価値総額はゼロになってしまう．こうした状態に陥ると，人々の金利予想 $R_{0,j}^n$ に中央銀行がいくら働きかけても現在の物価 P_0 を動かすことができなくなってしまうはずである．また，その反対に，中央銀行は，金利 $R_{0,j}^n$ を下げて行くこともできるが，ゼロより金利を下げてマイナス金利の状態を作り出すことはできない．したがって，国債の市場価値総額は $\sum_{j=0}^{\infty} B_{-1,j}$ より大きくなることもできない．これが，金融政策によるデフレ対策の限界，すなわち流動性の罠の状態である．

第3点は，このように貨幣価値をコントロールできるという中央銀行の「力」は，無から有を生むようなものではないということである．これは，表1.5Bのバランスシートの両サイドを現在の物価水準 P_0 で割ってみると分かりやすくなる．そうすると，名目現在価値ベースで表記されていたバランスシートを表1.6のように実質現在価値ベースに変えることができるので，私たちは，この実質ベースのバランスシートの均衡条件にフィッシャー式を適用し $R_{0,j}^n$ を消去すれば，

$$\sum_{j=0}^{\infty} \frac{\tilde{s}_j}{R_{0,j}^r} = \sum_{j=0}^{\infty} \frac{B_{-1,j}}{R_{0,j}^r}\left(\frac{1}{P_j}\right) + M_{-1}\left(\frac{1}{P_0}\right) \qquad (1.5)$$

を得ることができる．

この(1.5)式が重要である．まず，その左辺は，現在から将来にわたって期待できる財政余剰の実質値 $\tilde{s}_j$ を，リアルの世界の利子率である自然利子率 $R_{0,j}^r$ で割り引いた，その現在価値である．だから，これは，金融政策による貨幣価値コントロールがリアルの世界に与える予想を無視してしまうことができるとすれば，金融政策によって影響を受けないリアルの世

表1.6 政府と中央銀行の連結バランスシート（実質ベース）

資 産 の 部		負債および資本の部	
財政余剰の現在価値	$\sum_{j=0}^{\infty} \tilde{s}_j / R_{0,j}^r$	貨 幣 国債の市場価値	M_{-1}/P_0 $\{\sum_{j=0}^{\infty} B_{-1,j}/R_{0,j}^r\}/P_0$

界から来る与件値だと考えて良い．一方，その右辺は，現在から将来に至る物価の逆数つまり貨幣価値の流列 $1/P_j$ に一定の比重 $(B_{-1,j}/R^r_{0,j})$ を乗じて合計した金融債務の実質現在額を示している．ところが，この比重に含まれている $R^r_{0,j}$ はリアルの世界のものだから与件であり，貨幣量 M_{-1} や国債元利払額 $B_{-1,j}$ は過去に締結されている契約によって決まっている金額だからこれも与件である．すなわち，この(1.5)式は，「現在から将来までの貨幣価値に一定比重を加味して得た現在価値合計額は，広義の政府部門のもつ資産およびサープラスの現在価値合計額と等しくならなければならない」という金融政策の制約条件を示すものであり，これを言い換えれば，「金融政策は物価水準を動かすことができるが，その場合でも現在から将来に至る全時点の物価水準を自由に上げたり下げたりできるわけではなく，現在から将来にいたる物価水準の通時的な加重合計額は，一定でなければならない」ということである[16]．すなわち，金融政策が現在あるいは将来における特定時点の物価水準に影響を与えることができるのは別の時点の物価水準を反対方向に動かしているからであって，無から有を生み出しているのではないということを示すものでもある．

ところで，このような金融政策の制約条件には，企業金融における最も基本的な制約条件，すなわち，「企業が発行する株式および負債の現在価値合計額は，企業の事業から得られるキャッシュフローの現在価値合計額と等しくならなければならない」という制約条件に共通するものがある．もちろん，政府と企業は違うから，共通するといっても，その形は違っている．政府(中央銀行を含む広義の政府)のバランスシートには，企業と同じ意味での負債と資本の別は存在せず，貨幣と国債の区別があるだけである．しかも，貨幣と国債の違いは企業の社債と株式を分ける優先劣後の別のようなものではなく，要するに償還時期の差に過ぎない．しかし，そうした形の違いはあっても，政府にも企業にも同じような制約条件がかかっている以上，企業の株価や社債の市場価格にかかる制約と政府が発行する貨幣や国債の市場価格にかかる制約も似たようなものとなる．

---

[16] 貨幣価値の通時的な和が一定でなければならないことを最初に指摘したのは Cochrane (2001) である．ただしコクランはこのことの金融政策への含意については論じていない．

例えば，外部負債がない企業がクラスの異なる様々な株式を発行しているとしよう．そこで特定のクラスに属する株式の優先度を上げるような制度改正が行われたとすれば，そのクラスに属する株式の価格は上昇するだろうが，他のクラスに属する株式の価格は下落するはずである．企業の発行済み株式の総市場価値は企業のキャッシュフローの現在価値に縛られて一定であり，クラス間の優先度に介入するような制度改正では，他の株主の誰かを犠牲にしなければ，特定の株主の利益を図ることはできない．これは，金融政策が現在の貨幣価値を動かすためには将来の貨幣価値を犠牲にしなければならないという制約と変わらない．FTPL の世界では，貨幣価値は企業の株価のように決まるのである．

　金融政策による貨幣価値のコントロールというものは，その代償が直接には見えにくいためか，しばしば，無から有を生み出す「魔法の杖」のように思われがちだが，金融政策の実像はそのようなのものではない．それは，無から有を生む「魔法の杖」ではなくて，現在の負担を将来に振り替えたり，将来の債務を今のうちに払ってしまったりするためのブローカーのようなものに過ぎないのである．金融政策というのは，現在と将来との間のゼロサム制約の中で，現在の貨幣価値保有者(貨幣の保有者)と将来の貨幣価値保有者(国債の保有者)との間での分配を操作してインフレやデフレの発生時期を調整する政策手段であり，したがって，それが効果をあげるためには，彼らの間に新たな分配を作り出さなければならない．金融政策がただのブローカーと違うのは，様々な償還期限をもつ公的部門の債務の中にあって交換手段としての利用に特段の利便性をもつ貨幣の独占的な供給者として，公的部門の債務間の相対価格すなわち人々の金利予想に介入し，新たな分配を作り出しているからである．すなわち，金融政策とは，財政余剰に生じたショックを金利の変化によって将来に負担させるから効果を発揮できるのであって，そうした将来への負担を無理やり拒否しようとすれば，金融政策そのものが機能しなくなってしまうことになるはずだろう．

1.3.3 企業金融とのアナロジー

さらに,このような企業金融とのアナロジーを念頭に置いて考えると,私たちが金融政策あるいは国債管理政策の文脈で複雑に議論してきた事柄のいくつかについて,容易に結論を見通すことができるようになることにも注意しておきたい.例えば,純粋な量的金融政策は意味があるのか,つまり現在から将来にわたる人々の金利予想に何の影響も与えないような金融政策に意味があるのか,というような問題はどうだろう.人々の金利予想に影響を与えないような金融政策とは,様々なクラスの株式を発行している企業の株式を市場価格で入れ替え売買するようなものである.だから,そうした金融政策は,市場価格による株式の入れ替え売買が株価に影響を与えないのと同じように,現在の貨幣価値にも将来の貨幣価値にも影響を与えることができないはずである[17].金利政策が限界なので後は量的政策しかないというような議論は,この点を見誤った議論である.金利政策が限界であるならば,量的政策も限界であり意味がない.それが意味あるようにみえるのは,おそらくは$M=kPy$のような貨幣数量関係式が何の制約もなく物価を決めているように考えることから来る誤解である.ハイパーインフレや流動性の罠に陥った状況を除けば[18],貨幣数量関係式は金利および貨幣供給量と物価とをつなぐ関係式として確かに物価決定に関係しているが,それでも何の制約もなく物価を決めているのではなく,(1.4)式あるいは(1.5)式として示される貨幣価値の通時的制約条件と一緒になって物価を決めているに過ぎない.物価決定における金利予想の重要性を見落としていると,現在の貨幣量のみを現在の物価水準決定において重視してしまうが,それは公的部門全体の通時的制約条件の中で現在の貨幣量のみを特別扱いするという意味でバランスを欠いた見方であるということができる.

国債や貨幣の新たな発行や償還のような国債管理政策についても同じよ

---

17) Eggertsson and Woodford (2003) はこの点について厳密な検討を行い,Irrelevance proposition(将来の金利期待に影響を与えない量的緩和やオペは無効である)が成立することを示している.

18) ハイパーインフレの状態では貨幣の流通速度は無限大になり,流動性の罠の状態ではゼロになるので,いずれも場合にも,貨幣数量関係式は物価に関係なくなってしまう.

うなことがいえる．そうした国債管理政策は，それがフェアな市場価格で行われる限り，時価による新株発行が既存株式に利益も不利益ももたらさないのと同様に，既存の国債や貨幣に利益も不利益ももたらすはずがない．だから，国債や貨幣の発行や償還は，それ自体はインフレ的でもデフレ的でもあり得ない．国債や貨幣の発行や償還がインフレ的であるかデフレ的であるかを論じるためには，発行によって得た資金が何に使われるのか，あるいは償還原資が何で運用されていたかを，評価しなければならないわけだ．例えば，国債の発行で得た資金が自然利子率以下の収益性しかないようなプロジェクトに使われれば，それは貨幣の価値下落つまりインフレにつながるだろうし，低収益のプロジェクトを売却して国債を買入消却すれば，それは貨幣の価値上昇つまりデフレ的に働くだろう．

　また，ヘリコプターマネーという言葉に象徴される無対価での貨幣散布の効果は，企業金融における株式分割の効果に似ているということになる．もしヘリコプターマネーが既存の債権債務関係と完全に比例的に行われるのであれば，それは企業における株式分割と同じで，人々の債権債務の実質と完全に中立的になる．つまり何の効果もない[19]．こうしたヘリコプターマネーが行われたとき，人々は，すでに持っている債権あるいは負担している債務の表面金額が一定率倍になると同時に，その単位当たりの価値が同率で減価したと考えるだろうが，これならデノミネーションと同じで，リアルの世界には，せいぜい気分を変える程度の効果しかないはずだからである．したがって，もしヘリコプターマネーに心理以上の効果があると考える人がいれば，彼は，企業金融の場合における新株の有利発行や負債の免除に相当するような，何らかの再分配的効果のある貨幣散布を考えていることになる．例えば貨幣的な権利の保有者にだけ無対価で貨幣を支給し，債務者については債務金額を増加させないというような政策

---

19) ただし，ヘリコプターマネーに関する典型的な議論では，ヘリコプター散布によって増加した貨幣供給量が永遠に高い水準にとどまると仮定されている（例えば Bernanke 2003 など）．高い水準の貨幣供給が永遠に維持されるということはその背後で短期金利が変化していることを意味するし，貨幣が中央銀行の債務であることを考慮すれば財政拡大が行われていることを意味する．したがってこの仮定の下でヘリコプターマネーが物価に影響を及ぼすことは，本章のモデルで考えても当然である．この点については Eggertsson and Woodford (2003) も参照．

である．だが，こうした政策は，リアルでみれば借金の棒引きと同じことだから，そうした政策については富の再分配という観点からの議論がされ合意形成が行われなければならないはずだ[20]．

さらに，こうした企業金融とのアナロジーは，国のディフォルトとは何かという問題にも答を与えてくれる．貨幣がディフォルトしないのは，中央銀行の発行する貨幣が法律上は債務という形式をとりながら，その履行を貨幣との交換以外の方法でする義務を負っていないからである．銀行券は，もともとは，金貨や銀貨などの本位貨幣への交換を保証する証書だったわけだが，その銀行券自体を貨幣だと決めてしまったときから，銀行券は銀行券としか交換を要求されないという意味でディフォルトしなくなり，その銀行券と信用の基盤を共通にする自国通貨建て国債もディフォルトしないことになった[21]．しかし，このことは，外貨建て国債のように自国通貨と信用の基盤を共通にしない債務は，法形式上は自国通貨建て国債と同じく国債として取り扱われていても，ディフォルトする債務であるという点で自国通貨建て国債とは区別しなければならないということを示すものでもある．外貨建て国債に多くを依存する発展途上国の物価が，比較的小幅な一次産品市況の変動等のショックに対してすら驚くほど大きな振幅で変動するのは，外貨建て債務の存在が企業における外部負債の存在と同じく，レバレッジ効果を企業の株価に相当する貨幣価値に及ぼして初期のショックを増幅してしまうからである．そうしたレバレッジ効果が極限に達したとき，ちょうど倒産企業において株価のゼロへの収束と債務のディフォルトが同時に発生するのと同じように，その国では，ハイパーインフレーションすなわち貨幣価値のゼロへの収束と外貨建て国債のディフォルトとが同時に発生することになる．これは日本が直面する流動性の罠

---

20) 例えば中世においては強権による借金の棒引きがしばしば行われている．いわゆる徳政令である．だが，こうした徳政令は，結局は負債契約におけるリスクプレミアムの上昇をもたらし，経済全体にとってはマイナスだったというのが多くの歴史家の見解だろう．

21) その代わり，管理通貨制下での貨幣価値(物価の逆数)の変動のプロセスは，金本位制下での貨幣価値変動プロセスが，企業業績に応じて社債の市場価格が変動するプロセスに近かったのに比べ，企業業績に応じて株価が変動するプロセスにずっと近いものとなっている．このような管理通貨制下の貨幣価値変動のプロセスを，Cochrane (2003a) は "Money as Stock" と表現している．なお，銀行券と自国通貨建て国債の信用基盤を切り離したときに国債がディフォルトするか否かについては次節で論じる．

の状況とは反対の極にある状況であるが，FTPL の企業金融との共通性が最も分かりやすく現れてくる状況でもあるといえよう．

1.4 政府と中央銀行

1.4.1 政府とそのコミットメント

　FTPL が重視するのは，その「物価水準の財政理論」という名が示すように，物価水準の決定における政府部門の行動から生じる制約条件である．しかし，私たちは，物価水準の決定の制約条件としての政府行動を重視しながら，その政府の行動を制約する条件があるのかどうか，あるとすればそれは何かについては，特に議論をしてこなかった．言い換えれば，政府の行動は外生であるとしてきたのである．

　だが，FTPL の考え方を取り入れて物価と金融政策の関係を考えるのならば，やはり政府の行動についての議論を完全に棚上げにしておくわけにはいくまい．そこで，ここでは，そもそも政府はどのような制約条件の下にあるのかについて検討を加えておくことにしよう．

　まず，政府活動の支出面である．ところが，民主的な体制の下では，長期的にみた政府のリアルベースでの活動規模についての裁量性は大きくないと考えて良いだろう．リアルの資源分配の観点から考える限り，大き過ぎる政府も小さ過ぎる政府も好ましい存在ではないはずだからである．このことを簡単に整理しておこう．

　政府活動というのは，民間部門が有する資源の一部を取り上げて，それを安全とか福祉というような公共財の生産に振り向ける活動である．そう考えれば，私たちは，政府活動に関して公共財の生産関数を想定することができる．公共財の生産関数の特性は収穫逓減であると考えて良いだろう．安全にせよ福祉にせよ，それらが少量しか生産されていないところでの限界的な生産性は高いはずだが，生産水準が大きくなるに従い生産性は低下すると考えられるからである．そうすると，リアルの世界での政府活動の規模（政府支出の実質値）には，自ら最適水準が存在するはずである．

　図 1.1 は，そうした最適な政府規模についての考え方を概念的なグラフ

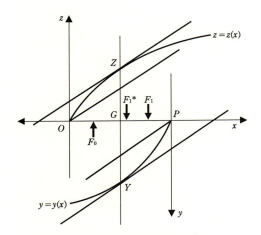

図 1.1 最適な政府規模

に描いてみたものである．ここで，線分 OP は国民経済に存在する資源量である．政府は資源 x を投入して公共財 z を生産しているとしよう．そうすると，政府の生産関数は，点 O を起点に右上方へと伸びる $z=z(x)$ というグラフとして表すことができるだろう．また，民間部門の生産関数は点 P を起点に左下方に伸びる $y=y(x)$ である．民間部門は資源 OP から政府が徴収した資源量 x の残余を投入して，私的財 y を生産していると考えるのである．議論を単純にするために公共財の限界効用と私的財の限界効用は常に等しいと仮定する．そうすると，このような経済における最適な政府規模は，線分 OG に相当するだけの資源を投入して公共財を生産し，残った線分 PG に相当する資源を民間部門に回すことだと言える．政府活動が G の規模を選んだとき，政府の限界生産性と民間の限界生産性が等しくなって，国民経済が全体として享受できる効用が最大化されるからである．

　例えば，世の中のニーズが変わったのだから道路建設を抑制しようという議論は，公共財の限界効用の変化についての認識から生じているものだし，成長が停滞しているのだから福祉を抑制しようという議論は，資源の存在量 OP についての厳しい認識から生じているものだといえる．ここで重要なことは，こうした議論に鈍感な政治勢力は選挙などによって代替

的な政治勢力に交代させられてしまうはずだということである．それを為政者たちが認識していれば，彼らは政府活動の支出規模についての裁量は大きくないと考えるだろう．

　では，政府活動のファイナンス面はどうだろうか．もし政府の資金調達がリアルベースで行われていれば，この面での裁量も大きくないことは明らかである．そのことをもう一度図1.1で確認しておこう．

　単純化のため，政府活動は資源存在量も生産関数も等しい今期（0期）と来期（1期）にのみ存在することにしよう．このとき政府が何かの理由で均衡財政を選択せず，今期にはOF_0の課税しか行わないと決めたとするのである．この経済に貨幣が存在せず，政府のファイナンス活動がリアルベースで行われていれば，来期の課税水準は線分F_0Gの大きさ（今期の実質財政赤字）に自然利子率を乗じた大きさだけ点Gより右に位置する点F_1で決まってしまうだろう．そうしなければ政府は政府活動に必要な国債を発行できないし，その量の国債を発行してしまえば，来期の政府は，線分OF_1に相当するだけの税を徴収して政府活動OGを賄い，さらにGF_1に相当する国債の元利払（つまり，納税者から国債保有者への分配）を行って政府活動を終了することになるし，また，そうするほかはない．実質課税水準としてF_1より小さい水準を選択すれば政府は国債を償還できないし，大きい水準を選択しても余った税収を再配分するほかはないからである．

　もっとも，政府が水準F_1の課税水準を実際に選択できるかどうかは，その徴税力に依存する．もし政府の徴税力が無制限であれば，不測の災害や戦争などによって課税ベースが大きく毀損し，国民の富をすべて徴税しても国債の元利払を行うに足らないという極限的な状況でも，政府は国債の保有者に契約を違えることなく支払を行うことができる．

　非常に極端なケースではあるが，パン1001個に相当する国債を実質ベースの契約で発行している政府があったとしよう．この政府の課税ベースが戦争や災害などの外生的なショックによって大きく毀損し，例えば，課税ベースとなる民間部門にただ1個のパンしか残されてなく，また来期以降には1個のパンも期待できないという極限状態を考えてみよう．ちなみに，物価は，ショックの前において，パン1個と貨幣1単位が等価の水準

にあり，かつパン1個分に相当する国債を中央銀行が保有して，それを見合いに貨幣が1単位だけ発行され，残り1000個のパンに相当する国債は民間が保有しているとしよう．経済全体にパンは現在と未来を通じて1個しかなく，政府の負債は1001個分のパンに相当するのであるから，普通に考えれば政府はディフォルトしてしまいそうである．だが，このような状況でも，政府の徴税力が無制限なら，政府にはディフォルトを免れるシナリオが残されている．そのシナリオを2通りあげておこう．

政府が，民間の国債保有者を狙い撃ちにしたパン1000個相当の一括固定税(lump-sum tax)を導入し，さらに経済最後のパンを持っている人を狙い撃ちにしたパン1個相当の一括固定税を導入したとしよう．このとき，国債保有者は自分の持っている国債で相殺納税し（これで民間保有分の国債は償還される），パンの保有者はパンを換価して納税してくるだろう．したがって，政府と中央銀行は貨幣と国債を1単位ずつ保有しあう状態になり，両者が互いに債務を履行しあえば，貨幣も国債もすべて償還されることになる．経済最後のパンを口にできるのは，貨幣を保有していた人である．物価は変動しない．これが第1のシナリオである．

あるいは，政府がパンを持っている人ではなく中央銀行を一括固定税の対象としたらどうだろう．民間の国債保有者に対してパン1000個相当の課税を行い，中央銀行にパン1個相当の課税を行う．これで国債の保有者は徴税によって国債償還で得られるはずだったパンのすべてを取り上げられてしまうが，それは国債のディフォルトではない．課税の効果である．一方，中央銀行が保有国債の償還によって得たパンは徴税により政府に取り上げられてしまうことになる．したがって物価は限りなく上昇するが，これは，中央銀行がディフォルトするという意味ではない．中央銀行は，貨幣を貨幣に交換するという以上の義務を負っていないからディフォルトしないのである．経済最後のパンを口にできるのは，もともとパンを手にしていた人である．これは第2のシナリオである．

もちろん，このようなシナリオが教えてくれることは，政府が絶対にディフォルトしないということではない．無限の徴税権をもつ政府は，その徴税権の射程内にある人々に対してなら[22]，いくら債務を負担しても，

政府自身がディフォルトを望まない限り，形式上のディフォルトはないということだけである．だから，もし人々が国債の償還のための税負担を耐え難いとか公平を欠くとかと考えるとすれば，人々は政府に対して国債の保有者と納税義務者との間の権利義務の再構築を要求するだろう．そこで，もし政府が国債債務の強制減免つまり踏み倒しという形式で権利義務の再構築要求に応じるとしたら，それは，形式上は政府のディフォルトであるが，その実質的な効果は国債保有者を狙い撃ちにした一括固定課税と変わらない．いずれにしても，政府のファイナンス活動がリアルベースで行われている限り，国債の債務処理のために政府に残された選択の範囲は，形式的にはともかく，実質的には大きなものではないのである．

ところが，政府のファイナンス活動がリアルベースでなくノミナルベースで行われていれば，話は大きく変わってくる．国債債務の強制減免というかたちではなく，物価の変動というかたちで債務処理を行う選択肢が生じるからである．今期に$F_0 G$に相当する国債の発行を行った政府が，その後で税率の引き下げを発表して来期の実質課税水準をF_1からF_1^*に修正してしまっても，それに応じて貨幣価値が低下してくれれば国債の償還に困ることはない．また，政府が自分から減税に動かなくても，何か他の理由で人々が貨幣価値の低下を予想するようになれば，政府はインフレにより国債の実質償還負担が軽くなったことを理由に，減税を行うことができるようになる．つまり，来期の実質課税水準をF_1からF_1^*に減らすシナリオは，減税からインフレ期待が生じるというプロセスでも，インフレ期待から減税が可能になるというプロセスでも描くことができるわけだ．

---

22) 前節でも述べたことだが，海外における外貨建て国債の発行などの結果，他国民の投資家つまり徴税権の射程外にいる人々によって実質ベースの価値にリンクした政府への請求権が保有されていれば，政府のディフォルトは現実のものとなる．累積債務国におけるリスケジューリングは，それが債務国の主権の部分的接収であるという点で，会社更生手続きに良く似た政府のディフォルトである．また，いわゆる砲艦外交の時代には，自国民の他国政府への債権に関して，その履行を迫る手段として交渉ではなく軍事力に訴えることは常識に近かった．日露戦争に伴うロンドンでの戦時公債募集に奔走した高橋是清は，関税収入を担保とした第1回の戦時公債募集に際し，日本の最大のシンパであったシフ（ニューヨーク・クーンロブ商会首席代表）ですらも，その保全に懸念を持ち，同公債の裏づけになっている関税収入担保の実効性につきロンドン銀行団の中心地位にあったベアリング商会のレベルストックに実行の方法を尋ねたところ，レベルストックは一言「軍艦（Warship）」と答え，シフもそれで納得したというエピソードを伝えている（高橋 1936）.

あり得ないのは，増税とインフレ期待をあわせて発生させるシナリオや，減税とデフレ期待をあわせて発生させるシナリオである．つまり，財政と物価の問題の問題は互いに独立でなく，一方を決めれば他方も決まるという性質を持っているわけだ．FTPLが分析するのは，このような財政と物価の不可分性である．では，そうした不可分の関連にある財政と物価の各々の担い手である政府と中央銀行との関係は，どのように理解すべきなのだろうか．

1.4.2 政府の信用と貨幣の信用

多くの国で政府は中央銀行の資本金を拠出し，また，その経営陣の任免に関与している．その関係は，あたかも親会社が子会社に対するかのようである．そして，資本や人事によって親会社と深く結び付いた子会社への請求権の価値は親会社と連結ベースで評価するのが企業金融における実務の常識だろう．だから，中央銀行が政府の子会社のようなものなのだとしたら，その中央銀行に対する請求権である貨幣の価値も親会社と連結ベースで評価してみたくなる．貨幣の価値つまり物価を考えるのに，政府と中央銀行を連結して把握しようというFTPLの考え方の出発点はそこにあるといって良い．本章が金本位制との連続性のある貨幣価値決定モデルを模索することから検討を開始したのも，基本は，そうした政府と中央銀行との関係の認識によるものである．

だが，政府と中央銀行との関係が親会社と子会社のようなものであるといっても，子会社への請求権が自動的に親会社への請求権となるわけではないのと同じように，貨幣が自動的に政府に対する請求権になるわけではない．米国のように貨幣は国の債務であるとの法制を掲げている国もあるが[23]，日本も含めて多くの国では，政府は貨幣価値を保証しているわけではない．貨幣価値の裏付けとなるのは中央銀行が貨幣のために保有する資産であるとするのが一般的な中央銀行法制の建前である．

---

23) 米国の連邦準備券は，Federal Reserve Act Sect.16 において "The said notes shall be obligations of the United States and shall be receivable by all national and member banks and Federal reserve banks and for all taxes, customs, and other public dues." とされている．

また，その逆に，政府への請求権つまり国債が自動的に中央銀行への請求権になるかというと，それも当然になるわけではない．国債が中央銀行への請求権になるということは，国債の元利金について中央銀行が無条件で貨幣をもって支払うということだが，中央銀行が「政府の銀行」として国債の元利払を行うのは，市中銀行が「企業の銀行」として取引先企業発行の社債の元利払を行うのと同じようなもので，元利払にあてるべき資金を政府から預かっているからできることなのである．国債の元利払にあてるべき資金は，政府を預入者とする中央銀行の当座預金として管理され，そうした当座預金が底をつけば中央銀行は国債の元利払を続けることはできない．もちろん，通常の状態では，政府の当座預金が底をついたりすることがないよう資金繰り計画が策定され，対策のための国債が発行されているので，政府の当座預金が底をつくというような事態は生じないが，それにしても中央銀行が，国債が消化されるよう市場に資金を供給したり，あるいは国債を引き受けてしまったりしているからそうなっているのであって[24]，法制度が直接に国債と貨幣との交換を保証しているわけではない．もし国の課税ベースが大きく毀損した状況で，中央銀行が国債の市中消化が行われるような環境も作らず国債の引き受けも拒めば，政府は国債の元利払ができなくなりそうである．

　もちろん，政府と中央銀行との関係が，企業間関係における親会社と子会社のようなものだったら，子会社が親会社の債務履行を支援するのと同じように，中央銀行も政府の債務履行を支援するはずである．子会社の場合，親会社の資金繰りの危機を看過しているような経営陣は直ちに更迭され，親会社に協力的な経営陣が選任されることになる．だが，中央銀行の場合，政府による中央銀行の意思決定への介入は厳しく制限されていることが多い．日本銀行では，総裁や副総裁そして審議委員は政府によって任命されるが（日本銀行法第23条），犯罪その他の理由による場合によるほかは罷免されることはなく（同第25条），また，その政策決定機関である政策

---

[24]　政府の一時的な資金繰りのために発行される短期国債を，日本では財務省証券という．国債の日本銀行引き受けは財政法第5条により一般的には禁止されているが，この財務証券については日本銀行による直接引き受けが許容されている（日本銀行法第34条）．

委員会では総裁と副総裁そして審議委員だけが議決権を持ち（同第16条），政府の代表は出席できても議決に参加することはできない（同第19条）．そのような法制からみる限り，政府と中央銀行の関係は通常の親会社と子会社の関係のようなものではなく，したがって国債を貨幣と同等の信用度だと決めてかかるわけにはいくまい．では，政府と中央銀行の債務履行責任を切り離したら，何が起こるのだろうか．そもそも，両者を切り離すこと自体，可能なのだろうか．

政府と中央銀行との間で債務の履行責任を切り離したときでも，まず中央銀行については，直接的には何も困ることはない．金本位制下での貨幣と違い，管理通貨制下の貨幣については，同種で同価額の貨幣と交換する義務しか中央銀行は負っていないから，その債務の履行に中央銀行が滞ることはあり得ない[25]．そうした観点からは，管理通貨制下の貨幣というのは，形式は債務と称していても，その実質は無配当を法定された中央銀行の無議決権株のようなもので，貨幣の見返りに中央銀行が保有する資産に対する理念的な権利を有するに過ぎない．だから，そうした株式にディフォルトが考えられないのと同じように，貨幣にもディフォルトは考えられないのである．管理通貨制下の中央銀行が債務不履行に陥るのは，自らが発行する貨幣では履行できない債務を負担したとき，例えば，他国の通貨当局などから外貨建てでの借り入れを行っているような場合であって，そうした債務を負担していなければ中央銀行が支払不能に陥るということは論理的にあり得ない．

ところで，政府については同じことが簡単にいえるわけではない．政府の場合，負債である貨幣を自分が発行する貨幣と交換する義務しか負わない中央銀行と違って，負債である国債を自分が発行する別の国債に交換しても債務を履行したことにはならない．国債は，自身への請求権である国債ではなく，中央銀行への請求権である貨幣で履行しなければならない．

---

25) 一方，金本位制の時代における平価の切り下げについては，それが債務不履行に相当していたのかどうかは明確には黒白をつけがたい．第1次世界大戦によって崩壊した金本位制の再建を協議した1922年のジェノア会議では，金本位制に復帰するに当たって，すでにインフレが高進してしまっている国では必ずしも大戦前の平価にて金本位制に復帰する必要はないことを改めて確認しているが，こうした確認が必要だったということ自体，平価の切り下げには債務不履行の匂いがあることを物語っているといえよう．

だから，貨幣の発行者である中央銀行と同じ論理では，政府が国債の履行に困るはずがないということはできない．だが，このことは，政府はディフォルトするのだということを意味するものでもない．

例えば，株式会社の業績が悪化し，債務超過の状態に陥ったとする．もしこの会社の業績が回復する見込みがなければ，債権者たちは裁判所に会社の破産を申し立てて，会社の資産を債権者への支払のために充当するよう要求することになるだろう．このことは，会社が破産するためには2つの条件が必要になることを意味している．第1の条件は，破産の申し立てが債権者の権利として法的に確立していることであり，第2の条件は，そうした法的な権利を行使することに債権者たちの利益が存在することである．この2つの条件が整ったときに，債権者たちは破産を裁判所に申し立てることによって，会社のオーナーである株主の権利を接収し，全部の会社資産を自身のものとして確保することになる．ところが，政府については，この2つの条件が，いずれも当てはまらない．政府には法的に破産の制度はないし，どんなに政府の財務状況が悪化しても，投資家にとって政府の清算手続きを求める手段はない．政府には株主が存在しないので，債権者として接収すべきオーナーの資産もないからである．

私たちは，会社の債務を社債と呼び，さらに政府の債務を国債と呼ぶので，両者を同じようなものだと考えがちだが，破産あるいは債務の整理というような事態を想定したときに起こることは，会社と政府とではまったく異なるのである．政府が発行する国債は，債権者たちが債務者のオーナーの権利を接収するという意味での破産の制度がなく，またそうすることによる債権者の利益も存在しないので，やはりディフォルトはない．あるのは，第1次大戦後のドイツが旧1兆マルクを1レンテンマルクとしたように，新たな政治的な決定に基づく一国の債権債務関係全部の再構築だけである．

そして，もう一つ重要なのが中央銀行の資産構成である．現代の中央銀行では，その資産の大きな部分が国債で占められている．だから，もし，何らかの理由で国の信用度が変化したとすれば，それは中央銀行のバランスシートの劣化を通じて中央銀行の負債である貨幣の信用度をも変化させ

る．極端なケースとして中央銀行の資産の全部が国債に投じられていて，かつ中央銀行があげる利益はすべて政府に納付されるか国債に再投資されるというような仕組みの下で考えるとすれば，貨幣価値は自動的に国債の価値に連動してしまう．そのような世界では，国債と貨幣の価値に区別をつける理由はなく，したがって人々の政府の支払能力への信頼が揺らぎ始めたときには，貨幣の価値についても信頼も同じように揺らいでしまうだろう．これは貨幣の価値を実質ベースで安定的に維持しようとする立場からは困ったことだが，国債の名目ベースでの信用を維持しようとする立場からは都合の良いことである．国債と貨幣の価値が平行移動的に変化してくれれば，政府の支払能力が揺らいだとき，貨幣の価値も同じように揺らいでくれるので，名目ベースでの政府債務はディフォルトしなくなる．貨幣を現物の株式のようなものだとすれば，国債は受け渡し未了の発行済み株式のようなものなのだから，その片方だけがディフォルトして他方が無事であるということもあり得ないのである．

1.5 金本位制から現代まで

1929(昭和4)年7月，組閣の命を受けた浜口雄幸は外務大臣に幣原喜重郎を，そして大蔵大臣に井上準之助を据え，軍縮と財政整理そして金解禁（明治30年貨幣法での金平価での金本位制復帰）を柱にする政策政綱を発表した．この金解禁の最大の焦点は，井上蔵相自身もが実勢を上回ると考えていたといわれる平価への復帰にあったわけだが[26]，そうしたデフレ政策は，軍縮や財政整理という財政についてのコミットメントとセットで発行されなければ効果はなかったはずである．そして，内閣のもう一つの柱である軍縮も金解禁というコミットメント実行のためという「大義」のもとでなければ実行できなかったろう．すなわち，軍縮の幣原外交と金解禁の

---

[26] 1897(明治30)年の貨幣法によると，平価は1円=金2分だから，1円は金約0.75グラムである．ちなみに1ドルは金約1.5グラムであったので，円とドルとの交換比率はほぼ100円=50ドルとなるが，これに金現送費などを考慮すると，100円=49.375ドルが金輸出点であった．これに対し当時の為替相場は100円=45ドル程度だったから，明治30年貨幣法での平価による金解禁は約10%のデフレショックを日本経済に与えたはずである．

井上財政は，浜口内閣における「表裏一体をなすポリシー・コンビネーション」だったのである[27]．貨幣価値に関するコミットメントは，財政に関するコミットメントと整合的でなければならないということは，ともかくも金本位制の時代には当然のように意識されていたのである．

もちろん，浜口内閣の政策が貨幣価値と財政とが独立でないことを認識した正しいパッケージであったということと，パッケージの中身が当時の日本経済にとって適切なものであったかどうかは別の問題である．結果から見る限り，彼らの政策実施タイミングは 1929 年に始まる世界大恐慌と時期が一致してしまったわけで，割高な平価での金本位制実施というデフレ政策を行うには最悪の時期だったことは間違いない[28]．しかし，結果はともかく，彼らの政策は正しいパッケージであったから効果をあげたのであり，また，効果をあげたからこそ，首相の浜口も金解禁の井上も最後には怒りの標的になり，テロの銃弾に倒れたのである．

ところで，私たちの関心は浜口内閣における政策方向の是非ではない．重要なのは，今から半世紀以上前の金本位制の時代には，貨幣価値についてのコミットメントという概念が確かにあり，しかも，そのコミットメントは財政についてのコミットメントと整合的でなければならないということが，当然のこととして理解されていたということである．では，なぜ，管理通貨制の時代に入って，そうした貨幣価値コミットメントと財政コミットメントとの整合性の重要さが忘れられがちになるのだろうか．金本位制の時代には，なぜ当然のように認識されていたのだろうか．

おそらく，それは金本位制という仕組みの分かりやすさにあるのだろう．金に貨幣価値をリンクするというコミットメントは政策目標として分かりやすい．それに対して，現代の管理通貨制は，貨幣と金との交換をやめてしまうことによって，財政についてのコミットメントが貨幣価値につ

---

27) 有沢 (1994) による．
28) 浜口内閣が金解禁を含む「十大政綱」を発表したのは，組閣 1 週間後の 1929 年 7 月 9 日であり，同年 11 月に金解禁の実施は 1930 年 1 月 11 日と定められ，予定どおり実行された．ところが，この間の 1929 年 10 月 24 日，後に「暗黒の木曜日」と呼ばれるようになったウォール街の株式大暴落が起こっている．もっとも，少なくとも 1929 年当時の雰囲気としては，米国株の暴落をあまり深刻視する雰囲気はなく，むしろ「これで米国における金利低下が本物になり，金解禁に好都合」というものだったようである．有沢 (1994) 参照．

いてのコミットメントにつながるのだということを分かりにくくしてしまっているし，さらには，貨幣についてのコミットメントというものが存在するということさえも分かりにくくしてしまっているのである．

しかし，現代の管理通貨制度であっても，貨幣の価値を「何か価値あるもの」に結び付けていることには変わりはない．私たちが金本位制から管理通貨制へと移行するときに廃止したのは，貨幣価値を金に結び付けてコミットすることだけであって，貨幣価値をコミットすることではない．貨幣の価値を金に結び付けてコミットすることをやめることと，そもそも貨幣価値をコミットすることとをやめることとは，まったく違うことだからである．では，現代の管理通貨制では，貨幣価値は何に結び付けてコミットされているのだろうか．

それは，金ではなく，もっと一般的な財の価格すなわち物価水準に結び付けてコミットされているのである．もちろん，物価水準に貨幣価値をコミットするというのは，金に貨幣価値をコミットするのに比べれば分かりにくい．金へのコミットメントならば，中央銀行が金との「兌換」という方法でその遵守にかける意志と能力を具体的な行為として示すことができる．これに対して，物価水準へのコミットメントは政策論として語ることはできても，具体的な行為で示すことができない．だが，中央銀行から政府全体に視野を広げて考えてみれば，そもそも政府は税金を貨幣ベースで取りたてて代わりに公共財を供給しているのであるから，その行っていることは，貨幣と金をではなく，貨幣と公共財とを「交換」しているのだと言っても良いことに気づくだろう．そして，公共財と他のすべての財との相対価格が所与であるとすれば，その行っていることは，要するに金本位制下で中央銀行が行っていた「兌換」と本質において変わらない．すなわち，貨幣価値のスポンサーである一国の意志と能力が貨幣価値を決めるという本質は，金本位制の時代から管理通貨制の現代まで変わることはないのである．

第2章 FTPLの道具箱

2.1 財政と貨幣価値のリンク

本章では，財政要因が物価水準を決定するというFTPL(物価水準の財政理論)の考え方について，モデルに基づいた解説を行う．本章の目的は，FTPLの考え方に初めて接したときに多くの人が共通して抱くであろう疑問に対して，モデルに即してできるだけ客観的な答えを提示することである．具体的には，財政要因が物価水準を決定するとはそもそもどういう意味なのか，それはどのような仮定の下で成立する議論なのか，財政政策で物価が決まるとすると金融政策は物価決定にまったく関与しなくなってしまうのか，既存の物価理論とはどう関係しているのか，といった疑問に答えていくことにする．

2.1.1 戦時インフレ

具体的な現象を題材に，FTPLの基本的なアイディアを解説するところから説明を始めよう．ここで取り上げる題材は，戦時インフレと通貨危機である．貨幣価値を対内的な側面と対外的な側面に分類する見方に従えば，戦時インフレは対内的な貨幣価値の，また通貨危機は対外的価値の下落であり，どちらもそれが激しく生じているという点で共通している．貨幣価値変動の原因を考える上でこの2つは格好の教材である．

まず戦時インフレから始めよう．大きな戦争の最中および直後には激しいインフレが起きることが多い．例として1830年以降の日本の物価の推移をみると(図2.1)，物価上昇率が最も高かった時期は1944-51年(年率86%)であり，次いで1916-20年(年率20%)，3番目は1856-69年(年率14%)である[1]．このうち第1と第2の事例は2つの大戦の時期であり，戦争が

---

1) 年平均ではなく期間内の上昇率でみると，1944-51年は144倍，1856-69年は6.5倍，1916-20年は2.5倍である．計数は鎮目(2001)による．

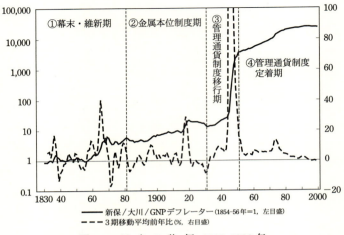

図 2.1 日本の物価，1830-1999 年
出所）鎮目（2001）．

高インフレを惹き起こすことを示している．同様の現象は第1次大戦後のドイツなど他国でも数多く観察されている．

戦時インフレの背後では，ほぼ例外なく戦費調達に伴う財政の悪化が進んでいる．高インフレの根本的な原因が財政悪化にあることは多くの事例が教えるところである．また，その一方で，高インフレは膨大な量の国債を紙くずに変え，財政の建て直しに大きく貢献したという事実も重要である．つまり，財政と高インフレは，①財政悪化が高インフレを惹き起こす，②高インフレが財政の再建に貢献する，という2つの因果関係により密接にリンクしている．

では，財政悪化が高インフレを惹き起こすのはどのようなメカニズムによるのだろうか．この点について経済学者の間で広く信じられている議論は「財政インフレ論」である．財政インフレ論によれば，戦費調達で財政状況が悪化すると政府は中央銀行に命令して銀行券の印刷枚数を増やしその穴埋めに用いる．その結果，世の中に流通している貨幣が増加し，貨幣の価値が落ちる．これが高インフレというわけである．この説明で重要な役割を果たしているのは，①財政状況が苦しくなると政府・中央銀行は貨幣の増発に走るというシナリオと，②貨幣の供給量が増えると物価が上

昇するという考え方(「貨幣数量説」)である．

　それでは，①のシナリオが崩れたら，つまり，中央銀行が銀行券の増発を頑なに拒んだとしたらどうなるのだろうか．貨幣数量説を信じるとすれば，銀行券は増発されていないのだから高インフレは起きない．高インフレが起きないとすると国債は紙くずにならないので財政状況は悪いままである．このとき何が起こるだろうか．あり得るシナリオとしてすぐに思いつくのは国債のディフォルト，つまり国債を償還しないと政府が宣言することである．つまり，比喩ではなく本当に国債を紙くずに変えてしまうのである．そうすれば高インフレなしでも財政再建が可能になる．しかし，第1章で述べたように，国債のディフォルトはそう簡単に起こせるものではない．もうひとつの可能性は大増税を敢行し，国債を償還することである．しかし，戦時下で経済が疲弊しているときに，さらに大増税を行うというのは政治的に難しい選択であろう．

　もちろん，そうは言っても，どちらも絶対にあり得ない選択ではない．しかし，ここでは，政府はそれらの手段に出ることはないと仮定することにしよう．中央銀行が銀行券の増発を頑なに拒むと同時に，政府はディフォルトも大増税もしないと宣言してしまうのである．このとき何が起きるだろうか．

　中央銀行と政府がそのように頑なな政策を採った場合，経済は大混乱するかもしれない．しかし中央銀行や政府が頑なだからという理由だけで経済が潰れてしまうことはあり得ない．経済の主役は政府でも中央銀行でもなく企業や家計など民間の経済主体であり，そこには安定的な均衡状態を自律的に復元するメカニズムが備わっているからである．では，中央銀行や政府が頑なな行動を採った場合でも機能する均衡回復メカニズムとはいったいどのようなものだろうか．

　FTPLでは次のように考える．議論の出発点として，物価水準は一切変化しないと考えることにしよう．国債は円表示の利払や償還を約束するものだから，物価水準が一定の下で国債残高が増加するということは，家計にとって財で測った富が増えることである．しかも，政府は大増税はしないと宣言しているのだから，国債償還資金を調達するために将来のどこか

の時点で増税が行われる心配もしなくてよい．この2つの意味で，国債は家計にとって正に富であり，国債保有額の増加に伴って家計は財の消費を増やそうとするであろう．これは「富効果(wealth effect)」とよばれるものである．しかし，財の市場に目を向けると，膨大な国債残高に見合うだけの財の供給が市場に存在するわけではない．そのため，需要超過で物価に上昇圧力が加わることになる．つまり，物価水準が一切変化しないという当初の想定は誤りなのであり，均衡では必ず物価水準が上昇するということがわかる．では，物価水準は均衡ではどこまで上昇するのだろうか．それは，物価上昇により，国債の実質価値が大幅に下落し，政府の税収で十分に返済できる金額に達するまでである．そこまで物価が上昇すれば，混乱の根源的な原因である財政問題が解決する．そうすれば，経済は元の落ち着きを取り戻し，安定的な均衡を回復する．これが経済に備わっている均衡回復メカニズムである．

　ここでの説明のポイントは，貨幣の増発なしに物価水準の上昇が生じているという点である．財政事情の悪化が(貨幣増発を通じてではなく)富効果を通じて物価上昇を惹き起こすというのがFTPLの考え方である．

　このように説明すると，「そうは言っても戦時インフレの多くの事例では実際に貨幣が増発されており，貨幣の増発と高インフレの同時進行が観察されたではないか」という反論が出てくるかもしれない．確かに，貨幣の増発なしに財政赤字単独の要因で高インフレが生じた事例はない．しかし，ここで注意しなければならないのは，財政赤字が貨幣の増発を経由しないで直接にインフレを惹き起こすというFTPLの説明でも，貨幣の増発が必然的に生じるということである．FTPL的なメカニズムで物価水準が上昇すると，それに伴って貨幣の取引需要が増加し，経済に流通する貨幣量が増加するからである．ただし，ここでの貨幣増加はあくまでもインフレの 結果 に過ぎない．この点が貨幣増をインフレの 原因 とみる財政インフレ論との大きな違いである．

　貨幣増がインフレの原因なのか結果なのかをデータから見極めるのは容易でなく，多くの場合，水掛け論に陥ってしまう．しかし，見極めが不可能かというと必ずしもそうではない．この点での重要な研究例は，第1次

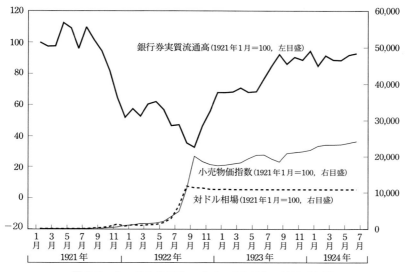

図 2.2 オーストリアのハイパーインフレ，1921-24 年
出所) Sargent (1983b).

大戦後の欧州4か国でのハイパーインフレがいかにして終焉したかを分析した Sargent (1983b) である．サージェントは，オーストリア，ハンガリー，ドイツ，チェコスロバキアの4か国のハイパーインフレの終息過程を詳細に分析した結果，インフレ終息の最終局面で貨幣量が（減少ではなく）増加するという興味深い現象が4か国すべてに共通してみられると報告している．図2.2は，一例として，オーストリアの小売物価指数，為替相場，銀行券流通高の推移を示したものであるが，物価上昇と為替下落が停止した1922年8月以降，銀行券の流通量が急増しているのが確認できる．この現象についてサージェントは，貨幣数量説に反すると指摘するとともに，第1次大戦後の混乱を経て，こららの国々で財政建て直しの道筋がはっきり示され，貨幣の財政的裏付けを国民が信用するようになったためであるとのFTPL的な解釈を示している．

2.1.2 新興市場経済における通貨危機

2番目の例として通貨危機についてみてみよう．中南米やアジアなど多

くの新興市場国は米ドルに対して自国通貨を一定水準で安定させる政策(ドルペッグ制)を採用してきた．このドルペッグ政策が破綻するのが通貨危機である．

通貨危機は次のようなメカニズムにより発生すると考えられてきた[2]．まず新興市場国の政府が放漫な財政運営を行い財政赤字を発生させる．その赤字をファイナンスするために政府は国債を発行する．しかし国債の市中消化には限界があるため中央銀行に国債を引き受けさせ，その分，中央銀行は銀行券を増発する．銀行券の増加は通貨の対内価値である物価を押し上げる(インフレ)と同時に，対外価値である為替相場に対して低下(自国通貨安)圧力を加える．中央銀行は外貨準備を使って自国通貨の売り圧力を吸収しようとするがそのうちに外貨準備が枯渇し通貨の防衛を果たせなくなる．これが通貨危機である．

この説明でわかるように，通貨危機発生のメカニズムとしてこれまで考えられてきたことは財政インフレ論とよく似ている．財政赤字が事の発端であることはもとより，中央銀行が政府の圧力に屈してマネーファイナンスを行うこと，さらには，貨幣の増加が通貨価値を下落させる直接の原因であること(貨幣数量説)も共通している．

経済学者のこのような認識は，1970年代から80年代に発生した通貨危機のプロセスを説明できるとされ，広く受け入れられてきた．しかし，90年代後半になってこれを覆す事態が生じることになる．97年7月のタイ・バーツ急落に端を発する東アジア通貨危機がそれである．東アジア通貨危機は，①財政赤字が見られない(東アジアの多くの国では財政はほぼ均衡していたにもかかわらず通貨危機が起きている)，②貨幣供給量の増大が見られない，という点でそれ以前の通貨危機と異なる性質をもっており，当時の経済学者の常識に反する現象であった．

東アジア通貨危機の様相がそれ以前の危機とあまりに異なるため，通貨危機発生直後には，これは新種の通貨危機ではないかとの見方も提示されたほどである．しかし Burnside et al. (2001a) などの最近の研究によれば，

---

2) 通貨危機の原因として以下で紹介する見方を最初にモデル化したのは Krugman (1979) である．

表 2.1 東アジア通貨危機

	対ドル相場下落率 ［1997-98 年，％］	銀行の不良債権 ［対 GDP 比率，％］	銀行の不良債権 ［対政府歳入比率，％］
インドネシア	77	9.4	63.0
マレーシア	35	23.3	98.3
タ イ	36	30.2	176.7
韓 国	34	22.1	103.7
フィリピン	32	7.8	41.1
香 港	0	6.6	33.6
シンガポール	12	4.4	11.8
台 湾	13	6.0	50.0

出所）Burnside et al. (2001a).

東アジアの事例でも，伝統的な危機と同じく，やはり財政が重要な役割を果たしたとの見方が有力になりつつある．

ただし，バーンサイドたちの見方は，足元の財政赤字ではなく将来の財政赤字に関する投資家の予想に注目する点で伝統的な通貨危機論と異なっている．すなわち，東アジアの事例では足元の財政赤字は小さかったが，将来は大幅に増大するとの予想を投資家がもっており，それが通貨の売りを誘ったとみるのである．例えば，Burnside et al. (2001b) によれば，韓国では銀行の不良債権が危機前の段階で名目 GDP の 22% という高水準に達しており，銀行株価もこれを織り込んで危機前に大幅に低下していた．つまり銀行救済のために韓国政府が近い将来多額の支出を迫られることを内外の投資家は危機前に認識していたということであり，これがウォン売りを誘ったのである．同様の事情はタイやインドネシアなど危機を経験したその他の国々にも当てはまる．表 2.1 は，東アジア各国の 1997-98 年当時の為替相場と銀行の不良債権額を示している．これをみると，銀行の不良債権が大きい国で対ドル相場が大きく下落していることが確認できる．

東アジア通貨危機のこうした新解釈は，一見したところ，「足元」の財政事情を「将来」の財政事情に置き換えているに過ぎず，したがって，財政赤字が通貨危機を招くという伝統的な理解の基本線を変更する必要にないようにみえるかもしれない．しかし実は，東アジア通貨危機の新解釈

は,伝統的な理解の仕方に対して根源的な疑問を投げかけているのである.すなわち,伝統的な理解では,足元の財政赤字を貨幣増発でファイナンスすることにより通貨危機が起きると考えてきた.しかし東アジアのケースでは,足元の財政赤字が発生していない以上,貨幣を増発する必要はなく,実際に多くの国で貨幣増発は観察されていない.それにもかかわらず危機が発生したということは,通貨危機の原因は中央銀行による貨幣の増発ではないことを示唆しているのである.

では,FTPLなら説明がつくのだろうか.FTPLでは,国債など政府の名目債務と純税収(税収マイナス政府支出)との間に隔たりがあり,その辻褄を合わせるために物価上昇が必要になると考える.ここで重要なポイントは,国債など政府の名目債務は将来時点における支払を約束するものであるから,それに対応する純税収には現在だけでなく将来に見込まれる分も含まれるという点である.つまり,FTPLでは,ある時点において存在する国債残高と,それ以降に徴収できると予想される純税収の総額とのバランスが問題なのである.東アジア通貨危機の場合は,1997年時点で国債残高に変化はみられなかったが,将来の純税収に関する予想が大きく低下したため,両者の間に隔たりが生じ,その調整弁として貨幣価値が下落したと解釈できる.

財政インフレと東アジア通貨危機という2つの事例はどのような環境の下でFTPL的な物価変動が生じるかについてヒントを与えてくれる.まず第1に,政府の財政政策がある種の性質をもっている必要がある.政府が何らかのルールに従って財政政策運営を行っているという意味で財政政策ルールという言葉を使うとすれば,財政政策ルールがある種のタイプのときにFTPL的な物価変動が生じる.戦時インフレの事例に戻れば,政府が大増税を行わないという前提が重要な役割を果たしている.仮に,政府が大増税を敢行すると宣言するとすれば,定義により財政問題は解決し,FTPL的な物価上昇が生じる理由はなくなってしまう.つまり,FTPL的な物価変動が生じるのは,何らかの理由で政府がそうした行動をとることができない(あるいは,主体的な選択の結果としてとろうとしない)場合なのである.

ただし，財政政策ルールが重要といっても，それは今現在，政府がどのような財政政策ルールを採っているかという意味ではない．FTPL の観点から重要なのは，将来時点で政府がどのような財政行動をとるか，すなわち将来時点での財政政策ルールである．これが第 2 のポイントである．オーストリアのハイパーインフレが止まったのは，将来の財政政策ルールが変更された（政府が強い財政規律をもつようになった）という認識が広まったからである．また，東アジアの通貨危機が生じたのは，将来の財政政策ルールについて疑念が生じたためである．どちらの例でも，足元の物価変動を支配しているのは，将来の財政政策ルールについて人々が抱く予想なのである．将来の予想が今日の物価変動を惹き起こすという意味で，物価はフォワード・ルッキングに決まっており，その点で株価や地価などの資産価格と共通する性質をもっている．

2.1.3　本章の構成

本章の構成は以下のとおりである．まず第 2 節では，FTPL の基本的な考え方を説明するために，1 国 1 期間の最も単純なモデルを説明する．第 3 節では，モデルを多期間に拡張し，財政政策ルール，金融政策ルールに関する想定の違いによって，物価決定の仕組みが大きく異なることを示す．続く第 4 節では，モデルを多国間に拡張し，為替相場の決定，通貨危機，通貨同盟などの話題について FTPL の視点から検討を加える．

2.2　最小限のモデル

2.2.1　財政に関する均衡条件式

本節では，家計と政府をプレイヤーとする単純な 1 期間モデルを用いて FTPL の基本的な考え方を説明する．まず家計の最適化行動を考えるところから始めよう．この経済では経済活動が行われるのは第 0 期だけである．家計は前期（第 -1 期）から持ち越した金融資産と第 0 期の収入を用いて消費活動を行う．この際の家計の予算制約式を

$$W_0^d \leq W_{-1}^d + P_0 y_0 - T_0 - P_0 c_0 \qquad (2.1)$$

と書くことにする．ここで，W_{-1}^d は第 -1 期末(第 0 期期初)において家計が保有する金融資産である．変数の右肩に d がついているのは金融資産の供給量との区別を明確にするためである．また，y_0 は第 0 期の家計所得(実質値)，P_0 は第 0 期の物価水準，T_0 は第 0 期の納税額(名目値)であり，家計の可処分所得は $P_0 y_0 - T_0$ となる．前期からの金融資産の持ち越し分に可処分所得を加えた金額が当期に使用可能な金額である．この金額から消費金額 $P_0 c_0$ を差し引いたものが今期末(来期初)の金融資産保有額 W_0^d を上回ることはないというのがこの予算制約式の意味である．

予算制約式に加えて，家計の消費選択は

$$W_0^d \geq 0 \qquad (2.2)$$

という制約式も満たさなければならない．第 0 期はこの経済の最終期であるから，第 0 期末の金融資産が負になること，つまり負債を抱えたまま最終期を終えることは許されないというのがこの制約条件の意味である．この条件は「非ポンジー・ゲーム条件(No-Ponzi-game condition)」とよばれている．

家計はこの 2 つの制約式を所与として効用最大化を行う．効用最大化の結果として満たすべき条件がいくつかあるが，ここでは次の 2 つに注目する．第 1 に，この経済は仮定により第 0 期だけで終了するのだから，翌期に金融資産を持ち越しても消費を行うことはできない．したがって，家計は第 0 期末の金融資産額を正にしないことを選択するはずである[3]．一方で，(2.2)式により家計は第 0 期末の金融資産額を負にすることは許されないのだから，この 2 つを合わせると

$$W_0^d = 0 \qquad (2.3)$$

が成立しなければならない．つまり，家計は経済の最終期の末には金融資産残高をゼロにする．第 2 に，消費量が増えるにつれ効用が増加すると

---

3) ここでは家計消費が飽和点に達しているような特殊な状況は考慮しない．

いう通常の状態であれば，家計が財を捨てることはない．したがって，(2.1)の予算制約式は必ず等号で成立するはずである．この2つの最適化条件を予算制約式に代入すると

$$0 = W_{-1}^d + P_0 y_0 - T_0 - P_0 c_0 \qquad (2.4)$$

となる．この式はもはや家計の予算制約式ではなく，家計の最適化行動の少なくとも一部を反映したものである．

次に政府について考えよう．政府は，家計から税金 T_0 を徴収し，政府活動を行い，実質ベースで g_0 の政府支出を行う[4]．また，政府は家計に対して国債などのかたちで債務を負っており，第 -1 期末(第 0 期初)における債務残高を W_{-1} で表す．この債務は，利払や償還金額を名目金額で約束する名目債であると仮定する．

最後に市場均衡である．この経済は家計と政府だけから構成されるから，政府の債務残高は家計の金融資産残高と等しくなければならない．また，財市場では，家計消費と政府支出の和が経済全体の生産量に等しくなっていなければならない．すなわち，

$$W_{-1} = W_{-1}^d$$

$$y_0 = c_0 + g_0$$

が市場均衡のための条件である．この2つの条件を(2.4)式に代入すると

$$W_{-1} = P_0 s_0 \qquad (2.5)$$

が得られる．ただし，s_0 は第 0 期における政府の財政余剰(プライマリーサープラス)の実質値であり，

$$s_0 \equiv \frac{T_0}{P_0} - g_0$$

により定義される．

(2.5)式の意味を詳しくみてみよう．まず最初に(2.5)式は政府の予算制

---

[4] 以下本書では，分析を単純にするために，家計の限界効用は政府支出の水準に依存しないと仮定する．この仮定をはずしても議論の大筋は変わらない．

約式と密接に関係しているが予算制約式とは異なる条件式であることを確認しておきたい．政府の予算制約式を家計の予算制約式((2.1)式)と同様のかたちで書くとすれば

$$W_0 \geq W_{-1} - (T_0 - P_0 g_0)$$

であり，確かに(2.5)式とよく似た格好をしている．しかし，あくまで2つの式は別物であり，FTPLの議論ではとりわけ次の2つの相違点が重要である．

第1に，家計の予算制約式が P_0 を所与としたときに c_0 が満たさなければならない式であり，その意味で正に「制約」であるのと同じ意味で，政府の予算制約式も，P_0 を所与としたときに政府が満たさなければならない制約式である．別な言葉でいえば，政府や家計の予算制約式は，P_0 がどのような値をとったとしても成立しなければいけない式である．これに対して(2.5)式は，上の導出過程から明らかなように，経済の均衡において成立する均衡条件の一部であり，均衡以外の状態のときに成立している保証はどこにもない．つまり，(2.5)式は P_0 が均衡値をとったときに成立する式であり，P_0 がどのような値をとっても成立しなければならないというものではない．当然のことながら，諸変数が特定の値をとるときに，それが(2.5)式を満たしている場合には，それらの値は予算制約式も満たしている．しかしその反対に，諸変数の値が予算制約式を満たしているからといってそれが(2.5)式を満たす保証はない．

第2に，予算制約式は不等号も許容しているのに対して(2.5)式は等号で成立することを要求している．家計の予算制約式で不等号が許容されるのは，財を無コストで捨てることが可能だからである(フリー・ディスポーザルの仮定)．この仮定を政府にも適用すれば，政府は税として集めた財を費用ゼロで捨てることができるということになる．政府の予算制約式の不等号はこのことを意味している．これに対して，(2.5)式が等号で成立しているのは，財をただで捨てることが不可能といっているわけではない．フリー・ディスポーザルの仮定が政府に当てはまる場合であっても，均衡では，不等号にならないというのが(2.5)式の意味である．これはなぜか

というと，(2.5)式の導出過程からわかるように，財を捨てるような無駄を家計がしないという条件の下で，家計の取引相手である政府だけが無駄をしようとすると，政府の発行する債務残高が家計の保有できる金融資産額を上回り，政府債務の需給一致条件に反してしまうからである[5]．

2.2.2 財政政策ルール

これまでのところでは予算制約式を含む均衡条件の一部をみてきただけであり，これで均衡の特定が完了しているわけではない．そのため，(2.5)式についても，なぜこの式が成立するかについて，いくつかの読み方が可能である．(2.5)式に登場する変数のうち，W_{-1} は第0期の期初の時点ですでに決まっている先決変数であるから，第0期の均衡を考える上では所与と考えてよい．そうすると，残る変数は s_0 だけであり，これがどのように決まるかが(2.5)式の読み方を左右する．したがって，次のステップとしては，s_0 の決定に関するルール，つまり財政政策ルールを決める必要がある．ここでは，2つの財政政策ルールについて考えてみよう．

第1の財政政策ルールは，当期初の債務残高 W_{-1} と当期の物価水準 P_0 が与えられたときに，政府が財政余剰を

$$s_0 = \frac{W_{-1}}{P_0} \tag{2.6}$$

のルールに則って決めるというものである．右辺が左辺を決めるというのがこの式の読み方である．これに加えて，ここでは，P_0 がどのような値をとっても，政府は上式に則って財政余剰を決めると考えることにする．「P_0 がどのような値をとっても」というときには，P_0 が均衡値以外の値をとることも含まれる．したがって，この財政ルールは均衡だけで成立しているわけではなく，均衡以外でも遵守されるものである．

---

[5] これはワルラス法則の応用である．すなわち，一般に，すべての経済主体の予算制約式が m 本あり，それらすべてが等号で成立している場合には，各財の市場の需給均衡式 n 本のうち1本は余分な(redundant)式であり，$n-1$ 本の需給均衡式と m 本の予算制約式だけで均衡が描写できる．これがワルラス法則である．このことを別な角度からみると，$m-1$ 本の予算制約式が等号で成立し，それに加えて n 本の需給均衡式が存在するときには，m 番目の予算制約式(つまり政府の予算制約式)は余分で，自動的に等号で満たされる．これがここでの主張である．この点について詳しくは Woodford (1995) を参照．

この財政政策ルールの下では，様々な P_0 の値に対して(2.5)式が成立している．言い換えると，(2.6)式のルールでは P_0 の均衡値をひとつに絞り込むことができていない．この意味で，P_0 の均衡値は決まらない．(2.6)式のルールの下で P_0 の均衡値をひとつに絞り込むには追加的な条件式が必要である[6]．

第2の財政政策ルールは次のようなものである．(2.6)式の財政政策ルールは実質政府債務の多寡に応じて税を調整するという伸縮性に富むものであるが，その対極として，どのようなことがあっても財政余剰 s_0 をある決められた値 $\bar{s}_0$ から乖離させないという，非常に硬直的なルールが考えられる．つまり，P_0 や W_{-1} がどのような値をとろうとも，財政余剰は

$$s_0 = \bar{s}_0 \qquad (2.7)$$

によって決められ，決して変化しないというルールである．では，このルールの下でも(2.5)式が成立するだろうか．W_{-1} は第0期の期初ではすでに決まっている先決変数だから，このルールの下で(2.5)式が成立するためには，P_0 が調整される必要がある．具体的には，P_0 が

$$P_0 = \frac{W_{-1}}{\bar{s}_0} \qquad (2.8)$$

のように決まる必要がある．例えば，財政余剰 $\bar{s}_0$ が外生的な理由で減少したときに(2.5)式が満たされるためには，物価が上昇することにより，名目債である政府債務の実質価値を低下させ，それによって小さくなった財政余剰とのバランスをとるということである．

では，そのような物価調整がなされる必然性はどこにあるのだろうか．例として次の状況を考えてみよう．いま，何らかの事情で財政余剰が大きく減少したとする．つまり，$\bar{s}_0$ が小さくなるというショックが発生したとする．ところで，財政余剰の減少は，裏側からみると，人々のネット納税

---

[6] 伝統的な物価理論が主たる分析対象としてきたのはこの「追加的な条件式」である．例えば，貨幣の供給量が外生的に決まるとして，その貨幣供給量と物価水準との間に比例的な関係が存在するというような関係式がそれに相当する．ただし，ここでの主たる関心は，それがどのような関係式かという点ではない．本書の立場から重要なのは，(2.6)式の下では「追加的な条件式」の援けを借りないと均衡物価が決定されないという点である．Ljungqvist and Sargent (2000) の第17章はこの点についてわかりやすく解説している．

額の減少に他ならない．そのため，人々は可処分所得が増加したと認識し，消費支出を増加させようとする．さらに，消費支出の増加は財の需給を逼迫させ，財価格 P_0 を上昇させる．最初と最後をつなぐと，$\bar{s}_0$ が小さくなると P_0 が上昇するという，(2.8)式が要請する物価調整が確かに生じている[7]．

このメカニズムをやや異なる視点からみてみよう．本節の分析は経済の最終期を扱っているため，s_0 の変化を国債の増発でファイナンスすることはあり得ない．しかし，後に詳しく述べるように，多期間の設定では，最終期以外に財政余剰が減少すると，そのファイナンスのために国債が増発され，人々はその国債を翌期に持ち越すことになる．つまり，財政余剰の減少に伴って直ちに起きることは人々の保有する国債の増加であり，人々がこれをもって純資産の増加と認識するがゆえに消費支出が増加するのである．これは，Pigou (1943) の指摘した富効果に他ならない．

ただし，増発された国債が常に純資産の増加とみなされるわけではない．国債の増発が純資産の増加につながらない理由として最も代表的なものは Barro (1974) の議論である．この議論では，国債は将来のどこかの時点で償還されるものであり，その時点では政府は償還資金を調達するための増税を行うと仮定されている．国債の裏側に将来時点における同額の増税があることを人々が認識する限り，国債を増発しても人々の認識する純資産は増加せず，消費支出も増えないのである．バローの議論は，このアイディアを最初に提唱したとされる19世紀初頭の英国の経済学者，デイビッド・リカードの名を冠して「リカードの等価定理」とよばれている[8・9]．

---

[7] ここでの例は財政余剰の減少がインフレを招くことを示しているが，この反対に財政余剰の増加はデフレを招くのだろうか．もう少し一般的に，インフレとデフレは対照的な現象として扱ってよいのだろうか．これは，FTPLでデフレを議論する際の重要なポイントである．この点を政府の予算制約式をもとに考えようとすると混乱しやすい．なぜなら，予算制約式が不等号で成立する可能性を勘案しなければならないからである．予算制約式をもとに考えると，財政余剰の不足がインフレを招くのは明らかだが，その反対に財政余剰が過大なときには，財を捨てることによりデフレを回避するという選択肢があるようにみえる．しかし，均衡条件を示す(2.5)式は，(不等式ではなく)等式であるから，財を捨てるという選択肢が均衡ではあり得ないことを示しており，物価の上昇と下落を区別する理由は存在しないという重要な含意をもっている．なお，デフレのFTPL的な説明については第4章でさらに議論を進める．

ある時点での財政余剰の不足を将来時点の増税で穴埋めするという財政政策ルールは，(2.6)式で示されるような，受動的な(passive)ルールである．このときには富効果は働かず，したがって，財政余剰の変化が物価変動を惹き起こすこともない．これは等価定理の単純な応用である．これに対して，(2.7)式で示されるような能動的な(active)財政政策ルールが採用されている場合には，家計にとって国債増は純資産の増加であり，消費支出を増やす十分な理由になる．このような環境下では，等価定理は成立せず，財政余剰の変化($\bar{s}_0$の変化)が物価変動を惹き起こす．これがFTPLである．

ここでの説明からわかるように，リカードの等価定理の成否とFTPLとは密接な関係にある．こうしたことから，実質債務残高を一定に保つように受動的に税を調整するという(2.6)式のタイプの財政政策ルールは「リカーディアン型財政政策ルール」とよばれ，(2.7)式のタイプの能動的な財政政策ルールは「非リカーディアン型財政政策ルール」とよばれている(Woodford 1994, 1995)．

財政政策ルールの正確な定義や性質は次節で説明することにして，ここでは財政政策ルールに関連する一般的なコメントとして次の点を指摘しておきたい．

第1に，リカーディアン型財政政策ルールは，その名が示すとおり，財政収支に穴が生じたときに，その穴を埋めるべく，増税や歳出削減などを積極的に行う政府の行動を表現したものである．これに対して，非リカーディアン型ルールというのは，リカーディアンでないという以上に意味はなく，具体的にどのような政府像を表現しているかは定義の中に含まれて

---

8) 日本で等価定理が成立するかどうかに関する研究例としては，例えば，Watanabe et al. (2001) や Ihori et al. (2001) などがある．これらを含む多くの研究では，等価定理は成立しないとの結果が得られている．ただし，この結果については，①「減税分を賄うために将来時点で増税することはしないだろう」という政府の行動ルールに関する人々の予想を反映している，②人々は将来の増税を予想しているのだがそれが消費減につながらない(つまり恒常所得仮説が成立しない)という2つの解釈があり得る．

9) ただし，バロー自身は1974年に論文を発表した時点ではリカードの議論との類似性には気づいていなかった．リカードとの類似性を最初に指摘したのはBuchanan (1976) である．リカードのオリジナルな議論はRicardo (1817, pp.244-249) や Ricardo (1820, pp.149-200) を参照されたい．等価定理に関する解説としては Elmendorf and Mankiw (1999) を参照．

いない.つまり,非リカーディアン型ルールには非常に広範囲な政府像が含まれている.これとの比較でいえば,リカーディアン型は特殊なケースである.

第2に,リカーディアン型ルールあるいは非リカーディアン型ルールのいずれか一方が常に選択される必然性はない.リカーディアン型と非リカーディアン型の差は,国債償還額に比べて財政余剰が足りなくなったときにどう対処するかの違いである.すなわち,リカーディアン型であれば現在または将来の増税(例えば所得税増税)で対応しようとするのに対して,非リカーディアン型では,インフレを起こすことにより政府債務の実質価値を引き下げるという,一種のインフレ課税で対応しようとする[10].要は,所得税なのかインフレ課税なのかという違いだけであり,広い意味での増税を行うことに変わりはない.したがって,合理的な方法で政策を選択する政府は,経済的・政治的なコストを勘案した上で,どちらの方法が安上がりかを基準にするはずである.その際に,所得税増税かインフレ課税のいずれか一方が必ず安上がりになるという必然性はない[11・12].

第3に,金融政策を行う中央銀行の観点からいえば,リカーディアン型ルールの下で財政運営がなされている状況は,中央銀行に対して高い独立性が付与されている状況である.政府は,リカーディアン型ルールの下では,<u>いかなる物価水準に対しても</u>,(2.5)式が満たされるように財政調整

---

[10] ただし,課税ベースは貨幣だけでなく国債も含まれており,この点で通常のインフレ課税とは異なる.

[11] 例えば,物価の安定を最大の政策課題と考える政府にとってみればインフレ課税は高くつく政策である.一方,課税に伴う超過負担を重視する政府であればインフレ課税を選択するはずである.なぜなら,所得税増税は労働供給を減少させるなど大きな超過負担を伴うのに対して,予想外のインフレ(surprise inflation)を惹き起こしそれによって政府債務を減価させる政策は,インセンティブ効果をもたないという意味で超過負担がなく,安上がりである(Lucas and Stokey 1983 など).

[12] ただし,非常に単純化していえば,リカーディアンは高い財政規律に支えられている政府,一方の非リカーディアンは財政規律に欠ける政府と解釈することもできる.すなわち,非リカーディアン型ルールの下では,財政余剰が不足する事態になっても,十分な規模の増税を行わない.財政再建の努力が不十分なうちに,物価が上昇することにより財政余剰に見合う水準まで実質債務残高が低下するというのがこのルールの下で生じる財政収支尻の調整である.財政運営の歴史をみる限り,政府は放置しておくと財政規律を失う方向に走ってしまうものであり,それをいかにして防ぐかというのが常に財政運営の最重要課題であったと言っても過言でない.つまり,政府の本性は非リカーディアン型であり,それを様々な制度的な工夫によりリカーディアン型に転換させようという努力が行われてきたとみることもできる.

を行う．つまり，物価水準は政府の行動とは関係のない要因により決定され，政府はそれを与件として受け入れているということである．この「要因」がどのようなものかは本章のこれまでの議論では明らかでないが，ひとつの考え方としては，中央銀行の行う金融政策が物価を決定しているとみることもできる．その場合，中央銀行は金融政策により物価を決定できるのみならず，その物価決定がもつ財政的な帰結について一切責任を負っていないという点が重要である．その意味で，財政運営がリカーディアン型であるときには，中央銀行の財政からの独立性が高いといえる．

2.3 多期間モデル

物価決定の通常の説明では金融政策ルールが重要な役割を演じている．しかし前節のモデルでは，金融政策はおろか中央銀行さえも登場していない[13]．敢えていえば，中央銀行は政府の一部であり，W_t と表現した政府債務の中には中央銀行の債務である銀行券や中央銀行への準備預金も含まれていると解釈できるが，たとえそのように解釈したとしても，伝統的な議論との隔たりはなお大きい．例えば，前節のモデルでは，国債と貨幣はどちらも公的部門の債務という点で違いはないのだから，公的部門が国債を売却して代金として貨幣を市場から吸収したとしても，同額の公的部門債務を交換するに過ぎないので，均衡に影響は出ない．つまり，中央銀行による公開市場操作は前節のモデルで考える限り，一切効果がないということになってしまう．また，前節のモデルでは，FTPL のメカニズムで物価が決まるということと，貨幣数量説に代表される伝統的な議論で物価が決まるということとが，どのように関係しているかも明らかでない．仮に，FTPL と貨幣数量説がそれぞれ独立に均衡物価を決めるのだとすれ

---

[13] 中央銀行が存在しないにもかかわらず物価が決定するというのは一見したところ奇妙に思えるかもしれない．しかし，金融技術の進歩や関連する規制の緩和に伴い，中央銀行の発行するマネーとそれ以外の決済手段との境界は急速に曖昧になりつつあり，遠くない将来，中央銀行債務の代替物が多数出現し，中央銀行債務なしでも経済活動を営むことのできるキャッシュレス経済がやってくる可能性すら否定できない．そのように考えれば，むしろ，中央銀行の存在しない世界での物価決定を論じることができるのは FTPL の魅力のひとつともいえる(Woodford 1998a など)．

ば，過剰決定(over-determined)であり，2つの議論は両立し得ないということになってしまう．

物価を決めるのは金融政策なのか，それとも財政政策なのかという問題を考えようとするときに，誰でも最初に考えつくのは，「どの式が物価を決めているのか」を調べることである．しかし，この発想は適切でない．単一の式が他の式と何ら関係をもつことなく物価を決めるということは一般にはあり得ないからである．改めて言うまでもないことだが，方程式体系を解く中で他の諸変数と一緒に物価も決まるというのが標準的なケースである．

ではその場合に，物価を決めるのは金融政策か財政政策かという問いがまったく意味をなさないのかというと，そうではない．そこで重要になるのは均衡の一意性(uniqueness)，あるいは決定性(determinacy)という概念である．例えば，財政政策ルールをリカーディアン型とした上で，様々な種類の金融政策ルールを想定し，そのすべてについて均衡の性質を調べたとする．次に，財政政策ルールを非リカーディアン型とした上で，同じことを試したとする．その結果，非リカーディアン型の下では金融政策ルールを入れ替えても常に均衡が一意に決まるのに対し，リカーディアン型の下ではそうでないということが確認できれば，それは，「非リカーディアン型ルールの下では財政政策が物価を決めている」と言ってよいであろう．このように，均衡の一意性(決定性)を調べることにより，物価を決めるのが金融政策なのか財政政策なのかという問いにある程度答えることができる．

均衡の決定性を調べるには前節のモデルを多期間に延長する必要がある．以下では，まず前節のモデルを多期間に延長し，それを用いて物価の決定要因について考察することにしよう．

2.3.1　多期間モデルへの拡張

前節の議論を多期間に拡張する．経済は第0期にスタートし無限遠の将来まで続くものとする．

前節と同じく家計の予算制約式から始めると，(2.1)式に対応する式は

$$M_t^d + \frac{1}{1+i_t}B_t^d \leq \left[M_{t-1}^d + B_{t-1}^d\right] + P_t y_t - T_t - P_t c_t \quad (2.9)$$

となる．(2.1)式との違いは2点である．第1に，(2.1)式は経済の最終期における予算制約式だったのに対し，この式は最終期だけでなく，それ以前の期でも成立する一般的な式である．第2に，前節ではすべての政府債務を一括して W_t と表記していたが，ここでは政府が発行する債務である国債と，中央銀行の債務である貨幣とを分けている．国債は満期1期の短期国債であり，国債を1枚保有していると元利償還金として翌期に1円を受け取ることができる．式の右辺の B_{t-1}^d は第 t 期に満期を迎える国債を家計が $t-1$ 期末 (t 期初) に何枚もっているかを表しており，それに1円を掛けた金額を第 t 期の期初に受け取ることを示している．一方，左辺の B_t^d は $t+1$ 期に償還される国債を t 期末の時点で何枚もつかを表している．t 期から $t+1$ 期にかけての短期名目金利を i_t で表すとすると，この国債の t 期末における市場価格は $1/(1+i_t)$ だから，購入枚数 B_t^d にこれを掛けることにより購入金額を表現している．貨幣については，M_{t-1}^d は $t-1$ 期末における保有残高，M_t^d は t 期末における保有残高である．貨幣には付利されないと仮定するので貨幣の購入価格は常に1である[14]．

この経済の最終期は無限遠のかなたであるから，(2.2)式に相当する制約式は

$$\lim_{T\to\infty} Q_{t,T}\left[M_T^d + B_T^d\right] \geq 0 \quad (2.10)$$

となる．ここで $Q_{t,T}$ は

$$Q_{t,T} = \frac{1}{(1+i_t)\times(1+i_{t+1})\times\cdots\times(1+i_{T-1})}$$

で定義される名目割引因子である[15]．前節で述べたように，消費支出が

---

[14] (2.9)式は，$P_t c_t + i_t[1+i_t]^{-1}M_t^d + [1+i_t]^{-1}\left[M_t^d + B_t^d\right] \leq \left[M_{t-1}^d + B_{t-1}^d\right] + P_t y_t - T_t$ と変形できる．この式の右辺は前期からの資産の持ち越しと今期の可処分所得の和であり，左辺はこれをどのように支出するかを表している．ここで重要なのは左辺第2項である．この項は t 期から $t+1$ 期にかけて貨幣を保有する際に発生する機会費用を表している．つまり，家計は貨幣サービスを享受するための代価として貨幣1単位当たり $i_t/(1+i_t)$ を支払っていると解釈できる．

[15] $Q_{t,t+j}$ は前章で定義した $R_{t,t+j}^n$ の逆数である．

飽和点に達していないという仮定の下では(2.10)式は等号で成立するはずである．また，飽和点に達していなければ家計が財を捨てることもない．これらを合わせると，前節の(2.4)式に対応する式として

$$\sum_{j=0}^{\infty} Q_{t,t+j} \left[P_{t+j} c_{t+j} + \frac{i_{t+j}}{1+i_{t+j}} M_{t+j}^d \right]$$
$$= \left[M_{t-1}^d + B_{t-1}^d \right] + \sum_{j=0}^{\infty} Q_{t,t+j} \left[P_{t+j} y_{t+j} - T_{t+j} \right] \qquad (2.11)$$

を得ることができる．

前節の議論では，需給一致条件を家計の予算制約式から得られた式に代入することにより直ちにFTPLの物価決定式が得られたが，多期間モデルでは，それらの式に加えて，異時点間の消費配分に関する家計の意思決定を表す式が追加的に必要である．すなわち，家計の最適化問題を解くと，効用最大化の1階の条件として，t期の消費から得られる限界効用と$t+1$期の消費から得られる限界効用が等しいという条件式，いわゆる消費のオイラー方程式が得られる．

$$u'(c_t) = \left[(1+i_t) \frac{P_t}{P_{t+1}} \right] \beta u'(c_{t+1})$$

この式の左辺はt期の消費を変化させたときの限界効用を表している．一方，右辺はt期の消費を1単位諦めたときに$t+1$期の効用をどれだけ高めることができるかを表している．t期の消費を1単位諦めると，翌期にはそれに実質金利を上乗せした$(1+i_t)(P_t/P_{t+1})$だけの財を受け取ることができる．したがって，翌期の効用はこれを家計の割引因子βを用いて割り引いた分だけ増加する．均衡では，t期の効用減と$t+1$期の効用増がちょうど見合うように消費水準が決まっているというのがこの式の意味である．上のオイラー方程式のcを$y-g$に置き換えると

$$1 + i_t = (1+r) \frac{P_{t+1}}{P_t}$$

となり，フィッシャー式が得られる．ただしrは

$$1 + r \equiv \beta^{-1} \frac{u'(y_t - g_t)}{u'(y_{t+1} - g_{t+1})}$$

で定義される均衡実質金利，すなわち自然利子率である．計算を簡単にするために，本章では自然利子率は時間を通じて一定と仮定する（自然利子率が変動するケースは次章以降で扱う）．

(2.11)式に需給一致条件

$$M_t = M_t^d$$
$$B_t = B_t^d$$
$$y_t = c_t + g_t$$

とフィッシャー式を代入すると，最終的に，前節の(2.5)式に対応する物価決定式として

$$\frac{M_{t-1} + B_{t-1}}{P_t} = \sum_{j=0}^{\infty} \left(\frac{1}{1+r}\right)^j E_t \left[s_{t+j} + \frac{i_{t+j}}{1+i_{t+j}} \frac{M_{t+j}}{P_{t+j}}\right] \quad (2.12)$$

が得られる．ただし s_t は

$$s_t \equiv \frac{T_t}{P_t} - g_t$$

で定義される財政余剰（実質値）である．(2.12)式の左辺は t 期の期初における名目債務の合計を物価で割って実質化したものである．一方，右辺の[ ]内の第2項はシニョレッジを表すから[16]，右辺全体は t 期以降の各期における財政余剰とシニョレッジの合計値である．

この式は FTPL の基本式であり，前節の(2.5)式と基本的に同じであるが[17]，重要な相違点がひとつある．すなわち，(2.5)式の右辺に登場する財政余剰は第0期のものだけなのに対して，ここでは現時点以降，無限遠の将来までの財政余剰の流列（より正確には流列の将来の値に関する期待値）が登場している．しかも，より大事なことは，現在の物価に影響を及ぼすのは，現在及び将来の財政余剰の割引現在価値である．したがって，例えば，将来のある期において財政収支が悪化する（財政余剰が減少する）という

---

16) この項は，貨幣サービスを享受するための代価として家計が支払っている金額に対応している．

17) (2.12)式は第1章の(1.4)式とも構造的には同じである．ただし，本章では国債の満期を1期と仮定しており，長期国債は存在しない．これに対して，(1.4)式では，様々な満期の国債の存在が前提されている．国債の満期構成と FTPL の関係については第4章で詳しく議論する．

事態が予想されたとしても，その期以降の別な期において，それをちょうど穴埋めする増税(財政余剰の拡大)が行われると予想されていれば，財政余剰の割引現在価値は変化しないので，現在の物価に影響は出ない．

2.3.2　リカーディアン型財政政策ルール

均衡の決定性を検討するには(2.12)式をもう一段簡単化しておいた方が便利である．公的部門の債務のうちで国債残高の占める割合が非常に大きく，貨幣の割合は無視できるほどに小さいと仮定する．t 期初における実質国債残高を $b_t \equiv B_{t-1}/P_t$ で定義すると，このキャッシュレス経済の仮定の下では，(2.12)式を第 0 期で評価した式として

$$b_0 = \sum_{j=0}^{\infty} \left(\frac{1}{1+r}\right)^j s_j \qquad (2.13)$$

が得られる．また，この式は

$$b_{t+1} = (1+r)(b_t - s_t) \quad \text{for} \quad t = 0, 1, \cdots \qquad (2.14)$$

$$\lim_{T \to \infty} \frac{b_T}{(1+r)^{T-t}} = 0 \qquad (2.15)$$

の 2 本の式に置き換えることができる．(2.15)式は「横断条件(transversality condition)」とよばれている．

前節でみたように，この 2 本の式(あるいは(2.13)式)だけでは均衡物価水準は決まらない．均衡物価を決めるためには財政政策ルールを特定する必要がある．ここでは政府は財政余剰を

$$s_t = \bar{s} + \gamma_b \left(b_t - \bar{b}\right) \qquad (2.16)$$

のルールに従って調整すると仮定する．ここで γ_b は $\gamma_b \geq 0$ を満たすパラメターである．また，$r\bar{b} = \bar{s}$ が満たされているものとする．このルールによれば，政府は国債残高について目標水準 $\bar{b}$ を予め決めており，実際の国債残高がこの目標水準を上回ると増税など財政余剰の増加措置を講じる．逆に国債残高が目標水準を下回っているときには財政余剰を減少させる措置を講じる．

この定式化で重要なのは，財政調整の度合いを表すパラメター γ_b であ

る．γ_b が小さ過ぎず，大き過ぎずという条件を満たす場合には，政府は各期の国債の残高の一定割合を償還すべく適切な規模の財政調整を行い，その結果，物価水準がいかなるパスを辿ろうとも，(2.15)式が満たされることを次のようにして示すことができる．まず，(2.14)式に財政政策ルールを代入すると，b_t に関する差分方程式として

$$b_{t+1} = (1+r)(1-\gamma_b)b_t + (1+r)[\gamma_b \bar{b} - \bar{s}] \qquad (2.17)$$

が得られる．次に，現在は第 0 期として，差分方程式をフォワードに展開すると，第 0 期以降の任意の T 期について

$$\frac{b_T}{(1+r)^T} = (1-\gamma_b)^T b_0$$
$$+ \frac{1+(1+r)(1-\gamma_b)+\cdots+(1+r)^{T-1}(1-\gamma_b)^{T-1}}{(1+r)^{T-1}}[\gamma_b \bar{b} - \bar{s}]$$

が成立している．$|1-\gamma_b|<1$（あるいは $0<\gamma_b<2$）である限り，右辺の 2 つの項は，$T\to\infty$ のときに必ずゼロに収束する．この性質は物価水準のパスに依存していないので，第 0 期以降の物価水準がいかなるパスを辿ろうとも(2.15)式の条件が満たされることを意味する．したがって，$|1-\gamma_b|<1$ を満たすルールはリカーディアン型ルールである．これは前節の例でいえば財政ルール(2.6)式に相当する．一方，$|1-\gamma_b|\geq 1$ であれば，非リカーディアンである．例えば，$\gamma_b=0$ であれば(これは前節で例示した財政ルール(2.7)式に対応する)，財政調整が一切行われないために b_t が r のスピードで累積し，b_T の割引現在価値はゼロに収束せず，(2.15)式の条件が破られている．

ただし，無限遠まで続くモデルでリカーディアン型ルールを $|1-\gamma_b|<1$ と定義することについては異論が提示されている．すなわち，$|1-\gamma_b|<1$ という定義によれば，実質国債残高 b_t が発散する場合でもリカーディアンということになる．例えば，γ_b が十分にゼロに近い場合，つまり政府の財政調整が非常に緩慢な場合には実質国債残高は発散する[18]．(2.15)式

---

[18] この点は Woodford (1996) などで指摘されている．これに対して，Canzoneri et al. (2001) は γ_b がゼロに近くてもリカーディアンであることを強調している．

が要求しているのは，遠い将来の実質債務残高の「現在価値」がゼロに収束することであり，実質債務残高の水準自体が収束することではないのだから，これは数式上は何ら問題ない．しかし現実に立ち戻ると，γ_b が非常にゼロに近く，足元での政府の財政調整が目に見えるほどに顕著でないという状況にあって，人々が「遠い将来に向けてゆっくりと財政調整が行われるので(2.15)式が満たされるはず」と予想すると考えるのは無理がある．つまり，上の議論では(2.16)式に則って行動するという政府の宣言を人々が信用していると前提していたが，γ_b が非常に小さい場合には，そもそもその前提が満たされないと考えるべきである[19]．

Woodford (1998b)はこの点を考慮に入れた上で，リカーディアンの代替的な定義として，「実質政府債務残高の現在価値ではなくその水準自体が有限値に収束する」という条件を提案し，これを「局所的リカーディアン(Locally Ricardian)」とよんでいる[20]．ここで「局所的」とは，実質政府債務残高を含むどの変数も発散していない均衡に関心を絞るという意味である．実質政府債務残高が有限値に収束するためには(2.17)式の差分方程式が安定解をもつこと，つまり，(2.17)式の b_t の係数 $(1+r)(1-\gamma_b)$ の絶対値が1より小さいことが必要である．すなわち，局所的リカーディアンルールとは，γ_b が $|(1+r)(1-\gamma_b)|<1$ あるいは

$$1-(1+r)^{-1} < \gamma_b < 1+(1+r)^{-1}$$

を満たす政策ルールである．これを $|1-\gamma_b|<1$ という条件と比べると，リカーディアンの範囲が狭いことがわかる．また，この代替的な定義によれば，γ_b は必ず $1-(1+r)^{-1}$ を上回らなければならない．$1-(1+r)^{-1}$ は r にほぼ等しいから，局所的なリカーディアンは，(2.16)式の右辺の b_t の増加に対して少なくともその金利相当分は財政余剰を増加させることを求められている．金利相当分以上の調整を行うからこそ実質債務残高が有限値に収束するのである．金利相当分の財政余剰を増やすということは，常識

---

19) 詳細は Woodford (1996) を参照．
20) この定義は Leeper (1991) の「受動的(passive)財政政策ルール」と同じである．なお，リーパーの用語では，局所的非リカーディアンに相当するルールは「能動的(active)財政政策ルール」である．

的には健全な財政運営が満たすべき最低限の基準であり，この意味でも，局所的リカーディアンの概念は適切といえる．また，局所的リカーディアンの概念は，均衡の一意性や決定・非決定性を議論する上でも便利である[21]．以下本章では，特に断らない限り，局所的リカーディアンの概念を用いることにする．

(2.16)式の財政政策ルールが現実に採用されている財政政策ルールとどのような関係にあるのかを簡単にみておこう．EMU(経済通貨同盟)の参加資格を定めたマーストリヒト条約(欧州連合条約)では，参加要件のひとつとして，財政赤字の対名目 GDP 比率を 3% 以内に抑えることを求めている．ただし，ここでの財政赤字は，財政余剰(プライマリーサープラス)の反対の概念ではなく，伝統的な財政赤字概念(国債利払も含む)である．伝統的な財政赤字は，本章の表記では $-P_t s_t + i_{t-1} B_{t-1}$ であるから，マーストリヒト条約は

$$-s_t + \frac{i_{t-1} B_{t-1}}{P_t} \leq \text{上限値}$$

というルールであり，

$$s_t \geq r b_t - \text{上限値}$$

と表記できる[22]．これを(2.16)式と比べると，同じ格好をしており，しかも，(2.16)式の b_t の係数 γ_b はマーストリヒト条約では均衡実質金利 r である．γ_b が $1-(1+r)^{-1}(\approx r)$ を上回るというのが(局所的)リカーディアンの条件であるから，マーストリヒト条約は(局所的)リカーディアン型の財政運営を要求しているということになる．

マーストリヒト条約は伝統的な財政赤字概念を用いてそれに上限を設定するものであるが，プライマリーサープラス概念を用いてそれに下限値を設定するルールもある．例えば，

$$s_t \geq \text{下限値}$$

---

21) ただしそこで議論される一意性や決定・非決定性はすべて局所的なものである点には注意が必要である．局所性についての詳細は例えば Woodford (2003) を参照．

22) この上限値をゼロとして不等号を等号に置き換えたものが均衡財政ルールである．

というようなルールを考えると，(2.16)式の定式化で γ_b を 0 に設定したケースとみることができる．したがって，プライマリーサープラスに下限を設けるタイプのルールは非リカーディアン型である．このタイプのルールは高い財政規律を要求しているようにみえ，それにもかかわらず非リカーディアンに分類されるのは不思議にみえるかもしれない．これを理解するために，何らかの理由で（例えば合理的でないバブルなどにより）物価水準が大きく下落する状況を考えてみよう．物価下落に伴い実質国債残高は増大するが，それでもこのルールが要求する財政余剰は一定である．そのため，実質国債残高の増加分は永遠に償還されないことになる．これは b_t の割引現在価値がゼロに収束するという (2.15) 式の条件に反するので非リカーディアンなのである．この 2 つの例からわかるように，リカーディアンと非リカーディアンを分けるのは，実質国債残高の変化と関連づけながら財政余剰を決めているか否かである[23]．

2.3.3 物価を決めるのは金融政策か財政政策か

リカーディアン型財政政策　以上の準備をもとに，物価を決めるのは金融政策か財政政策かという問いを考えてみよう．最初にリカーディアン型のケースについて均衡の性質を調べよう．すでにみたように，$|(1+r)(1-\gamma_b)|<1$ のときには物価水準がいかなるパスを辿ろうとも (2.15) 式の条件が満たされる．いかなる物価水準のパスでも均衡の条件を満たしてしまうということは均衡が一意に決まらないということであり，均衡が非決定になっている．

では，この状況では均衡の一意性（決定性）はどのようにすれば得られるだろうか．ここで登場するのが金融政策である．リカーディアン型ルールの下で均衡を一意にするためには金融政策ルールの援けを借りなければならない．いま金融政策ルールとして

---

[23] 非リカーディアン型の政府とは，財政規律を失って財政余剰の制御ができない政府という印象をもたれることが多い（注 12 を参照）．そうした政府が非リカーディアン型に分類されるのは事実であるが，ここでの例は非リカーディアン型はそれだけに限らないことを示している．

$$i_t = (r + \bar{\pi}) + \gamma_\pi (\pi_t - \bar{\pi}) \qquad (2.18)$$

を考える．ここで π_t はインフレ率，$\bar{\pi}$ は中央銀行の目標インフレ率を表す．また，γ_π は金融政策の感応度を表す正のパラメターである．このルールによれば，インフレ率の実績値が目標値を上回っているときには，短期名目金利を自然利子率プラス目標インフレ率の値よりも高く設定する．この反対に，インフレ率の実績値が目標値を下回っていれば短期名目金利を低く設定する．これが(2.18)式の意味である．(2.18)式はTaylor (1993)が提唱するテイラールールの一種である．

γ_b が財政政策ルールを特徴づけるパラメターであるのと同様に，γ_π は金融政策ルールの重要なパラメターである．特に，γ_π が1を上回るか否かが重要である．いま，π_t が $\bar{\pi}$ を1%上回っているとしよう．このとき，$\gamma_\pi>1$ であれば，中央銀行は名目金利を1%以上引き上げる．名目金利の引き上げ幅がインフレ率の上昇幅を上回っているので実質金利は上昇し，それによりインフレを抑制することができる．これに対して，$\gamma_\pi\leq 1$ の場合は，名目金利の引き上げ幅が1%以内なので，実質金利は(上昇ではなく)低下することになる．インフレにもかかわらず実質金利が下がるためインフレの抑制に失敗してしまう．$\gamma_\pi>1$ という条件は，この条件の望ましさを最初に指摘したTaylor (1993)の名をとって「テイラー原則(Taylor principle)」とよばれている．また，$\gamma_\pi>1$ を満たす金融政策ルールは能動型ルール(active monetary policy rule)，他方，$\gamma_\pi\leq 1$ のときには受動型ルール(passive monetary policy rule)とよばれている．

この金融政策ルールにフィッシャー式($i_t=r+\pi_{t+1}$)を代入すると π_t に関する差分方程式として

$$\pi_{t+1} = \gamma_\pi \pi_t + (1-\gamma_\pi)\bar{\pi} \qquad (2.19)$$

が得られる．図2.3は $\gamma_\pi>1$ のケースについて，この差分方程式の性質を示している．図の横軸は π_t，縦軸は π_{t+1} であり，(2.19)式は右上がりの実線で示されている．$\gamma_\pi>1$ であるから実線の傾きは45度線よりも大きくなっている．この図から，差分方程式の解のうち発散しないものはひと

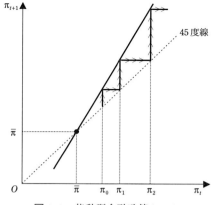

図 2.3　能動型金融政策ルール

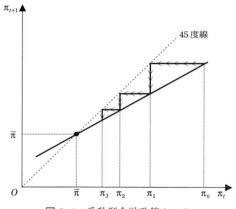

図 2.4　受動型金融政策ルール

つだけであり，それは $\pi_t = \bar{\pi}$ であることを以下のようにして示すことができる．まず出発点である π_0 が $\bar{\pi}$ より大きいところに位置する場合には，翌期の π の値である π_1 は，x 軸上の π_0 を示す点を垂直に辿り右上がりの実線と交わる点の y 座標で与えられる．図に示したように，π_1 は π_0 よりも必ず大きくなる．この手続きを繰り返すことにより，$\pi_0, \pi_1, \pi_2, \cdots$ というように，π_t の推移を得ることができる．図からわかるように，$\pi_0, \pi_1, \cdots$ は図に示した矢印に沿って発散していく．反対に，π_0 が $\bar{\pi}$ より小さいときには，今度は π が逆方向に発散する．したがって，発散しない

表 2.2 金融・財政政策ルールと物価決定

		金融政策ルール	
		能動型($\gamma_\pi>1$)	受動型($\gamma_\pi\leq 1$)
財政政策ルール	リカーディアン型 $|(1+r)(1-\gamma_b)|<1$	決　定	非決定
	非リカーディアン型 $|(1+r)(1-\gamma_b)|\geq 1$	決定(発散)	決　定

解は $\pi_t=\bar{\pi}$ だけである．

　一方，図 2.4 は，(2.18)式の γ_π が 1 より小さい場合について差分方程式の性質を示している．図 2.3 との違いは，金融政策ルールを示す実線の傾きが 45 度線よりも小さくなっている点である．このときには差分方程式の解が無数に存在することを以下のようにして示すことができる．図には，一例として π_0 が $\bar{\pi}$ を上回る場合の均衡パスが示してある．図 2.3 と同じ手続きで均衡を追っていくと，$\pi_0,\pi_1,\pi_2,\cdots$ というように，π_t は期を追って $\bar{\pi}$ に近づいていくことが確認できる．また，$\bar{\pi}$ に収束するという性質は出発点 π_0 が図に示した位置以外にあっても変わらない．したがって，$\bar{\pi}$ に収束する無数のパスが存在し均衡は非決定である．

　ここまでの結果を整理しておこう．$|(1+r)(1-\gamma_b)|<1$(リカーディアン型ルール)かつ $\gamma_\pi>1$ の組み合わせのときには，$\{\pi_0,\pi_1,\cdots\}$ は一意に決まる．流列の最初の値である π_0 をみると，$\pi_0=P_0/P_{-1}$ であり，P_{-1} は初期条件として与えられているから，π_0 が決まるということは P_0 が決まることを意味する．したがって，このケースでは，物価水準の流列 $\{P_0,P_1,P_2,\cdots\}$ が一意に決まる．さらに第 0 期においては，B_{-1} は先決変数であるから，b_0 が一意に決まる．これを(2.17)式に代入することにより，$b_1,b_2,\cdots$ が逐次決まり，最終的に $\{b_0,b_1,b_2,\cdots\}$ が一意に決まる．これに対して，$|(1+r)(1-\gamma_b)|<1$ かつ $\gamma_\pi\leq 1$ の組み合わせのときには，b の流列も π の流列も一意に決まらない．表 2.2 の左上の欄に「決定」とあるのは前者のケースであり，右上の欄に「非決定」とあるのは後者のケースである．

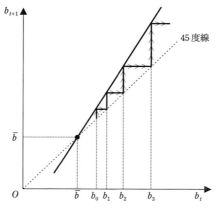

図 2.5 非リカーディアン型財政政策ルール

非リカーディアン型財政政策 次に,非リカーディアンのケースについて均衡の性質を調べよう.図 2.5 は $|(1+r)(1-\gamma_b)| \geq 1$ のケースについて (2.17) 式の差分方程式の解の性質を示している.図の横軸は b_t,縦軸は b_{t+1} であり,(2.17) 式は右上がりの実線で示されている.$|(1+r)(1-\gamma_b)| \geq 1$ のときには実線の傾きは 45 度線よりも必ず大きい.このときには,$b_t = \bar{b}$ が唯一の解になることを示すことができる.まず,b_0 が $\bar{b}$ より大きいとすると,$b_0, b_1, \cdots$ は図に示した矢印に沿って発散していく.しかも発散の速度は r であるから,(2.15) 式の条件は満たされない.反対に,b_0 が $\bar{b}$ より小さいとすると,今度は b が逆方向に発散し,再び (2.15) 式の条件が満たされない.結局,(2.14) 式と (2.15) 式を同時に満たすのは $b_t = \bar{b}$ だけであり,これが唯一の解である.

唯一の解が $b_t = \bar{b}$ で与えられるということは $b_0 (\equiv B_{-1}/P_0) = \bar{b}$ が成立することを意味する.第 0 期においては B_{-1} は既に与えられている先決変数だから,第 0 期の均衡物価水準は $P_0 = B_{-1}/\bar{b}$ で一意に決まることになる.さらに,P_0 が一意に決まるということは,P_{-1} を所与として π_0 が一意に決まるということである ($\pi_0 = B_{-1}/\bar{b}/P_{-1}$).このとき,金融政策ルールの γ_π が 1 より小さければ (図 2.4 参照),$\bar{\pi}$ に収束する無数のパスの中からひとつだけが選ばれることになる.つまり均衡物価パスが一意に決定される.表 2.2 の右下の欄の「決定」はこれを表している.一方,金融政策

ルールの γ_π が 1 よりも大きいときには，π 以外の特定の π_0 からスタートするパスはすべて発散する．$\pi_0 = B_{-1}/\bar{b}/P_{-1}$ が π と一致する理由はどこにもないので，図 2.3 に示したように，唯一の均衡物価パスは発散パスである．表 2.2 の左下の欄に「決定(発散)」とあるのはこれを表している[24]．

表 2.1 からは，金融政策と財政政策のどちらが物価を決めるのかという質問に対する答えを読み取ることができる．第 1 に，財政政策ルールが非リカーディアン型である場合には，金融政策ルールが能動型であれ受動型であれ，均衡は一意に決定される．したがって，この場合は，財政政策が物価を決めているといってよいであろう．一方，財政政策ルールがリカーディアン型の場合は，決定か非決定かは金融政策ルールに依存する．したがって，このときには，財政政策が物価を決めているとはいえない．第 2 に，金融政策ルールが能動型である場合には，財政政策ルールがリカーディアン型であれ非リカーディアン型であれ，均衡は一意に決定されるので，金融政策が物価を決めているといえる．これに対して，金融政策ルールが受動型の場合は，決定か非決定かは財政政策ルールに依存しており，金融政策が物価を決めているとはいえない．

2.3.4 リカーディアン型か非リカーディアン型か

これまでの議論からわかるように，FTPL の中核にあるのは，政府がリカーディアンであるという伝統的な貨幣経済論の仮定をアプリオリには認めないというアプローチである．したがって，財政が物価を決めるという FTPL の含意の妥当性をチェックするには，現実の政府行動がリカーディアン型なのかそれとも非リカーディアン型なのかを調べることが重要になる．以下ではこの点について，最近までの研究成果を踏まえながら解説することにしよう．

制約式か評価式か　　政府がリカーディアン型なのかそれとも非リカーディアン型なのかを議論する上では，企業金融との類似性に着目するのが

---

[24] このケースでは π は発散しているものの b は発散しておらず，(2.15)式の条件が満たされている．

有効である．

　Woodford (2001) に倣って次のような企業を考えよう．第 t 期におけるこの企業の所得(キャッシュフロー)を v_t とする．企業はこれを株主に配当するのではなく，自社株の買い戻しにより株主に還元すると想定する．具体的には，企業はまず株式分割を行う．第 t 期の期初における発行済み株式数を S_t と表記することにして，企業は株式 1 枚に対して n_t 枚の株式を追加的に配布する．この株式分割を行った後で，企業は自社株の買い戻しを行う．買い戻しには第 t 期の企業所得 v_t のすべてを当てるとする．第 t 期の期初に成立する株価(株式 1 枚が財何単位と交換されるかを示す比率) q_t を表記すると，株式分割後の株価は $q_t/(1+n_t)$ であるから，買い戻し枚数は $v_t/(q_t/(1+n_t))$ である．

　企業がこのような政策を行うとき，次の 2 つの式が成立する．

$$\begin{cases} q_t S_t = \sum_{j=0}^{\infty} (1+r)^{-j} E_t v_{t+j} & \text{(2.20a)} \\ S_{t+1} = (1+n_t)\left[S_t - v_t/q_t\right] & \text{(2.20b)} \end{cases}$$

2 つの式の意味を確認しよう．(2.20a)式は，株式時価総額が企業所得の流列(の期待値)の割引現在価値で決まるというよく知られた式である．ただし，この式が登場する通常の設定では，企業が v_{t+j} を配当として株主に還元すると仮定されている．これに対して，ここでは，株主は配当を行わず，株式分割と自社株買いの組み合わせにより利益を還元している．第 t 期の期初にこの株式を保有している投資家がこれらの措置により第 $t+j$ 期にどれだけの還元を受けるかを考えると，上の設定からわかるように，還元総額は v_{t+j} であり，これを第 $t+j$ 期の株式分割後の割合で株主に配分することになる．ところが，上記の株式分割ルールの下では，この配分比率は第 t 期の期初における株式保有比率と同じであるから，結局，この投資家は企業が配当を行った場合に得られるのとまったく同じ金額を自社株買いにより還元されることになる．一方，(2.20b)式は，S が時間を通じてどのように変化するかを描写する式である．第 t 期における株式分割後の株式数 $(1+n_t)S_t$ から，企業が買い戻す $v_t/(q_t/(1+n_t))$ 枚を差し引くと，t 期末($t+1$ 期初)の株式数として(2.20b)式の右辺が得られる．

企業所得の流列 $\{v_t\}$ と企業の株式分割政策 $\{n_t\}$ が与えられると，株価流列 $\{q_t\}$ と株式枚数の流列 $\{S_t\}$ が内生的に決まるというのが (2.20) 式の読み方である．具体的には，ある期の期初の発行枚数 S が与えられると (2.20a) 式によりその期の株価 q が決まる．その株価を (2.20b) 式に代入すると翌期の期初の発行枚数が決まる．さらにそれを (2.20a) 式に代入して翌期の q を決め……という操作を繰り返すことにより株価と株式数の流列を得ることができる．

次に，国債に関する次の 2 つの式を考えよう．

$$\begin{cases} B_{t-1}/P_t = \sum_{j=0}^{\infty}(1+r)^{-j}E_t s_{t+j} & (2.21a) \\ B_t = (1+i_t)[B_{t-1} - P_t s_t] & (2.21b) \end{cases}$$

この 2 つの式は (2.13) 式と (2.14) 式を書き換えたものである．財政余剰の流列 s_t が物価に依存しない所与のものという非リカーディアン型ルールの仮定の下では，$t-1$ 期末 (t 期初) の国債枚数 B_{t-1} が先決変数として与えられるとともに，財政余剰の流列が与えられると，(2.21a) 式により第 t 期の物価水準 P_t が決まる．そこで決まった P_t を (2.21b) 式に代入すると，t 期末 ($t+1$ 期初) の国債枚数 B_t が決まる．これをさらに (2.21a) 式に代入して……という計算を繰り返すことにより物価の流列 $\{P_t\}$ と国債枚数の流列 $\{B_t\}$ を得ることができる．つまり，財政余剰の流列 $\{s_t\}$ と名目金利の流列 $\{i_t\}$ が与えられると，物価の流列 $\{P_t\}$ と国債枚数の流列 $\{B_t\}$ が内生的に決まるというのが非リカーディアン型の仮定の下での (2.21) 式の読み方である．

(2.20) 式と (2.21) 式を比較すると，式の格好が酷似しているのは一目瞭然である．対応関係を整理しておこう．第 t 期の期初における国債の発行枚数である B_{t-1} と株式発行枚数である S_t が対応し，企業のキャッシュフローである v_{t+j} には政府の財政余剰 (つまり政府のキャッシュフロー) である s_{t+j} が対応している[25]．一方，企業の株価である q_t には物価水準の逆

---

25) ここでは v_{t+j} と s_{t+j} が独立に決まるように記述しているが，この 2 つの変数は経済全体の産出量の企業と政府への分配を表しており，密接に関係している．この相関を明示的に考慮することは FTPL の拡張として重要である．この点については稿を改めて議論することとしたい．

数(つまり貨幣の価格)である $1/P_t$ が対応している．

(2.20a)式の読み方を(2.21a)式に当てはめれば，貨幣の価格は財政余剰の割引現在価値で決まると読むことができる．これが非リカーディアン型ルールの下での読み方である．なお，企業の株価が(2.20a)式で決まると考える背景には株式は企業利益に対する残余請求権(residual claim)という考え方があるが，このアナロジーでいえば，国債は政府の財政余剰に対する残余請求権ということになる．

また，(2.20b)式と(2.21b)式を比較すると，株式分割のスピード n_t と名目金利 i_t が対応していることがわかる．国債保有者に金利を支払うということは金利相当分の貨幣を渡すということであり，財を渡すということではない．ところが，貨幣というのは政府の債務の一形態に過ぎないから，これは結局，政府債務の利払として既存の政府債務保有者に対して追加的な政府債務を配布することに他ならない．この意味で，国債に金利を払うという行為は，株式分割と同じなのである．また，名目金利を引き上げるという操作は，追加的に配布する株式枚数 n を増やすのと同じである．ただし，株式分割が株式時価総額に影響を及ぼすことがない(n_t は(2.20b)式には登場していない)のと同じ意味で，名目金利の操作が物価に影響を及ぼすことはない[26]．

企業金融とのアナロジーを利用すると次のようなポイントがみえてくる．

第1に，非リカーディアン型ルールの下では，(2.20a)式が株価の評価式であるというのと同じ意味で，(2.21a)式は貨幣価格を決定する<u>評価式</u>である．この場合には，(2.20a)式が企業の意思決定を何らかの意味で制約する式でないのと同じ意味で，(2.21a)式が政府の行動を束縛することはない．これに対して，リカーディアン型ルールの仮定の下では，(2.21a)式は財政余剰の流列が満たすべき<u>制約式</u>である．つまり，政府がその活動について様々な意思決定を行う上で遵守しなければならない制約

---

[26] 本節の多期間モデルでは，すべての国債は満期1期の短期国債と仮定している．名目金利の操作が物価に影響を及ぼさないという，ここで観察された性質はこの仮定に依存している．第1章でみたように，国債の満期が1期を超える長期国債の場合には名目金利操作が物価に影響を及ぼす．第4章ではこの点について詳細に検討する．

条件を表現したものであり，家計や企業の予算制約式と同じ意味での政府にとっての予算制約式である[27]．

第2に，非リカーディアン型ルールの立場から(2.21a)式を評価式と読むとすると，この式が均衡外(off-equilibrium)でも成立していると信じる理由はどこにもない．それは，企業の株価決定式が均衡外で成立しなければならない理由がどこにもないのと同じである[28]．一般に，均衡外では(2.21a)式は成立していないと考えるべきである．一方，(2.21a)式を制約式と解釈するリカーディアン型ルールの観点からいうと，(2.21a)式は均衡だけでなく均衡外でも成立しなければならない．家計や企業の選択はその選択がモデルの均衡条件のすべてを満たしていないという意味で均衡外の選択であったとしても予算制約式は満たしているはずである．これと同じ理由で，制約式としての(2.21a)式は均衡外でも成立している．

第3に，やや逆説的ではあるが，政府と企業のアナロジーは両者の本質的な差がどこにあるかを考える上でのヒントを与えてくれる．すなわち，Buiter (2002) は，政府の予算制約式(本章の用語でいえば予算制約式ではなく評価式)が物価を決めるのであれば，家計や企業の予算制約式が物価を決

---

[27] このように説明すると，(2.21a)式は制約式とも評価式とも読むことができるのに対して，(2.20a)式は評価式としか読めないのはなぜだろうという逆の疑問を抱く読者もいるかもしれない．(2.20a)式を「企業の株価が与えられたときに，それと整合的なキャッシュフローを決める式」と制約式のように読むのは一般に非現実的であり，意味がない．これはなぜだろうか．その理由を理解するには，株式という証券はそもそも何を約束しているのかという点に立ち返って考える必要がある．株式は，企業所得を配当(あるいは，ここでの例のように自社株の買い戻し)というかたちで還元することを約束する証券である．しかも社債などと異なり，還元金額を予め約束しているわけではなく，そのときどきの収益状況に応じて還元額を変化させることが許されている．つまり，「手元にあるだけのカネを支払う，カネがないときには払わなくてもよい」という契約である．したがって，(2.20a)式が企業行動を制約することは契約の定義によりあり得ないのである．ただし，株価が何らかのルートで(例えば銀行からの借入条件が株価に応じて決められるなど)企業を取り巻く環境に影響を及ぼす場合には，株価を一定水準に維持する必要が生まれ，そのために所得を調整するという行動をとる可能性もある．その場合には(2.20a)式は制約式の色彩をもつことになる．

[28] Cochrane (2003a) はこの点を次のような比喩で説明している．株価に不合理なバブルが発生し，ファンダメンタルズから乖離して上昇したとする．このとき(2.20a)式はどうなるであろうか．ファンダメンタルズは変化していない，つまり，企業所得の流列に関する期待は変化していないのだから，(2.20a)式の右辺は変化しない．一方，バブル発生に伴って左辺は上昇する．したがって，バブルが発生するような状況(つまり均衡外の状況)では評価式は成立しない．この例と同じく，物価がバブル的な要因で突然下落したとしよう．そのとき，非リカーディアン型であれば，評価式である(2.21a)式は成立しない．一方，リカーディアン型であれば，制約式である(2.21a)式はバブルの状況でも成立していなければならない．

めることがあってもよいはずではないかとの疑問を提起している．つまり，(2.20)式と(2.21)式は良く似ているのだから，物価を決めるという機能上も同じ働きをするはずだという意見である．実はこれは，FTPLを批判的に検討しようとする論者によりしばしば指摘されてきた点である．

　この点について考えてみよう．第1章で述べたように，政府と企業の間には，①政府には資本金がない，②政府はディフォルトしない，という重要な差異がある．そこで，非常に極端な例として，この2つの点で政府と同じ性質をもつ企業を考えてみよう(この企業を「A社」とよぶことにする)．すなわち，A社はすべての資金を社債だけで調達し資本勘定がない．A社のバランスシートの負債側は社債一色であり，政府のバランスシートの負債側が国債一色であるのと完全に同じである．また，A社社債のディフォルトはあり得ない(あるいは投資家がそのように信じている)と想定する．

　これらの要件が満たされている場合には，(2.20)式と(2.21)式の見かけが似ているという以上の意味がある．国債とA社の社債は同格であり，Buiter (2002)等のいうように，どちらが物価を決めるかわからないということになるだろう．しかしここで注意しなければならないことがある．それは，国債とA社の社債が<u>どちらも</u>ディフォルトしないという状況はあり得ないということである．これまでみてきたように，政府がディフォルトなしで予算制約を満たすことができるのは，物価の変化によって国債の実質価値が調整されるからだが，この機能を複数の経済主体が同時にもつことは決してあり得ない．なぜなら，政府かA社かどちらか一方の予算制約を満たすように物価が調整されると，他方の予算制約は満たされなくなってしまうからである[29]．

　もちろん，それでもなお，円圏で唯一の経済主体にだけ許される「ディフォルトしない」という特権を(政府ではなく)A社に付与するという選択肢は理論的にはあり得るだろう．しかしそれは，「政府」や「中央銀行」に代替するような貨幣制度上の重要な機能をA社が担う，あるいは担わ

---

29) ここでの議論は政府とA社の経営が独立であることを前提している．両者が経営上独立でない場合，例えばA社と政府が経営統合されている場合には，国債とA社の社債の両方がディフォルトしないということがあり得る．

せようという社会的な意思決定がなされた場合にのみあり得る話である．これは，「企業や家計の予算制約式でも物価は決まるはず」というBuiter (2002)等の想定する状況とは明らかに異なっている[30]．

現実の政府行動はどちらなのか　現実の政府行動はリカーディアン型なのか，それとも非リカーディアン型なのか．実際に起きた現象やデータからいかにしてそれを知ることができるかを考えてみよう．

まず最初に強調すべきは，2つの型の差は均衡では観察できないということである．均衡で観察されるのは(2.21a)式に表現される変数間の関係であるが，この関係はリカーディアン型でも非リカーディアン型でも成立するものだからである．この意味で2つの型は観察上同等(observationally equivalent)である．両者の差が出てくるのは均衡外においてである．(2.21a)式を制約式とみるリカーディアン型ではこの関係式が均衡外でも成立するのに対して，評価式とみる非リカーディアン型では均衡外では成立しない．これが2つの型の違いである[31]．しかし，現実の現象やデータは均衡におけるものであり，均衡外の現象やデータは観察することができない．現実の政府がどちらなのかを知ろうとするときにはこれが最大の問題である．

2つの型が観察上同等であることが具体的にどのような意味をもつかを

---

30)　Woodford (2001)はやや異なる観点からBuiter (2002)等の批判が当たらないと主張している．すなわち，いま仮に，商店の店頭の値札がA社の株式何枚分と表示されていて，財を購入するときにはA社の株式を代金として渡すという商慣行が存在するとしよう．つまり，A社の株式が価値尺度機能と決済手段機能を兼ね備えているという仮想的な状況を考える．このときには，株式と財の交換比率(財1単位を得るのにA社の株式何単位が必要か)が「物価」になり，Buiter (2002)等の主張が正当化される．しかし，議論を裏から読めば，A社の株式がこうした機能をもたない限り，A社の株価が物価になることはあり得ない．つまり，Woodford (2001)によれば，ある経済主体(民間企業や政府など)の債務と財との交換比率が「物価」になるかどうかを決めるのは，その債務が貨幣の基本的な機能を有しているかに依存する．政府債務(特に中央銀行債務)はこの条件を満たしているが故に政府の財政状況が物価決定に影響を与えるのである．

31)　2つの型の違いは因果関係の方向にあるとみることもできる．例えば，実質国債残高の増加に続いて財政余剰が増加した場合，リカーディアン型では，実質国債残高の増加がその後の財政余剰を増加させたと解釈する．因果方向は，実質国債残高→財政余剰である．これに対して非リカーディアン型では，将来の財政余剰の増加予想が物価の下落を通じて実質国債残高を増加させたと解釈する．この場合の因果方向は，財政余剰(の予想)→実質国債残高である．

例示しよう．まず，政府債務がサステイナブルかどうか，あるいは(2.15)式のような横断条件が満たされるかどうかをデータから検証することを考えよう[32]．リカーディアン型であれば，政府は横断条件を満たすように財政調整（増税や歳出削減など）を行うはずであるから，その結果として横断条件は満たされているはずである．一方，非リカーディアン型では，政府は横断条件を満たすために必要な財政調整を行わない．しかし，では横断条件が満たされないかというとそうではない．横断条件が満たされないおそれが出てくると，物価が上昇し，実質債務が減少することにより，均衡では必ず横断条件が満たされるのである．したがって，データを用いて横断条件が満たされるか否かを丹念に調べてみても，両者を区別することは不可能である．

もうひとつ例を挙げよう．Bohn (1998) や Canzoneri et al. (2001) は，財政余剰（の対 GDP 比率）を被説明変数，政府債務残高（の対 GDP 比率）を説明変数とする回帰分析を行った結果，政府債務残高の係数が正であることを米国のデータから確認した．これを，(2.16)式のような財政政策ルールを推計した結果と解釈するとすれば，正の係数はリカーディアン型であることを示すことになる[33]．しかしこれが唯一の解釈ではなく，非リカーディアン型でもこの現象は説明できる．非リカーディアン型であれば，実

---

32) この種の研究例としては Bohn (1998) がある．
33) この種の推計には次のような問題があり，これをもって直ちにリカーディアン型とはいえない可能性があると指摘されている．第 1 は推計に関する計量経済学的な問題である．すなわち，これらの推計は(2.16)式のような構造方程式を推計したものではなく，誘導型の推計に過ぎない．したがって，ここから，構造パラメター（この場合は財政政策ルールの債務残高にかかる係数）に関する情報を読み取ることは一般にできない（例えば Woodford 1998c）．第 2 はリカーディアンの定義に関わるもう一段深刻な問題である（Cochrane 2003a）．リカーディアンの定義に戻ると，いかなる物価パスの下でも制約式が満たされるというのが定義のポイントである．その観点から検討すべきは，例えば，バブル的なデフレが起きて政府の実質債務が増加したときに政府が増税するか否かである．これは，何らかの理由で（例えば地震など）名目の 政府債務が膨らみ，それに対処するために増税するか否かというのとは異なる．リカーディアンか否かに関する有益な情報を提供してくれるのは前者の例であり，後者の例は実はリカーディアンか否かとは直接関係ない．現実の経済で後者のような現象が起きるのは経験的にも明らかであるが，前者については自明でない．例えば，最近の日本のデフレで政府の実質債務が膨らんでいることについては，それに見合う増税を行うべきというリカーディアン的な意見が聞かれる一方で，物価の持ち直し（リフレ）により実質債務を引き下げるような方策をとるべきという，非リカーディアン的な意見も根強く，コンセンサスが形成されるには至っていない．この点を巡る議論の混乱は，物価変動に伴う実質債務の増減にどう対処すべきかという問題の難しさを物語っている．

質政府債務残高が大きいことは先行きの財政余剰が大きいことを意味する[34]．したがって，時系列データをみれば，財政余剰の増加に先行して実質政府債務残高が増加しているはずである．これは，企業所得の増加に先行して株価の上昇が観察されるというのと同じことである．株価上昇が企業所得上昇に先行するという事実は多くの実証研究によって確認されているが，それを，株価上昇が企業所得の上昇を生じさせたと読むことは決してない．同様に，財政余剰と債務残高の関係についても，非リカーディアン型の立場に立てば，財政余剰の増加(増加予想)が債務残高の上昇を惹き起こしたと解釈するのが自然である．

では，2つの型が観察上同等であると認めるとすると，2つの型のどちらが現実の近似として適当かを知ることは不可能になってしまうだろうか．それは必ずしもそうではない．少なくとも次の2つの方法が考えられる．

第1は，観察される現象やデータをそれぞれの立場から解釈してみて，どちらがもっともらしいかを比べるという方法である．例えば，財政余剰と債務残高の関係についての2つの解釈のうち，実際の政策意図などに照らしてみていずれがより自然な解釈かを検討するということである[35]．

第2は，モデルの中で財政政策ルール以外の部分に注目し，そこに追加的な仮定を入れたときに結果として観察される現象に差が出てくるかを調べるという方法である．第2.3.2項での議論を例にとって説明しよう．第2.3.2項でみたように，財政ルールがリカーディアン型で金融政策ルールが能動型のときには有界な均衡物価のパスが一意に決まるのに対して，財政ルールが非リカーディアン型で金融政策ルールが能動型の組み合わせのときには均衡物価は発散パスしかあり得ない．したがって，現実に採用されている金融政策ルールが能動型であるとわかっているとすれば，物価が安定的かそれとも発散的かをみることにより，財政ルールがどちらの型かを知ることができる．例えば，Loyo (1999) は，①ブラジルの物価が1980

---

34) 先行きの財政余剰が大きいという予想があるからこそ実質債務残高が大きいのであり，もしそうした予想がなければ，実質債務残高が償還可能な範囲になるように物価調整が起こるはずである．

35) そうした試みとしては，例えば Canzoneri et al. (2001) がある．

年以前は安定していたにもかかわらず，1980年代になってハイパーインフレに転じた，②ブラジル中央銀行の金融政策運営は1980年以降，受動型から能動型に変わった，という2つの事実を確認した後，これらの事実を整合的に説明するには，ブラジル政府は非リカーディアン型の財政運営を行っていると考えるのが適当であると結論している．また，Woodford (2001) は，1980年代の米国金融政策が能動型であったにもかかわらず[36]，ブラジルのような発散型インフレにならなかったのは，この時期の財政がリカーディアン型であったためとの説明を提示している．

2.4 多国モデル

第2.2節の最小限のモデルのもうひとつの重要な拡張は，複数国，複数通貨への拡張である．複数通貨に拡張することにより，対外的な貨幣価値，つまり為替相場に関連する様々な問題を取り扱うことができるようになる．例えば，フロート制下の為替相場決定，ドルペッグ制の崩壊(通貨危機)などの財政的側面を明らかにできるほか，自国通貨を放棄してドルに入れ替えるドル化政策(Dollarization)の是非や，EMU(経済通貨同盟)に代表される通貨同盟をどの程度の規模で行うべきかという最適通貨圏の問題など，国際通貨制度の設計についても新たな視点からの検討が可能になる．

EMUを例にFTPLの有用性を説明しよう．EMUの導入に先立って結ばれたマーストリヒト条約では，EMU加盟国に対して，①財政赤字を対GDP比率で3%未満に抑える，②債務残高のGDP比率を60%未満に抑える，という2つの条件が要求された．この2つの条件をクリアできなければEMU加盟は認められず，また加盟後も，2つの条件を満たし続けることが求められている(「安定・成長協定(Stability and Growth Pact)」)．EMUの目標は，単一の中央銀行(欧州中央銀行，ECB)を設立し，域内の金融政策を一本化することであるから，金融政策に関連して加盟国に共同歩調を求めることは当然であるが，財政政策についてまで協調を要求する理

---

[36] Taylor (1999) は1960年代，70年代の米国の金融政策は受動型，80年代は能動型との実証結果を報告している．

由はどこにあるのだろうか．貨幣価値は金融政策だけで(もっと端的には貨幣供給量だけで)決まるという立場に立てば，通貨同盟の運営にとって財政協調は必要不可欠ではないはずである．実際，マーストリヒト条約や安定・成長協定について，経済学者の一部には，不要，あるいは不適切とする意見も聞かれるほどである．そこまで極端でないにしても，財政運営を通貨同盟への加盟条件にするのは，貨幣経済学の伝統的な理解からは出てこない発想であり，経済学では説明できない実務的な条件とみなされることが多い[37]．

しかしFTPLはこの2つの条件に経済学的な解釈を与えてくれる．すなわち，前節で示したように，この2つの条件は加盟各国の政府に対して財政規律を求めるものであり，FTPLの用語でいえば，リカーディアン型の財政運営を要求するものである．この2つのルールを加盟各国が遵守してリカーディアン型の財政運営を行うことは，域内の物価水準が各国の財政事情から独立に決まるための必要条件である．この条件が満たされ，なおかつECBが能動型の金融政策を行えば，安定的な物価パスを実現することが可能になる．

このように，FTPLというレンズを通してみれば，EMUのもつ財政的な側面を理解できる．しかしFTPLの威力は既成の制度の後追い的な解釈にとどまらない．例えば，加盟国のひとつがこの2つの条件を遵守せずに，非リカーディアン型のルールに基づいて財政運営を行ったらどのような事態が生じるだろうか．それ以外の加盟国にはどのような損害が及ぶだろうか．2つの条件を遵守しない加盟国がいくつか出てきたときにEMUを維持することは可能なのだろうか．FTPLはこれらの問いに対しても考察の枠組みを提供してくれる．さらには，望ましい国際通貨制度の設計についてのヒントも与えてくれる．以下では，これらの点を含めて，FTPLの複数通貨モデルについてみていくことにしよう．

---

37) EMUの財政協定について詳しくはGali and Perotti (2003) を参照．

2.4.1 2国1財モデルへの拡張

第2.2節のモデルを2国(「自国」と「外国」)1財モデルに拡張する．登場するのは第2.2節と同じく家計と政府である．ただし，政府には自国政府と外国政府の2種類が存在する．数式の表記を単純にするために次の2つの仮定を置く．第1に，世界中の家計は1つに代表されていると仮定する．この家計は，2つの政府から課税され，2つの政府が発行した債券を保有する．第2に，自国政府が発行する債務は自国通貨建てであり，外国政府が発行する債務は外貨建てであると仮定する[38]．

第2.2節の(2.1)式に対応する家計の予算制約式を自国通貨建てで表すと

$$(W_0^H + \mathcal{E}_0 W_0^F) \leq (W_{-1}^H + \mathcal{E}_0 W_{-1}^F) + P_0^H y_0 - (T_0^H + \mathcal{E}_0 T_0^F) - P_0^H c_0 \tag{2.22}$$

となる．ここで，W^H は家計が保有する金融資産のうちで自国通貨建てのものを，また W^F は外貨建てのものを表す．また，T_0^H は自国政府への納税額(自国通貨建て)，T_0^F は外国政府への納税額(外貨建て)を表す．P^H は自国通貨建ての物価であり，$\mathcal{E}_0$ は為替相場(外国通貨1単位が自国通貨何単位分に相当するか)である．財市場には摩擦はなく，購買力平価が成立すると仮定する($P_0^H = \mathcal{E}_0 P_0^F$)．

第2.2節と同じ理由により，$W_0^H + \mathcal{E}_0 W_0^F = 0$ が成立する．また，家計が財を捨てることはないという仮定も引き続き当てはまるとする．このとき，(2.4)式に相当する式は

$$0 = (W_{-1}^H + \mathcal{E}_0 W_{-1}^F) + P_0^H y_0 - (T_0^H + \mathcal{E}_0 T_0^F) - P_0^H c_0 \tag{2.23}$$

となる．さらに，世界市場での財の需給一致条件は $y_0 = c_0 + (g_0^H + g_0^F)$ であり，これを(2.23)式に代入すると，(2.5)式に対応する式として

$$W_{-1}^H + \mathcal{E}_0 W_{-1}^F = P_0^H (s_0^H + s_0^F) \tag{2.24}$$

が得られる．ただし，s_0^H と s_0^F は，$s_0^H \equiv T_0^H / P_0^H - g_0^H$，$s_0^F \equiv T_0^F / P_0^F - g_0^F$

---

[38] これら2つの仮定をはずしても以下の議論の大筋は変わらない．

で定義される.

(2.24)式は(2.5)式とよく似ているが，重要な点で異なっている．その点を例示するために，いま，自国政府と外国政府がともに非リカーディアンであり，財政余剰がともに外生的に固定されているとする（$s_0^H = \bar{s}_0^H$, $s_0^F = \bar{s}_0^F$）．また，W_{-1}^H と W_{-1}^F は1国モデルと同じく，過去から決まってくる先決変数である．1国モデルであれば，財政余剰と債務残高に関するこの2つの条件で物価水準が決まったが，ここではまだ決まらない．すなわち，財政余剰と債務残高を所与としても，未知変数として P_0^H と $\mathcal{E}_0$，あるいは同じことであるが，P_0^H と P_0^F の2つが残っているため，物価水準が決まらないのである．

両国政府が非リカーディアンと仮定しても物価水準が決まらない理由は，数式上は明らかである．決定すべき物価水準は自国と外国の2つであるにもかかわらず，それを決める式がひとつしかないためである．ではなぜ式が1本しかないのかといえば，それは(2.24)式の導出方法から明らかである．すなわち，(2.24)式を導出する際には，①家計の予算制約式が等号で満たされる，②財と政府債務の市場で需給が一致する，という2つの条件を用いている．この2つの条件からいえることは，家計以外の経済主体の予算制約式を合算したものが等号で成立するということである．1国モデルでは，「家計以外の経済主体」は自国政府だけであったが，2国モデルでは，家計以外の経済主体は自国政府と外国政府の2つであるため，両者の予算制約式を合算し等号で書き換えた式として(2.24)式が得られたのである．均衡条件から得られるのはあくまで両者を合算した式1本だけであり，国の数だけ式が得られるわけではない．これが重要なポイントである．

均衡条件式が1本しか得られないということの意味を別の観点からみるために，いま仮に，1国モデルと同じように，

$$\begin{cases} W_{-1}^H = P_0^H s_0^H \\ \\ W_{-1}^F = P_0^F s_0^F \end{cases} \quad (2.25)$$

の2つの式が成立していると考えてみよう．この式は，経済の最終期であ

る第0期の期末には，政府の債務残高が自国と外国でそれぞれゼロになっていることを意味している．これは一見したところ，当たり前のようにみえるかもしれないが，実はそうではない．家計は最終期の期末に政府債務を保有しようとしないので，政府債務残高はゼロになるが，それは2つの政府の発行している債務の和がゼロになるということであり，自国と外国のそれぞれの政府債務残高がゼロになることを意味しないからである．

(2.25)式が一般には成立しないということは，例えば，$W_{-1}^H > P_0^H s_0^H$ かつ $W_{-1}^F < P_0^F s_0^F$ といった状況があり得るということを意味している．つまり，自国政府は第0期の期初の時点において第0期中の税収で払いきれないほどの債務を負っている．その逆に，外国政府は第0期中の税収で債務を完済してもお釣りがくる．しかも，(2.24)式によれば，自国政府の税収不足と外国政府の税収過剰はちょうど見合っている．要するに，外国政府から自国政府に対して，第0期中に財政的な支援が行われ，それを返済することなしに経済が終わってしまうのである．これは，政府間で見返りなしの移転支出が行われることを意味している．

政府間で見返りなしの移転支出が行われるというのは，一見したところ，奇異で非現実的に映るかもしれない．しかし，2つの国が政治的に非常に密接な関係(例えば宗主国と植民地のような関係)にあれば，あり得ないことではない．もう少し現実的な状況としては，2つの政府を2つの地方政府(例えば，日本の県や米国の州)と解釈すれば，それらの間で見返りなしの移転支出が行われるのは極めて当然のことである．あるいは，未来に目を転じれば，EMU加盟国間で財政移転を行う制度的な枠組みが準備される可能性もゼロではない．

以下では，2つの政府間で見返りなしの移転支出があり得るケースを「財政従属」とよび，その反対に，2つの政府が完全に独立しているケース(つまり(2.25)式が成立しているケース)を「財政独立」とよぶことにし，それぞれのケースについて均衡の決定性を調べることにしよう．

2.4.2 変動相場制

最初に名目為替相場 ε_0 が内生的に決まるレジーム，つまり変動相場制

表 2.3 変動相場制, 財政従属のケース

		自 国 政 府	
		リカーディアン型	非リカーディアン型
外国政府	リカーディアン型	非決定	非決定
	非リカーディアン型	非決定	非決定

表 2.4 変動相場制, 財政独立のケース

		自 国 政 府	
		リカーディアン型	非リカーディアン型
外国政府	リカーディアン型	非決定	自国物価のみ決定
	非リカーディアン型	外国物価のみ決定	決 定

の下での物価決定について調べてみよう.まず,財政従属で,なおかつ両国政府がともに非リカーディアンの場合を考えてみよう.均衡で成立する式は,(2.24)式に加え,$s_0^H = \bar{s}_0^H$, $s_0^F = \bar{s}_0^F$ の合計 3 本である.これに対して未知変数は P_0^H, $\mathcal{E}_0$, s_0^H, s_0^F の 4 つであるから,均衡は非決定である.表 2.3 の右下の欄に「非決定」と記載されているのはこの意味である[39].表 2.3 のそれ以外の欄に示したように,その他の 3 ケース(どちらか一方の政府がリカーディアンで他方が非リカーディアンの場合,あるいは,両方ともリカーディアンの場合)もすべて非決定となる.均衡で成立する式の数が最も多くなるのが両政府がともに非リカーディアンのケースであり,その場合でも非決定なのだから,それ以外のケースで非決定になるのは明らかである.

次に,財政独立のケースを調べてみよう.最初に,両国が非リカーディアンの場合を考えると,均衡で成立する式は(2.25)式に $s_0^H = \bar{s}_0^H$, $s_0^F = \bar{s}_0^F$ を加えた 4 本である.これは未知変数の数と一致する.したがって,均衡は一意に決まる.表 2.4 の右下の欄に「決定」とあるのはこの意味である.念のために,均衡における両国の物価と名目為替相場を示すと

---

[39] 財政従属の下では,各国の純税収(s_0^H と s_0^F)が外生的に決まっていたとしても,実際に債務の償還のために使える税収は一意に決まらず,そのため物価も一意に決まらない.

$$P_0^H = \frac{W_{-1}^H}{\bar{s}_0^H}; \quad P_0^F = \frac{W_{-1}^F}{\bar{s}_0^F}; \quad \mathcal{E}_0 = \frac{W_{-1}^H}{W_{-1}^F}\frac{\bar{s}_0^F}{\bar{s}_0^H} \qquad (2.26)$$

である．次に，自国政府が非リカーディアン，外国政府がリカーディアンのケースについてみると，自国政府は非リカーディアンであるから，第2.2 節と同じ理由により，自国物価が一意に決まる．一方，外国政府はリカーディアンであるから，外国物価は決まらない．外国物価が決まらない以上，名目為替相場も決まらない．自国政府がリカーディアン，外国政府が非リカーディアンのときにはこの反対になる．最後に，両政府ともにリカーディアンの場合は両国の物価が決まらず，名目為替相場も決まらない．以上の結果は表 2.4 にまとめてある．

表 2.3 と表 2.4 からは次のことが読み取れる．第 1 に，財政政策だけで自国物価，外国物価，為替相場が一意に絞り込めるのは両国政府が財政独立の関係にあり，なおかつ両国政府が非リカーディアンの場合に限られる[40]．この場合には，(2.26)式に示したように，為替相場の変動をもたらすのは財政要因だけであり，金融政策は為替変動に一切影響を与えない．

第 2 に，ここでの結果を 2 国以上のケースに一般化すると，すべての政府が非リカーディアンとの前提の下では，独立な財政運営を営む政府の数と貨幣の数が一致する場合にのみ均衡が一意に決まり，財政的に独立な政府の数が貨幣の数より少ないときには非決定になる．例えば，政治的あるいは歴史的な経緯で財政面でのつながりが深い国がいくつかあったとして，その各々が自国通貨を発行し，しかも，為替相場の決定を市場に委ねた場合には，均衡が一意でないため，為替相場が不安定になる可能性がある．その場合には，貨幣価値の安定の観点からは，為替相場の決定を市場に委ねるのではなく，人為的に固定してしまう，あるいはもう一歩進んで単一通貨を導入するのが望ましいということになる[41]．

---

40) ただし，この 2 つの表で「非決定」とあるのは，財政政策だけでは均衡が一意に絞り込めないという意味である．第 2.3 節でみたように，財政政策で均衡が一意に絞り込めない場合でも，適切な金融政策ルールを採用することにより均衡が決定されることがある．伝統的な国際金融論が分析の対象としているのは金融政策ルールにより均衡が決定されるようなケースである．

2.4.3 固定相場制

次に固定相場制下での均衡について調べてみよう．ここでは，名目為替相場 $\mathcal{E}_0$ を一定値 $\bar{\mathcal{E}}_0$ で固定する制度を総称して固定相場制と呼ぶことにする．この中には，ドルペッグ制(新興市場国が米ドルとの間のレートを一定に維持する)や，カレンシーボード制(自国通貨発行量を準備通貨——例えば米ドル——保有額の枠内に抑える)が含まれるほか，EMUのような通貨同盟も含まれると考えることができる．

まず，固定相場制かつ財政従属のケースをみると(表2.5)，両国の政府がとも非リカーディアンの場合は，均衡で成立する式は，(2.4)式に加え，$s_0^H = \bar{s}_0^H$，$s_0^F = \bar{s}_0^F$，$\mathcal{E}_0 = \bar{\mathcal{E}}_0$ の合計4本であるから，変数の数と一致し，均衡が一意に決まる．しかしそれ以外の場合は式の数が足らず，引き続き非決定である．次に，固定相場制かつ財政独立のケースをみると(表2.6)，どちらか一方が非リカーディアン型の場合には均衡が一意に決まるが，両方とも非リカーディアン型の場合には，均衡で成立する式が5本になり，変数の数を上回り，過剰決定(over-determined)となっている．

表2.5と表2.6は実際の為替相場レジームに関していくつかの含意を示している．第1に，自国が小国(例えば新興市場国)，外国が大国(例えば米国)で，自国が外国通貨(米ドル)にペッグしていると考えよう．固定相場制を維持するのはあくまで自国の責任であり，大国である外国は相場の維持に一切関与しないものとする．また，自国と外国は財政独立の関係にあるとする．この設定は典型的なドルペッグ制と解釈できる．このとき，両政府がともに非リカーディアンであるとすると，表2.6からわかるように，過剰決定である．すなわち，外国の物価が $P_0^F = W_{-1}^F / \bar{s}_0^F$ で与えられるので，固定相場を維持するには自国の物価は $P_0^H = \bar{\mathcal{E}}_0 W_{-1}^F / \bar{s}_0^F$ となる必要がある．その一方で，自国の財政要因からすれば物価は $P_0^H = W_{-1}^H / \bar{s}_0^H$ とな

---

41) 最適通貨圏に関する伝統的な議論では，労働移動の度合いや実物ショックの共通性が単一通貨導入の適否を決めるとされてきた．これに対して，ここでの議論は，財政的な関係の深さ(政府間で財政移転が行われるかどうか)が単一通貨導入の適否を決める重要な要因となることを示唆している．なお，Sims (2001) は，メキシコのドル化政策について，メキシコ経済が米国経済と一体化しつつあることは認めつつも，メキシコと米国の間の財政的な緊密度が米国内の州同士のレベルまで高まることはあり得ないと指摘し，ドル化政策への反対を表明している．

表 2.5 固定相場制,財政従属のケース

		自 国 政 府	
		リカーディアン型	非リカーディアン型
外国政府	リカーディアン型	非決定	非決定
	非リカーディアン型	非決定	決 定

表 2.6 固定相場制,財政独立のケース

		自 国 政 府	
		リカーディアン型	非リカーディアン型
外国政府	リカーディアン型	非決定	決 定
	非リカーディアン型	決 定	過剰決定

る.一般に両者は一致しないので過剰決定になってしまう.

では,この状況はどのようにして解消されるのだろうか.第1の可能性は通貨危機である.外国の物価水準を所与として,自国政府には,$\bar{\mathcal{E}}_0$ と整合的になるように自国の財政余剰を調整することが期待されているにもかかわらず,それを実現する能力(あるいは財政規律)が不十分なために,ペッグ政策への信認が失われる.この場合には,為替相場は固定水準から離れてそれぞれの国の財政事情を反映した水準 $((W_{-1}^H/W_{-1}^F)(\bar{s}_0^F/\bar{s}_0^H))$ まで調整されることになる.これが通貨危機である.ここで興味深いのは,通貨危機の発生は外貨準備の多寡にまったく依存していないという点である.必要な為替調整の度合いを決める自国側の要因は W_{-1}^H と $\bar{s}_0^H$ だけであり,外貨準備高はどこにも登場していない.もちろん,外貨準備高が大きいということは,他の事情一定にして,W_{-1}^H(ネットの政府債務残高)を小さくし,必要な為替調整幅を小さくする効果がある.しかし,保有する金融資産は必ずしも外貨である必要はなく,「通貨危機を防ぐために外貨準備高を積み増す」という政策が正当化される余地はない.さらに言えば,この議論は,カレンシーボード制のように100%の外貨準備を要求する制度が根拠の乏しいものであることを示している[42].例えば,100%の外貨準備を保有していても,肝心の財政余剰 $\bar{s}_0^H$ が不十分であれば,通貨危機は免れな

いであろう．その逆に，仮に外貨準備がゼロであったとしても，現在および将来の財政余剰が十分に大きいことを海外投資家に宣言できれば，必要に応じて外貨を調達できるはずであり，通貨危機に陥ることはないであろう．

　第2の可能性は，ペッグ制を梃子にして自国政府が財政規律を確立することである．為替相場水準を何とか維持しようとすれば，それと整合的な自国物価水準を受け入れなければならない．そのためには，その自国物価水準と整合的になるように自国の財政余剰を調整する必要がある．これは，自国政府が非リカーディアン型からリカーディアン型へと変身することに他ならない．新興市場国が米ドルなどの有力通貨にペッグすることのメリットは，金融政策面で自らの裁量的な選択の余地を狭める(tying one's hands)ことにより，物価安定に対する金融政策面の規律を有力国から輸入するところにあるという見方がなされてきたが，ここでの例は，金融政策ではなく，財政政策の規律を輸入していると解釈できる．

　為替相場レジームに関する第2の含意は通貨同盟に関連するものである．ここでの固定相場制を通貨同盟と解釈し，為替相場が1で固定されていると考えよう($\bar{\varepsilon}_0=1$)．自国と外国の政府はともに非リカーディアンで，両政府は財政従属の関係にあるとする(表2.5の右下のケース)．このとき，自国と外国の物価水準は

$$P_0^H = P_0^F = \frac{W_{-1}^H + W_{-1}^F}{\bar{s}_0^H + \bar{s}_0^F} \tag{2.27}$$

により決まる．この式からわかるように，通貨同盟の下では自国と外国の物価水準は同一であり，その水準は自国と外国の財政余剰の合計値に依存している．例えば，外国政府が財政運営に失敗して財政余剰が低下すると，自国の物価水準が上昇する．通貨同盟の下では，相手国の財政運営の失敗を物価の不安定化というかたちで引き受けることになってしまうのである．このように考えれば，EMU加盟国が互いの財政運営に強い関心を

---

42) カレンシーボード制の発想は，自国通貨発行高を外貨準備でバックするというところにある．しかし，FTPLの考え方に立てば，①バックすべき政府債務をなぜ自国通貨だけに限定するのか(自国通貨建ての国債はなぜ含まれないのか)，②なぜ外貨でバックするのか(なぜ財政余剰でバックしないのか)という疑問が残る．

もつのは当然なことである．

しかし，相手国の財政運営の影響を受けるのは物価だけにとどまらない．財政従属の下では，自国から外国に対してトランスファーが行われており，その額は

$$\bar{s}_0^H - \frac{W_{-1}^H}{P_0^H} = \frac{W_{-1}^F}{W_{-1}^H + W_{-1}^F}(\bar{s}_0^H + \bar{s}_0^F) - \bar{s}_0^F \tag{2.28}$$

である．この式からわかるように，外国政府が財政運営に失敗して財政余剰 $\bar{s}_0^F$ が減少すると，自国から外国へのトランスファーが増加する．外国の財政余剰減少に伴って外国物価が上昇し，外国の実質債務残高が低下するが，実質債務残高の減少は財政余剰減の一部を埋め合わせるにとどまるため，外国政府は自国政府から財政補塡を受けなければならないのである．

では，外国政府の失敗の影響が自国に及ぶのを防ぐ方法はないのだろうか．自国政府の立場から考えてみよう．まず，自国物価への影響を遮断するには，外国の財政余剰減少に対応して自国の財政余剰を同額だけ増加させることが考えられる．このときには，世界全体の財政余剰は不変であるから，世界物価は不変である．しかし他方で，自国から外国へのトランスファーの大きさをみると，(2.27)式の右辺第1項は不変であるから，トランスファーはちょうど，外国の財政余剰の悪化分だけ増加している．つまり，外国の財政余剰減少を自国の財政余剰増加で埋め合わせるということは，外国の財政余剰減少のすべてを自国政府が対価なしのトランスファーとして肩代わりすることを意味している．自国物価への影響を遮断するには肩代わりが不可避である．

この逆に，自国政府がトランスファーを一切行わないとするとどうなるだろうか．つまり，自国政府は自国の債務返済にちょうど見合うだけの財政余剰を生み出すこととし，外国政府との間で財政補塡を与えることも受けることもしないとする．このときには，(2.27)式のトランスファーがゼロである．(2.27)式の右辺をゼロとおくと，外国の財政余剰を所与としたときの自国の財政余剰は

$$\bar{s}_0^H = \frac{W_{-1}^H}{W_{-1}^F} \bar{s}_0^F$$

となっていなければならない．つまり，トランスファーをゼロにするには，外国の財政余剰減と歩調を合わせて自国でも財政余剰を減少させる必要がある．自国が外国と歩調を合わせて財政を悪化させれば財政補塡を行う余力がなくなってしまうためトランスファーがとどまるのである．ただし，このときには，世界全体の財政余剰は大きく減少することになるため，(2.26)式で決まる世界物価の上昇幅も増幅されることになる．

　この2つの極端な例からわかるように，通貨同盟の下では，域内の物価安定と財政トランスファーの間にトレードオフ関係が存在する．域内の物価を安定させるためには財政運営に失敗した国に対して財政トランスファーを行うことが不可欠なのである．このことは，通貨同盟の設立の際に財政規律の強さが重要な要件になる(規律の弱い国の加盟を認めるべきでない)ことを示すと同時に，設立後も，加盟国に財政規律を維持させるための制度的な制約が必要であることを示している．EMUでは，マーストリヒト条約や安定・成長協定(Stability and Growth Pact)がそうした機能を果たしていると解釈できる．

第3章　ゼロ金利下の政策コミットメント（Ⅰ）

3.1　はじめに

　名目金利がゼロまたはその近傍まで低下すると，債券とマネーの代替性が極端に高まるため，中央銀行が市場から債券を購入しその代価としてマネーを市場に供給するというオペレーションを行っても経済活動を刺激することができない．この現象は，Keynes (1936) 以降，流動性の罠として知られており，これまで主として理論的な観点から研究が行われてきた．しかし，名目金利がゼロまで低下するという現象は，日本に前例がないのみならず，国際的にみても，米国の大恐慌期以降，先進国では発生していない．そのため，そうした現象は，所詮，教科書の中の話であり，金融政策の運営手法が十分に発達した現代において先進国が流動性の罠に陥ることはあり得ないというのが数年前までの認識であった．

　ところが，先進国の中でも優等生であったはずの日本において，金融政策の操作変数である無担保コール翌日物（銀行間の一晩の資金貸借に適用される金利）が 1999 年初にゼロまで低下したことが契機となり，他の先進国でもそうしたリスクが無視できないとの認識が内外の研究者の間で広まっている[1]．その背景には，各国の物価上昇率が 1980 年代央以降，極めて低位に推移し，これを反映して名目金利が低めにあることから，いったん大規模な負の需要ショックが発生すれば，日本以外の国でもゼロ金利の壁に突き当たる可能性が高いとの懸念がある．

　そうした中で，流動性の罠やゼロ金利下の金融政策運営についての理論的な研究が，NBER（全米経済研究所）や各国中央銀行などの主催する会議で多数発表され，マクロ経済学のホットイシューのひとつになっている．これらの研究は，金融政策の波及経路として家計や企業の予想を通じる効

---

[1]　ただし，厳密にいえば，無担保コール翌日物がゼロになるという現象と，ケインズが流動性の罠とよんだ現象は同じものではない．両者の区別については第 4 章で詳しく議論する．

果,いわゆる予想チャネルを重視すると同時に,家計や企業の異時点間の最適化という経済の動学的な側面に注目するという点に特徴がある.予想チャネルや動学的な側面が重視されるということは,政策運営の面では,将来の政策について宣言しその実行を約束するというコミットメント型の運営が求められることを意味する.

本章と次章では,金利がゼロを下回ることはないというゼロ金利制約が存在する状況の下での最適な政策コミットメントについて分析を行う.そこでの主たる関心は,経済が大規模な負の需要ショックに襲われ,中央銀行が操作変数である名目短期金利をゼロまで下げて景気刺激を図っているにもかかわらず需要が不足しデフレが下落するという状況にあって,どのような政策コミットメントがあり得るのか,望ましいのかという点にある.

ところで,一般にこうした状況の下で必要となる政策コミットメントとは,中央銀行の行う金融政策だけに限定されず,政府の行う財政政策も含まれる.それどころか,ケインズとその継承者たちが強調するように,経済が流動性の罠に陥った状況では,金融政策の景気刺激効果に限界があるため,財政政策の役割が通常以上に重要となる[2].この意味で,流動性の罠の下で進行するデフレーションに財政政策でいかに対処するかというケインズ以来の課題は,財政コミットメントによる貨幣価値の安定という本書の主題と密接に関係しているのである.

流動性の罠の下でなぜ財政コミットメントが重要になるのかを説明するために,国債流通市場の均衡について考えてみよう.第2章では議論を単純化するためにすべての国債の満期は1期と想定しており,既発国債の流通市場は仮定により存在しなかった.この仮定を緩め,長期国債が発行されており,その流通市場が存在するという第1章の設定に戻ることにしよう.

この設定の下で,いま非リカーディアン型の政府が減税を行い,その補塡のために国債を発行する状況を考える.第2章でみたように,非リカー

[2) 例えば Hicks (1967) を参照.流動性の罠と財政政策の関係に関する最近の研究例としては,Woodford (2003) や Benhabib et al. (2002) がある.

ディアンの政府は国債が増えたからといって将来時点で増税を行うようなことはしないので，納税者は減税分だけ自らの純資産が増加したと認識し財への支出を増やす．これが富効果であり，第2章ではこれが物価を上昇させると説明した．ところで，ここでの「物価の上昇」とは，財サービスの政府債務に対する相対価格が上昇するということである．すべての国債の満期が1期間という第2章の設定では，政府債務の絶対価格は常に1であるから，相対価格の上昇は即，財サービスの絶対価格の上昇を意味する．しかし，既発国債が存在するという今の設定では，財サービスと既発国債の間の相対価格が上昇するといっても，それは必ずしも財サービスの絶対価格の上昇を意味しない．仮に財サービスの絶対価格が不変であったとしても，既発国債の市場価格が下落すれば，相対価格は上昇するからである．

こうした視点から既発国債の流通市場を考えてみると，減税に伴って国債供給量が増加しているため需給バランスが崩れており，国債市場価格は下落(国債金利は上昇)しているはずである．もちろん，減税によって純資産の増加を認識している納税者は財への需要を増加させると同時に国債需要も増加させるかもしれない．しかし一般に，そうした需要増加があったとしても，減税に伴う供給増を完全に相殺するには至らないので，国債市場価格の下落は避けられない[3]．既発国債の市場価格の下落は既発国債の保有者の富を減らすことに他ならないから，投資家は消費を抑制する．つまり負の富効果である．こうした負の富効果が十分に大きくなれば，納税者の正の富効果を完全に相殺することになる．このときには，その裏側で，政府の財政状況が減税前に戻っており，官民両サイドで減税に伴うアンバランスが解消されている．したがって，これが新たな均衡となる．新しい

---

[3] この議論に対しては，「減税に伴う納税者の純資産の増分のすべてを国債需要に振り向ければ国債市場価格の下落は回避できる」という反論が出るかもしれない．確かに，量的には，国債の供給増分は定義により減税分に等しいので，減税分がすべて国債需要に回れば国債市場の需給バランスは減税前の状況に戻るようにみえる．しかしそうした考えは，納税者の資産需要が価格に依存しているという基本的な事実を忘れているという点で誤っている．減税に伴う純資産の増分を全て国債に振り向けてもよいと納税者に思わせるには，それ以外の財や資産に比べて国債が十分に割安になっていることが不可欠の要件であり，それなくして減税分の資金がすべて国債市場に向かうことはあり得ないのである．

均衡では減税というショックが物価上昇ではなく国債市場価格の下落により吸収されている点が重要である[4]．

　上の議論は FTPL 的な物価変動が常に起こるわけではないこと，すなわち，国債市場価格が財政ショック（減税や増税など）を打ち消すように調整されれば物価への影響を遮断できることを示している．これは第2章の議論に変更を迫ると同時に，流動性の罠の重要な側面を明らかにしてくれる．すなわち，流動性の罠とは，国債金利が下限に突き当たってしまった状況（あるいは国債価格が上限に突き当たった状況）であるから，ショックを国債市場価格の変動で吸収することが不可能である．つまり，国債金利に十分な低下余地がある通常の状況であればショックを国債価格の上昇（国債金利の低下）で受け止め，物価への影響を遮断できるが，流動性の罠の下ではそれが不可能であり，どうしても物価変動の圧力が残ってしまうのである．言い換えると，通常の状況であれば国債価格の調整だけで物価安定を維持できるのに対して，流動性の罠の下では財政の援けを借りないことには物価の安定を維持できない[5]．この意味で，流動性の罠の下では通常以上に財政コミットメントが重要な意味をもつのである．

　以上の理解をもとに，本章と前後の章における議論の関係を表3.1を用いて整理しておこう．表3.1では，財政政策と金融政策についてそれぞれ2つのレジームを考え，全部で4通りの組み合わせを示してある．まず財政政策についてはリカーディアン（表では R と表示）と非リカーディアン（NR）の2つのレジームを考える．この2つのレジームの定義は第2章で説明したとおりである．一方，金融政策については，ヴィクセル・レジーム（W）と非ヴィクセル・レジーム（NW）という区別を新たに導入している．Wicksell (1898) は，経済の実物部門（つまり貨幣的でない部門）で生じる様々

---

[4] 国債価格下落の背後では，それと整合的になるように，名目短期金利が上昇していなければならない．議論を逆に辿れば，政府が減税を実行すると同時に中央銀行が金融引き締めを行うことにより国債金利を引き上げれば，物価上昇を回避できると読むことができる．この意味で，金融引き締めにより物価上昇圧力を取り除くという常識的な処方箋は本書の設定の下でも有効なのである．この点については第4章で詳しく論じる．

[5] 例えば，何らかの理由で将来の財政余剰が増加するという予想が生まれると，足元の物価に対して低下圧力が加わる．通常の状況であれば，これに対応して国債価格が上昇することで物価への影響を遮断できる．しかし流動性の罠の下では，国債価格が上がらず，物価下落圧力を除去できない．このときには減税を行うなどの財政コミットメントが必要となる．

表 3.1　財政・金融政策レジームの分類

		金融政策レジーム	
		W	NW
財政政策レジーム	R	I	III
	NR	II	IV

なショックに反応して均衡実質利子率，すなわち自然利子率が変動する状況を想定した上で，自然利子率の変動をきちんとトラック(追跡)するように名目利子率を操作することが物価安定の維持のために重要であると指摘した[6]．つまり，ヴィクセル・レジームとは，名目利子率を自然利子率に一致させるように金融政策を運営するレジームのことである．一方，非ヴィクセル・レジームとは，何らかの理由で名目利子率が自然利子率の変動をうまくトラックできない状況を指す．流動性の罠は，名目利子率の下限という制度的な要因でトラッキングができなくなるという点で，非ヴィクセル・レジームの典型例である．

金融政策に関するこれまでの研究の大部分はこの表でいえば W と R の組み合わせ，つまり I で示した領域の中で展開されてきた．この領域では，政府はリカーディアンだから，中央銀行は財政的な側面を一切気にすることなく金融政策を運営できる．この意味で金融政策の財政からの独立性が保証されている．そうした中で中央銀行は名目利子率を自然利子率に一致させることに専心でき，それにより物価安定が実現される．Taylor (1993) の提唱する金融政策ルール(テイラールール)は正にその典型である．これに対して，第 2 章で説明した FTPL の議論は，財政のレジームについて R 以外に NR の可能性もあるということを考慮しており，その点で従来に比べ分析の視野が拡張されている．第 2 章で説明した FTPL の議

---

[6]　ヴィクセルの理論体系をこのように理解する最も典型的な例は Woodford (2003) である．同様の理解は，Niehans (1990) や Leijonhufvud (1981) でも示されている．これらの文献は，ヴィクセルの体系を非貨幣数量説的と位置づけている点で共通している．すなわち，これらの論者によれば，ヴィクセルの体系で物価を決定するのは市場利子率と自然利子率の乖離であり，貨幣数量ではない(貨幣数量は「結果」として決まるに過ぎない)．ただし，ヴィクセルの学説の学説史的な位置づけについては，貨幣数量説と矛盾しない，あるいは貨幣数量説と大差ないとする論者もいる(例えば Humphrey 2002)．

論は，物価決定という観点からⅠとⅡの領域を比較するものと整理できる．ただし，第2章の議論(あるいは従来型のFTPLの議論)では財政政策の視野は拡大されているものの，金融政策については引き続きWレジームにとどまっている．本書の分析の特徴はこれをNWの領域まで拡張している点にある[7]．具体的には，本章(第3章)では財政の枠組みをRに限定した上でWとNWの比較(表でいえば，領域ⅠとⅢの比較)を行う．さらに第4章では，今度は財政レジームをNRとした上でWとNWの比較(領域ⅡとⅣの比較)を行うこととする[8]．第3章と第4章は，①リカーディアン政府を仮定することにより財政に関連する問題をすべて舞台裏に隠し，金融政策だけにスポットライトを当てる(第3章)，②舞台裏の財政調整に焦点を合わせ分析を進める(第4章)，という役割分担を行っており，相互補完的になっている[9]．

本章の構成は以下のとおりである．ゼロ金利制約下でいかにして金融政

---

[7] WとNWの区別を考慮するということは，分析の対象とするショックの種類についても重要な含意をもつ．すなわち，あり得べきショックとして財政余剰の変動(財政ショック)と自然利子率の変動(自然利子率ショック)があるとして，領域Ⅰと領域Ⅱの比較を行う従来型のFTPLの分析では，財政ショックが最も重要なショックであり，そこに焦点を絞って議論を展開した(あるいは，自然利子率ショックがあったとしても名目利子率が完全にトラックできるのでショックを消し去ることができると仮定していたとも解釈できる)．これに対して，WとNWの区別を考える上では，自然利子率ショックが最も重要なショックであり，本章と次章の多くの部分はこのショックについて論じることになる．典型的な財政ショックとは，政府の放漫財政で歳入欠陥が生じるというような事例であり，政府というひとつのセクターの変調を捉えたものである．政府と民間の配分を巡る変化を捉えているといってもよい．これに対して，自然利子率ショックは技術や人々の選好の変化に伴う経済成長率の変化などマクロ経済的な要因により生じるものであり，官民の配分というよりは経済全体のパイの変化を捉えるものである．

[8] なお，第5章を表3.1の中で位置づけるとすれば領域Ⅲである．ただし，第5章ではリカーディアン・レジームを「仮定」するのではなく，どうすればそれを実現できるかという制度設計を論じている．

[9] 本章と次章の分析の違いを最適金融政策の計算方法に即して説明しておこう．本章で扱う最適化問題は，①目的関数が中央銀行の損失関数，②制約条件がIS曲線，AS曲線，金利の非負制約条件，③コントロール変数が金融政策変数(名目短期金利)などの内生変数，と要約できる．これに対して，次章で扱う最適化問題は，①の目的関数は同じであるが，②の制約条件には統合政府の予算制約式(から含意される均衡条件式)が追加されているのであるから，次章の問題はより厳しいものである．別な言葉で言えば，次章の問題を，中央銀行と政府が密接に協調するという前提で解くのが本章の課題であり，同じ問題を協調がない一般的な想定の下で解くのが次章の課題である．したがって，本章で得られる最適解は，財政政策の全面的な協力を得た上で初めて実現できるものであり，中央銀行にとってはこれ以上はあり得ない理想的な(しかし同時に，非現実的な)環境の下での解である．

策を運営するかという問題は日本銀行が 1990 年代後半に直面した課題でもある．したがって，日本銀行の政策の軌跡を振り返ってみることにより，この問いに対する何らかのヒントが見出せるかもしれない．そこで第 2 節では，本章と次章の分析のイントロダクションもかねて，日本銀行が 1999 年初以降実行してきたゼロ金利政策について，その政策意図を中心に整理する．続く第 3 節では，ゼロ金利政策を巡る内外の経済学者の議論を紹介する．特に，本章の主題である中央銀行の政策コミットメントに関する研究成果に焦点を当てる．第 4 節では，ゼロ金利下で中央銀行が採り得る最適な政策についてニューケインジアン型の動学モデルを用いた分析を行う．需給ギャップや物価の変動を最小化する最適な政策コミットメントを計算し，シミュレーション結果を示す．第 5 節は本章の結びである．

3.2 日本銀行のゼロ金利政策

3.2.1 ゼロ金利政策の意図

日本銀行政策委員会は，1999 年 2 月 12 日の金融政策決定会合において，「より潤沢な資金供給を行い，無担保コールレート（オーバーナイト物）を，できるだけ低めに推移するよう促す．その際，短期金融市場に混乱の生じないよう，その機能の維持に十分配意しつつ，当初 0.15% 前後を目指し，その後市場の状況を踏まえながら，徐々に一層の低下を促す」ことを決定した．これがいわゆるゼロ金利政策の始まりである．以後，2000 年 8 月 11 日にオーバーナイト物の誘導目標を 0.25% に引き上げるまで，約 1 年半の間，ゼロ金利政策は続けられた．

ゼロ金利政策決定の背景には，銀行や企業の資金繰り問題とデフレーションに対する深刻な懸念があった．ゼロ金利政策導入当時の状況を振り返ると，98 年後半以降の金融不安の影響が銀行部門に色濃く残る一方，企業部門にも手元資金の調達に苦労するところが少なくなかった．また，需要の下振れから，物価が下落するデフレーションの傾向が強まっており，これを放置すると，需要減少と物価下落のスパイラルが発生するのではないかとの懸念が強くあった．こうした中，ゼロ金利政策は，銀行や企業に

充分な流動性を供給する一方，需要刺激により物価下落を回避することを目的として採用された．

　ゼロ金利政策採用のもうひとつの重要な理由は，98年秋以降の長期金利上昇と円高進行である．特に，国債残高の増加や財政の中長期的なバランスに対する懸念から，長期金利には上昇圧力が強く加わり，98年後半の0.7%台の水準から，99年2月初には2.5%台まで急上昇した．これが実体経済を冷やすとの懸念が強く，ゼロ金利政策の導入には，長期金利上昇に歯止めをかけるという意図があった．この点について，例えば，速水優日本銀行総裁はゼロ金利政策決定の記者会見(1999年2月12日)において，

> 金融が緩んでいけば，短期の金融市場も長期の金融市場も資金は同じ資金が流れる訳であるから，――それは必ずそうなると確信を持って申し上げる訳にはいかないが――，そういうふうに長期金利について引下げの方向に影響を与えていくことを期待しているところである．

と述べており，単に翌日物金利をゼロにするだけでなく，ターム物，さらには長期金利にまで低下圧力を浸透させるとの政策意図を表明している．

　ゼロ金利政策開始の時点において，長期金利にまで影響を及ぼす意図があったことは興味深い．金利の期間構造に関する期待理論によれば，長期金利は足元の短期金利のみでは決まらない．足元から将来にわたる短期金利の予想パスの平均値として長期金利が決まる．したがって，長期金利に影響を及ぼしたいとの速水総裁の発言の裏には，足元の短期金利をゼロにするにとどまらず，将来の短期金利に関する市場の予想を操作する意図があったと解釈できる．

3.2.2　ゼロ金利継続のコミットメント

　当時の名目金利の動きをみると(図3.1)，無担保コール翌日物は，2月12日の決定直後からゼロに向かって急速に低下し，3月初には事実上のゼロの水準に達している．それにつれて，ターム物の一部も低下を示している．これを，図3.2のインプライド・フォワード・レート(IFR)でみると，3か月までの期間，3か月から6か月の期間については，2月12日以降，

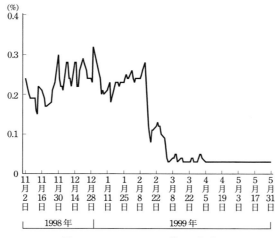

図 3.1 コール翌日物の推移

図 3.2 インプライド・フォワード・レートの推移
出所) Okina and Oda (2000).

急速に低下している．これは，ゼロ金利政策が半年程度は続くとの見方が市場では支配的であったためと解釈できる．これについて，4月9日の政策委員会では，

> 今回，期間の長い金融資産が大きく動いた理由は，日本銀行が，一定期間徹底した金融緩和を続けるとの強い決意を示したものと受け止められた結果，将来にわたるコールレートの予想値がかなり低下したことにある．

との認識が示されている(4月9日金融政策決定会合議事要旨10頁)．しかしながら，6か月以上の期間については，2月12日の決定直後こそ低下しているものの，3月に入ると再び上昇するなど，不安定な動きになっている．ゼロ金利政策が半年以上続くかどうかについて市場は懸念を抱いていたと解釈できる．

こうした中で日本銀行は，1999年4月13日の総裁会見において，長めの金利への波及をより一層促すことを目的として，「デフレ懸念の払拭が展望できる情勢になるまではゼロ金利政策を継続する」との方針を発表する．これは，物価に関する一定の条件が満たされるまでゼロ金利政策を継続するとのコミットメントの表明であり，2月12日の決定の意図，特に長めの金利に働きかけるという意図を，もう一歩前進させたものとみることができる．この決定の意図は，4月9日の政策委員会における次のような発言にもみてとれる(4月9日金融政策決定会合議事要旨11頁)．

> ひとりの委員は，[中略]日本銀行が，今のオーバーナイトのゼロ金利を，デフレ懸念がなくなるまでしっかりと維持することをはっきりと表明すれば，オーバーナイト金利から長めの期間の金利までを低位に安定させることにつながり，金融緩和効果も極大化することになるのではないか，との考えを述べた．

図3.2をみると，4月13日の会見を受けて，6か月までのIFRは一段と低下する一方，6か月から1年，1年から2年についても，発表直後は顕著に低下している．しかし，6か月超については，5月後半から，再び上昇し，1999年夏には2月の決定前の水準まで戻ってしまっている．ゼロ金利継続のアナウンスによりオーバーナイト金利のゼロ水準は6か月物

までは波及したもののそれより長い金利については十分に波及しなかったと解釈できる[10]．

　ゼロ金利を長めに続けるとの日銀のコミットメントがどの程度の効果をもったかはともかくとして，ここではその政策意図に注目してみたい．日本銀行の過去の政策を振り返ると，日銀は伝統的に裁量型の政策運営を採用してきており，将来の政策を縛るという意味でのコミットメント型の政策運営とは距離を置いてきた．裁量型の政策運営とは，その時々で最も望ましいと考えられる政策を，よく言えば機動的・臨機応変に，悪く言えば「出たとこ勝負」でアドホックに選択していくというスタイルである．これに対してコミットメント型の政策運営とは，将来起こり得る様々な状況を想定しそのそれぞれに対して中央銀行がどのように対応するかを予め定め，市場に対して約束(コミット)するというスタイルである．例えば，Ueda (1993) は，ルール対裁量の視点から 1970-90 年の日本銀行の金融政策を詳しく検討した結果，日銀は終始一貫して裁量的な政策運営を行ってきたと結論している．

　そうした過去の政策運営スタイルに照らしてみれば，4月 13 日の総裁会見で示されたコミットメントが異例であったのは明らかである．Taylor (2000) は，金融政策ルールとは金融政策の操作変数(例えばコール翌日物金利)をどのような状況のもとでどう変更するかを記述するコンティンジェンシー・プランであり，ルールをアナウンスすることで市場の予想に働きかけるところに最も重要な役割があると指摘した上で，日銀の 4 月 13 日のコミットメントはそうしたルールの典型例であると述べ，一定の評価を与えている．しかしながら，翌日物レートがゼロになってしまった状況下で中央銀行が金融緩和の強弱を示そうとすれば，ゼロ金利の状態をどれだけ長く継続するかを市場に対して説明し説得するしか手はない[11]．また，それを実現するには，ゼロ金利の継続期間に関するコミットメント，つま

---

10) 6 か月超の IFR にゼロ金利が浸透しなかった理由としては，①市場が 4 月 13 日のアナウンスを信用しておらず，半年たてば日銀はゼロ金利を解除すると高をくくっていた，② 4 月 13 日のアナウンスは信用されたが，市場は半年たてばデフレ懸念が払拭されると楽観していた，の 2 つの可能性が考えられる．どちらの仮説が正しいかを知るには実証的な検討が必要である．この点に関連する実証研究としては，白塚・藤木(2001)，翁・白塚(2003)，丸茂他(2003)がある．

り，将来の政策について自らの手を縛るコミットメントが必要となるのも自然な流れである．その意味では，4月13日のコミットメントは，短期金利を操作変数として政策を運営してきた中央銀行がゼロ金利に直面したときに採る選択としては極めて自然なものであったといえよう．

3.2.3 ゼロ金利解除の条件

日銀はゼロ金利継続のコミットメントがもつ重要性は認識していたものの，アナウンスの内容については，いくつかの混乱があり，そのために十分な効果を得ることができなかった可能性がある．第1に，「デフレ懸念の払拭が展望できるまで」という条件が具体的に何を意味するのか明らかでない．この文言について，植田（1999）は，

> 「デフレ懸念払拭が展望できるまで……」を敷衍すれば，「懸念」及び「展望」という言葉に政策スタンスが先見的（forward-looking）であるという思いがこめられている．つまり足元の経済状況に反応するのではなく，かなり先，それも数ヶ月というような単位ではない先を見通した場合に，深刻なデフレに陥るリスクがあるかどうかが判断基準ということだ．

と解説している．しかしここでもまだ曖昧さが残っており，これが市場参加者を混乱させたことは否定できない．特に，「デフレ懸念」が物価だけを指すのか，それとも，需給ギャップなど物価に影響を及ぼす量的な要因も含む言葉なのかについては，日銀の見解が一定でなかったこともあり，かなりの混乱が生じた．もちろん，経済の先行きが不透明な状況にあって，中央銀行に対してだけ完全に透明なコミットメントを求めるのは無理があるが，その点を割り引いたとしても，日銀のアナウンスは過度に曖昧であり，改善の余地があったといえる．

---

11) 同様の認識が日銀内で存在したことは政策委員会での次のような発言から確認できる．「また別の委員は，量的ターゲットやインフレーション・ターゲットの狙いのひとつは，中長期的な政策のコミットによって市場の期待形成に何らかの働きかけをすることにあるとの認識を述べたうえで，仮にこうした政策を採るのが技術的に難しいとする場合，金利ターゲットのもとでも，ゼロ金利をどのような経済情勢になるまで継続するのかという目途を示していけば，中長期的な政策のコミットという点では，同等の効果を期待できるとの考え方を示した」（4月9日金融政策決定会合議事要旨11頁）．

しかしアナウンス内容の曖昧さは問題の一部に過ぎない．より根本的な問題としては，「デフレ懸念の払拭」がゼロ金利解除のタイミングとして適切か否かという疑問がある．例えば，次節で紹介するクルーグマンの議論によれば，「デフレ懸念の払拭」では時期尚早で，正のインフレ率，それもかなり高い水準が定着するまでゼロ金利解除を待つべきということになる．クルーグマンの議論の適否は別にして，ゼロ金利をいつまで続けるかはゼロ金利政策の根幹に関わる重要な選択であり，適切な判断が不可欠である．実際，ゼロ金利解除のタイミングを調整することにより金融緩和の度合いをコントロールできるという認識は政策委員会でも示されている（3月25日金融政策決定会合議事要旨14頁）．

　　　さらに別の委員は，量的目標値やターム物金利のコントロールが難しいとすれば，オーバーナイト・レートを事実上ゼロ％に抑えることに対するコミットメントの強さを変えていくという手法に言及した．すなわち，その委員は，仮に一段の金融緩和が必要になった場合には，例えば，「景気が本格的に立ち直るまでは現在のオーバーナイト・レート水準を維持する」という形でレート維持へのコミットを強めていくというような方法も，選択肢としてはありうるのではないかとの見解であった．

「景気が本格的に立ち直る」状況ではおそらくインフレ率はプラスになっているであろうから，このコミットメントはクルーグマンのコミットメントにかなり近いと解釈できる．しかし，開示された議事要旨をみる限り，「オーバーナイト・レートを事実上ゼロ％に抑えることに対するコミットメントの強さを変えていくという手法」についてこれ以上突っ込んだ議論がなされた形跡はない．

　日銀法によれば，中央銀行の政策目標は「物価安定」なのだから，デフレ懸念が払拭できた段階でゼロ金利政策を解除するのは，一見したところ，疑問を差し挟む余地のない自明なことのようにみえる．確かに，先見的（forward-looking）に政策を決定する中央銀行からすれば，デフレ懸念のなくなった時点でゼロ金利政策を解除するのは当然のようにみえる．しかしながら，話はそれほど単純ではない．

この点を理解するには，まず，「デフレ懸念の払拭までゼロ金利を継続する」というアナウンスの目的が市場の金利予想に働きかけることにあったという点を想起する必要がある．市場参加者の予想に働きかけるというからには，そのアナウンスがなされる前までの市場参加者の予想を変えることが意図されている．アナウンス前の時点での市場参加者の予想を正確に窺い知ることは不可能であるが，常識的に考えれば，彼らは「日銀は物価安定と矛盾しないところまでゼロ金利政策を継続する」と読んでいたと想像される．デフレが続く中でゼロ金利を解除すればデフレをさらに厳しくするので，日銀がそのタイミングでゼロ金利を解除することはあり得ない．その逆に，例えば10％のインフレを放置してまでゼロ金利を続けるというのも物価安定という政策目標に反するようにみえる．したがって，常識のある市場参加者は「金利を上げても物価が下落する可能性がなくなるまでゼロ金利を継続するだろう」と予想していたと想像される．もしそうであるとすると，日銀が「デフレ懸念の払拭までゼロ金利を継続する」とアナウンスしてみても，市場参加者にとっては，それは事前に予測された，当たり前のステートメントに過ぎない．したがって，このアナウンスが契機となって市場参加者の予想が大きく改訂されることはあり得ない．精々のところ，市場参加者の読みが日銀によって追認され，安心感を与えるといった程度の効果しか期待できない．政策コミットメントの本質は，裁量的な運営ではやるはずのないことを予め公約することにより，市場に驚きを与えるところにある．その点からすると，日銀のアナウンスは政策コミットメントの名に値しないことになってしまう．

　日銀のアナウンスはその程度のものだったのだろうか．それはひとえに，「デフレ懸念の払拭」という条件が何を意味するかにかかっている．この点で興味深いのは，2月23日の大蔵委員会における植田和男審議委員の発言である．2000年度の物価上昇率見通しに関する質問に対して植田委員は，2000年度の物価上昇率は平均値としてはゼロ近辺であるが，マイナスに出る可能性も「かなり否定できない」ため，デフレ懸念はまだ払拭できていないと述べている[12]．つまり，植田委員の説明によれば，「デフレ懸念の払拭」とは，仮に悲観的なシナリオが実現した場合でも物

価上昇率がマイナスにならないと確信がもてる状況を指す．当然，この状況では，予想物価上昇率の平均値はゼロをかなり上回る．これはクルーグマンの提言に沿ったものと解釈できる．「デフレ懸念の払拭」に込められた意味が植田審議委員の発言どおりとすれば，確かに，市場の読みを上回る中央銀行の決意が込められているようにみえる．

　しかし一方で，植田 (1999) は，日銀のアナウンスとクルーグマンの議論を比較しながら次のように述べている．

> リフレ政策を薦めている Krugman もその論文の中で，自分の政策を実現するためには，少々景気が回復しても金利を上げないと宣言するだけで良いと述べている．もちろん，Krugman はおそらくインフレ率が 5, 6% になるまで金利を引き上げないことを念頭に置いているのに対して，われわれはそこまでゼロ金利を維持するつもりは無いという点は大きな違いであろう．

この発言はリフレ政策全般を否定しているとも読める．あるいは，リフレ政策を基本線としては容認しつつも，5, 6% という数字が高すぎると主張していると読むこともできる．いずれにしても，「デフレ懸念の払拭」に込められた意図が不明瞭であるという点で，大蔵委員会での答弁とは異なる見解を示しているといえる．このほかにも，予想物価上昇率の平均値がゼロに達したところでゼロ金利を解除するとの趣旨の発言を総裁や他の政策委員会メンバーは繰り返し行っており[13]，ゼロ金利政策の停止条件について政策委員会内で混乱があったことを示唆している．

　この混乱が最も顕著に現れたのが 2000 年 8 月 11 日のゼロ金利政策の

---

12) 同じ趣旨の発言は，12 月 17 日の政策委員会でもなされている．12 月 17 日金融政策決定会合議事要旨 9 頁を参照．

13) 例えば，速水 (1999) は，「日本銀行の金融政策の目的は，物価の安定を通じて，国民経済の健全な発展に資すること，言いかえれば，インフレでもデフレでもない物価安定をめざすということです．したがって，デフレ懸念が残る以上，こうした金融緩和(ゼロ金利政策を指す：筆者注)を続けて物価の安定と経済の回復を追及していくということは，金融政策の基本理念に照らして当然のこととも言えます．こうした基本方針を，現状に即して市場や国民に対して分かりやすく述べることは，政策に対する信認を確保していくうえで，大事なことです．特に，昨年来，金融市場が不安定な動きを繰り返してきたことを考えると，ここで基本方針を確認しておく意義は大きいと考えられました」と述べている．ここでは，4 月 13 日のアナウンスは「基本方針の確認」に過ぎないことが強調されており，将来の政策に対するコミットメントという意味合いは否定されている．

停止時である.このときには,足元の消費者物価上昇率がマイナスであるにもかかわらず,「デフレ懸念の払拭」というゼロ金利政策の停止条件が満たされたとの判断が示され,ゼロ金利解除が賛成多数で可決されている.

以上をまとめると,日本銀行のゼロ金利政策は,(1)単に足元の短期金利をゼロに誘導するだけでなく,将来の短期金利に関する市場の予想をコントロールすることにより,長めの金利に影響を及ぼす意図があった,(2)短期金利の予想に影響を及ぼす手段として,ゼロ金利の継続についてコミットメントを発表した,という点に大きな特徴がある.別な言い方をすると,日本銀行のゼロ金利政策は,金融政策のトランスミッション・メカニズムとして,予想チャネルを活用しようとするものであった.この点で,日本銀行のゼロ金利政策は,次節で紹介する,Woodford (1999a, b), Reifschneider and Williams (2000), Jung et al. (2003) などが理論的に導出した最適政策と共通の性質をもっている.ただし,金利予想にどの程度強く働きかけるかについては,政策委員会のコンセンサスが形成されるに至らず,それが政策運営を混乱させコミットメントの効果を殺いだ可能性がある.

3.3 ゼロ金利制約に関する研究

3.3.1 クルーグマン仮説

日本における流動性の罠,あるいはゼロ金利制約に関するマクロ経済学的な分析は Krugman (1998, 2000) に端を発する.クルーグマン仮説のエッセンスを紹介することから始めよう.

Krugman (1998) が執筆された 1990 年代後半の時期の日本経済の特徴は,物価上昇率がゼロ近傍まで低下したこと,そして短期名目金利も徐々に低下し,99 年 2 月以降は実質的にゼロになったことである.名目金利がゼロで,物価上昇率がゼロということは,その差で定義される実質金利もまたゼロということであり,景気刺激型の金融政策が採られてきたことを意味する.それにもかかわらず,貯蓄過剰と投資不足,つまり貯蓄超過

の状況は改善されておらず,財政赤字で辛うじてマクロのバランスが保たれているというのが90年代後半の状況であった.

　ゼロ金利,ゼロインフレにもかかわらず,貯蓄超過が改まらないのはなぜだろうか.クルーグマン仮説では,ゼロ金利,ゼロインフレ,貯蓄超過の組み合わせを統一的に説明することを試みる.クルーグマンは,名目金利をゼロまで引き下げてもなお貯蓄超過が改まらない状況を流動性の罠と定義し,そうした事態は,自然利子率がマイナスに低下するようなショックによって生じると主張する.ここで自然利子率というのは経済のすべての価格が伸縮的に変化する状況,つまり経済の長期均衡において成立している均衡実質金利を指す.自然利子率がマイナスのときには,名目金利がゼロまで下がるだけでは経済は均衡しない.名目金利がゼロでも物価上昇率がゼロ近傍であれば,その差として決まる実質金利は精々のところゼロにしかならないので,自然利子率(均衡実質金利)を上回ってしまうからである.このとき,貯蓄は過剰,投資は過小になり,結果として貯蓄超過というインバランスが発生する.クルーグマン仮説では,このようにして,ゼロ金利,ゼロインフレ,貯蓄超過という3つの組み合わせを統一的に説明する.

　この診断をもとにクルーグマンは日本経済の処方箋を書く.すなわち,貯蓄超過の状況を是正するには,名目金利をゼロにするだけでは不十分で,さらに予想物価上昇率を充分高くすることにより,実質金利を充分大きなマイナスとし,自然利子率に一致させることが必要である.これがクルーグマン仮説から導かれる政策インプリケーションである.具体的には,Krugman (1998) は,日本経済が流動性の罠から脱出するには15年間に亘り年率4%のインフレを続けることが必要との試算結果を報告している.

　クルーグマンの理論的な貢献は次の2点にある.第1に,マイナスの自然利子率というショックが未来永劫,続くわけではないと指摘している点である.Svensson (2001) はこれを「一過性の流動性の罠(temporary liquidity trap)」とよんでいる.次章で詳しく述べるように,Keynes (1936) の流動性の罠とは,短期金利のみならず長期金利もゼロの壁に突き当たる

という状況である．クルーグマンの想定している状況はケインズの流動性の罠とは異なっており，それよりも軽症な，一過性の罠というわけである．

一過性の罠であれば，将来は金利も物価も適切な水準に復帰するはずである．したがって，足元では短期金利が下限に達し，それ以上の金融緩和ができないとしても，将来時点では金融緩和が可能であり，将来の緩和を公約する余地が存在するのである[14]．これと反対に，仮にショックが恒久的であるとすれば，将来時点でも自然利子率はマイナスであり，名目短期金利はゼロでバインディングになってしまう．そのため現在だけでなく将来時点でも金融緩和の余地はなく，将来の緩和をコミットすることで現時点での衝撃を和らげるという戦術はとれない．ショックが一過性であるからこそ，将来時点で金利を下げる余地が生まれ，それにより予想インフレ率を高めることが可能になるのである[15]．

クルーグマン仮説の第2の貢献は，ゼロ金利制約問題の動学的な側面を明らかにし，将来の政策をコミットすることの重要性を指摘したことである．将来の金利を下げるとアナウンスし，それにより予想インフレ率に影響を与えようとする際に重要なことは，裁量的に政策を運営する場合よりも大胆な金融緩和を実行すると公約することである．裁量的な政策運営と同じ程度の緩和をアナウンスしてみても市場の予想に影響を与えることはできない．これは，前節で述べたように，「デフレ懸念の払拭が展望できるまでゼロ金利を継続する」との日銀のアナウンスを評価する上でも重要なポイントになる．

---

14) ただし，クルーグマンの一連の論文が一過性の罠という認識で一貫しているわけではない．例えば，Krugman (1998) では，日本の自然利子率がマイナスになる理由として，技術の停滞や労働人口の減少といった供給面の長期的な要因を挙げている．これらの要因を重視するとすれば，ショックは長く続くと考えるのが自然である．これは，ショックが一過性という主張とは明らかに反する．

15) この点に関連して植田 (2000) は，クルーグマンの論文は金融政策以外の理由で流動性の罠から抜け出すことを仮定してしまっているので，流動性の罠における金融政策の役割を考える上で役に立たないと主張している．植田の意図が，未来永劫ゼロ金利という世界での金融政策の役割を明らかにすべきだということであるとすれば，その答えは明らかである（金融政策の出番は未来永劫ない）．むしろ，クルーグマンの主張の重要なポイントは，中央銀行は自然利子率の変動自体を直接コントロールすることはできないが，自然利子率の変動が物価や需給ギャップに与える影響を少しでも軽くしようとする際には中央銀行の出番があるということである．

Krugman (1998) は流動性の罠,特に一過性の罠の問題を考える上で非常に有益な示唆を与える論文であり,その後のこの分野の研究の方向性を決める重要な役割を担ってきた.しかし Krugman (1998) はいくつかの点で分析が不十分である.

第1の問題点は,将来インフレを起こすとコミットするといってもそれが具体的にはどのようなかたちのコミットメントになるのかが明らかでない.クルーグマンは,「中央銀行は物価安定に配慮せず無責任な (irresponsible) 金融政策を行う」と宣言すべきと主張している.具体的には,流動性の罠から抜け出しリセッションが終わっても,なおマネー供給量を増やし続けると宣言すべきと主張する.そして,その宣言と整合的なシグナルとして,短期的にも,量的にジャブジャブになるような金融政策を採用すべきと主張している.しかし,クルーグマン自身が認めているように,足元の量的緩和が将来,無責任な金融政策を採用することの有効なシグナル,つまり,クレディブルなシグナルになるかどうかについて厳密な説明は提示されていない.クルーグマンの議論では,果たしてジャブジャブな量的緩和が充分な要件を満たすシグナルかどうかはやってみないと分からないのである[16].

第2の問題点は,マイナスの自然利子率という想定である.自然利子率とは均衡実質金利であり,それがマイナスになるということは,今日1単位の財を投資すると明日にはそれが1単位未満になって戻ってくることを意味する.Rogoff (1998) が指摘するように,日本のように設備投資水準の高い経済で自然利子率がマイナスになることは考えにくい.このマイナスの自然利子率はクルーグマンの立論の出発点であり,これが否定されると,そもそもなぜ貯蓄超過なのかを説明できなくなるし,将来の金融緩和にコミットするという処方箋の意義も大きく損なわれてしまう.

第3の問題点は,金融政策に関するクルーグマンの議論の背後では財政政策も変化しているということである.この点はクルーグマン自身も正しく認識しており,"We assume . . . that any implications of the [open

---

[16] クルーグマン仮説のこの問題点については,吉川洋 (2000) が詳しく論じている.

market] operation for the government's budget constraint are taken care of via lump-sum taxes and transfers" (Krugman 2000, p.225) と記述している．つまり，クルーグマン仮説は中央銀行に対してだけ注文をつけているように表面上はみえるが実は政府に対しても果たすべき仕事を裏側で指示しているのである．クルーグマンのモデルは第2章の分類でいえばリカーディアン型財政政策を仮定しているから，中央銀行が金融政策を決定した後で政府が受身的に財政余剰を調整し，それによって政府・中央銀行の統合予算制約式が満たされるという構造になっている．したがって，モデルの建前上は政府がどのような財政調整をしているかに気を配る必要はないが，実際の問題としては政府に対して裏側で何を要請しているかは重要である．現実には，政府が何らかの理由で要請どおりに行動できなかったり，そもそも何を要請されているかを政府が正確に認識できないといった事態もあり得る．そうであるとすれば，仮に日銀がクルーグマンの処方箋どおりの政策を行ったとしても，期待される効果は上がらないことになる．

第1の問題は本章第4節の最適金融政策を巡る議論の中で扱う．第2と第3の問題は財政を明示的に考慮しないと取り扱うことができない．この2つの問題は次章で扱うことにする．

3.3.2 名目長期金利の引き下げ余地を巡る議論

クルーグマンの主張が予想インフレ率の引き上げにより実質金利を下げることを目指すのに対して，名目長期金利の引き下げにより流動性の罠の影響を軽微にするというアイディアが Woodford (1999a, b) などにより主張されている．日本でそうであったように，短期金利がゼロであったとしても，長期金利はゼロを有意に上回る可能性が高い．つまり，流動性の罠に落ちたとしても長期金利にはなお下げ余地があるということであり，ウッドフォードらの議論はこの点に着目するものである．足元の長期名目金利は将来の名目短期金利の予想値に依存しているから，これを引き下げるには，将来の金融緩和にコミットする必要がある．この点はクルーグマンの議論と共通している．

まず，Woodford (1999a) は，中央銀行の操作変数である短期金利がショ

ックに対して遅れて反応する現象(いわゆる金融政策の慣性，inertia)を説明するための理論モデルを提示している．ウッドフォードによれば，自然利子率の低下ショックが発生した場合，中央銀行は足元の短期金利を直ちに引き下げるが，最適な反応はこれだけにとどまらない．仮に当初のショックが1期限りの短いものであったとしても，短期金利の低下をしばらくの間，継続すると公約するのが最適な反応である．なぜならば，短期金利の低下がしばらく続くという市場の予想を反映して，足元の長期金利が下がり，それにより自然利子率低下の影響を軽減できるからである．Woodford (1999b)はこの議論を流動性の罠に陥っている経済に当てはめ，ゼロ金利をしばらく継続するとコミットすることの重要性を指摘している．

　Reifschneider and Williams (2000)は，ゼロ金利下の金融政策ルールとして，テイラールールをゼロ金利の状況にまで拡張した，拡張版テイラールール(Augmented Taylor rule)を提案している．これは，平時にはテイラールールに従って政策を運営するが，従来型のテイラールールがマイナスの金利を要請したときには，金利をゼロまで下げると同時に，テイラールールの指示するマイナス金利とゼロ金利との乖離を記録しておいて，将来，短期金利が上昇する局面に入ったときに，この乖離の累積値分だけテイラールールから逆方向に乖離させるというアイディアである．拡張版テイラールールは，中央銀行の金利政策が過去のイベントに依存するという意味で「歴史依存的(history-dependent)」な特性をもつ．中央銀行が拡張版テイラールールにコミットすれば，ゼロ金利が長く続くとの予想が発生し，それを反映して，足元の長期金利が低下するというメリットがある．米国連銀のマクロ計量モデルであるFRB/USモデルを用いたシミュレーション分析によれば，拡張版テイラールールのもとでは需給ギャップやインフレ率など主要変数の分散が顕著に低下するとの結果が得られている．

　ゼロ金利政策を巡る国内の議論では，多くの論者が，長期金利に引き下げ余地が残っていることに着目した主張を展開している[17]．一連の議論

---

17) 例えば，岩田(2000)所収の関連論文を参照．

の大きな特徴は，日銀による国債の買い切りオペなどの手法によりマネーを増大させるという，いわゆる量的緩和により長期金利の引き下げを実現しようとしていることである．しかし，金利の期間構造に関する期待理論によれば，将来の短期金利に関する市場の予想を改訂させることなしに長期金利を引き下げることは不可能である．実際，Eggertsson and Woodford (2003) は，資本市場の完備など一定の条件の下では，「将来の短期金利の経路に関する期待に影響を与えない限り量的緩和やオペは無効である」という無効命題(Irrelevance proposition)が成立することを示している[18]．したがって，これらの主張は結局のところ，将来の短期金利に関する予想をいかにしてコントロールするかという Reifschneider and Williams (2000) や Woodford (1999a, b) の問題設定に戻っていかざるを得ない．

3.3.3 ゼロ金利を回避するための事前措置

クルーグマンを始めとする上記の議論は，ゼロ金利になってしまった状況下において中央銀行はどのような政策を採るべきかを論じている[19]．これに対して，Summers (1991) は，ゼロ金利に追い込まれる前に何らかの措置を講じることにより流動性の罠に陥るのを回避するという観点から政策提案を行っている．

この点に関連して，わが国のケースについて，なぜゼロ金利に追い込まれてしまったかを振り返ってみると，(1)バブル崩壊後のマイナスの需要ショックが極めて大きかったこと，(2)金融緩和の効力が 1990 年代は特に弱まったこと，が指摘できる[20]．これら 2 つは，日本のバブル崩壊後という特殊性を重視する見方であるが，より普遍的な事情としては，低イン

---

[18] ゼロ金利下では人々は十分な貨幣を保有しており，貨幣保有について飽和点に達している．したがって，それ以上の貨幣を保有することに何の効用も見出せない．その状況の下で貨幣供給を増やしても，不要なものが供給されるだけなので，経済の均衡には何の影響も及ぼさない．これが無効命題のエッセンスである．

[19] ゼロ金利に入ってしまった後での事後的な政策としては，本文で紹介した以外に，ベースマネーの保有に課税するというアイディアがある．Buiter and Panigirtzoglou (1999) や Goodfriend (2000) が指摘するように，中央銀行当座預金および市中に流通している現金に課税するということは名目金利を負にすることに相当する．ベースマネーへの課税については第 5 章で詳しく議論する．

フレを反映して名目金利の水準が低かったということが挙げられる．日本のインフレ率は，80年代初以降，バブルの時期も含めて一貫して低く，それに見合って名目金利の水準が低かったため，金利の「下げしろ」が乏しかったということである．

別な言い方をすれば，予想インフレ率がゼロ近傍のときには，名目金利をゼロまで下げても実質金利は高々ゼロになるだけで，金融政策による景気刺激には自ずと限界がある．自然利子率がマイナスになるようなショックには対応が難しい．こうした認識から，Hicks (1967) や Summers (1991) は，平時からインフレ率(及び予想インフレ率)をある程度高めの水準に保つことにより，非常時には必要に応じて実質金利をマイナスにできる環境を整えておくことが重要であると指摘している．なお，現在インフレターゲティング制を採用している国の多くはゼロを有意に上回る水準にインフレ目標を設定しているが，この理由のひとつは「下げしろ」の確保である．

しかし，平時のインフレ率を高めにしておくことは経済厚生を悪化させる．つまり，非常時に備えることはコストを伴う．コストとベネフィットが見合うところで平時における適切なインフレ率が決まることになる．Orphanides and Wieland (1998) はこうした問題意識からシミュレーション分析を行い，米国で80年代および90年代に発生したショックを前提にすると，インフレ目標が2%以上であれば名目金利の下限の問題はさほど深刻でないが，インフレ目標が1%以下になると名目金利が頻繁にゼロに貼り付き，金融政策に支障が出るとの結果を報告している．

ゼロ金利を回避するための事前措置に関する議論は，クルーグマンなどの事後措置の議論と密接に関連している．例えば，クルーグマンの主張するように，将来の金融緩和にコミットすることにより足元の期待インフレ率を上昇させることができるのであれば，つまり必要に応じて臨機応変にインフレ期待を高める政策技術を中央銀行がもっているのであれば，そうでない場合に比べ，予め用意しておくべき「下げしろ」は小さくて済む．

---

20) Ahearne et al. (2002) は，日本経済がなぜゼロ金利やデフレに追い込まれてしまったかについて検討した結果，それらを予見できなかったところに最大の原因があると指摘している．

「下げしろ」が必要になるのは専ら裁量的な政策運営が行われ，中央銀行が将来の政策にコミットする能力をもたない場合である．この点については次節で詳しく検討する[21]．

3.4 ゼロ金利下の最適金融政策

負の需要ショックが発生し，それに対応して名目短期金利をゼロまで下げてもなお需要が不足しているときに金融政策として何ができるだろうか．前節でみたように，Krugman (1998, 2000)，Woodford (1999a, b)，Reifschneider and Williams (2000) 等は，将来の金融緩和をアナウンスし，それによって足元の期待インフレ率を高めると同時に名目長期金利を下げることを提唱した．これは，日本銀行のゼロ金利政策とも相通ずるものがある．第2節でみたように，ゼロ金利政策の意図は，ゼロ金利がしばらく続くとアナウンスすることにより，市場参加者の金利予想に影響を及ぼし，それによって長めの金利を下げることにあった．予想チャネルを通じる効果を狙っているという点で，クルーグマン等の主張と日本銀行のゼロ金利政策は同じである．

しかし，クルーグマン等の議論が日本銀行のゼロ金利政策のすべての側面を明らかにしているわけではない．例えば，「デフレ懸念の払拭が展望できるまで」というゼロ金利政策解除の条件について，クルーグマン等の理論モデルでは十分に扱うことができない．Krugman (1998, 2000) が将来の金融緩和という場合，それはマネーの量のコントロール（量的緩和）を念頭においており，量の観点からの分析をいくら詰めてみてもゼロ金利解除の条件についてインプリケーションは出てこないからである．一方，Woodford (1999a, b) や Reifschneider and Williams (2000) は，金利コントロールを念頭におきながら予想チャネルについて検討を行っている．その

---

21) ゼロ金利を回避するための事前措置についてモデル分析を行っている研究例としては，Orphanides and Wieland (2000) がある．彼らは，名目短期金利のゼロ制約を考慮に入れた上で最適な金融政策のデザインについて論じている．彼らの分析結果によれば，物価上昇率を低下させるようなショックが発生した場合に，通常よりも多めに短期金利を低下させることにより，短期金利がゼロに達しないようにするのが中央銀行にとって最適な政策となる．

結果，ゼロ金利をしばらくの間，継続するとアナウンスすることが望ましいとの結論に達しており，Krugman (1998, 2000) と比べると，日本銀行のゼロ金利政策に近い議論を展開している．しかし，Woodford (1999a, b) や Reifschneider and Williams (2000) にしても，名目短期金利が負にならないという制約を理論モデルの中で明示的に考慮した上で最適化問題を解いているわけではなく，ゼロ金利政策をモデル内で内生的に再現することはできていない．そのため，日銀の政策を評価するための適切な分析枠組みを提示するところまで至っていない．

これに対して，Jung et al. (2003) は，日本のゼロ金利政策を評価するための座標軸となる理論モデルを提示することを主な目的として，クルーグマン等の議論を中央銀行の動学的な最適化問題に置き換えている．その特徴は，名目短期金利の非負制約を明示的に考慮しながら最適化問題を解くところにある．非負制約を明示的に考慮することにより，ゼロ金利解除の条件など，クルーグマン等のモデルでは十分に扱えなかった問題に対して理論的な答えを提示している．本節では，Jung et al. (2003) のエッセンスを紹介すると同時に，理論モデルの分析結果を実際の政策と対比することにより，日本銀行のゼロ金利政策について評価を試みる．

3.4.1 数 値 例

モデルの詳細に入る前に基本的なアイディアを表3.2に掲げた数値例で

表3.2 2期間の数値例

	第0期 ゼロ金利制約が バインディング	第1期 経済は回復
金利の非負制約を 無視した場合		
短期金利	−4%	4%
長期金利	0%	4%
金利の非負制約を 考慮に入れた場合		
短期金利	0%	0%
長期金利	0%	2%

説明しておこう．第0期と第1期の2期間で考える．第0期は流動性の罠に陥っている時期で，デフレが進行しているとする．一方，第1期は景気が回復し平常の姿に戻っている時期で，物価も安定しているとする．

最初に，金利がゼロを下回らないという制約を少しの間忘れて，第0期，第1期の経済状態に見合った最も望ましい短期金利の水準を計算することを考えよう．その計算をどのように行うかは後で詳しく説明するとして，ここでは計算の結果，表3.2の「金利の非負制約を無視した場合」の行に示されているように，第0期は -4%，第1期は 4% とするのが最適という答えが得られたとしよう．第0期はデフレなので思い切った金融緩和が必要であり，-4% という水準はそれを表している．一方，第2期には経済は平常の姿に戻っているので，金利も平常並みの水準(ここでは 4%)に戻すということである．実際の中央銀行の行動としては，公開市場操作などにより現在(第0期)の金利を -4% にするとともに，将来(第1期)については 4% に設定すると市場に対してコミットすることを意味する．

このとき，第0期の長期金利は現在(第0期)の短期金利水準と将来(第1期)の短期金利水準の予想値を平均した値，つまり 0% になる．議論を単純にするために経済の有効需要は名目の長期金利によって決まっていると仮定すると，長期金利が 0% まで下がっていれば家計や企業の需要も十分に喚起されるので第0期のデフレに対処することが可能になる．なお，この例では明示的に扱われていないが第2期には第1期に引き続き経済は平常の姿にあり，短期金利も 4% になっているとする．したがって，表に示したように，第1期の長期金利は 4% である．

これが最適であるのは定義により明らかであるが，金利の非負制約を考慮に入れれば，この短期金利のパスは実現不可能である．そこで次善の策を探ってみることにしよう．まず，第0期の短期金利は望ましくは -4% なのだから，下限のゼロまで下げるのに異論はないはずである．これで，第0期は 0%，第1期は 4% となるので，第0期の長期金利は 2% まで下がる．しかし，それでもまだ，長期金利は最も望ましい水準(0%)から乖離している．この差を埋めるにはどうすればよいだろうか．そのための唯一の方法は，第1期の短期金利を 0% まで下げるとコミットすることであ

る．そうすれば第0期，第1期の短期金利がともに0%となり，第0期の長期金利は0%まで下がる．これで第0期のデフレに対抗できるだけの金融緩和を実現できる．

この例から明らかなように，金利の非負制約が効いている場合は，景気回復後(第1期)もゼロ金利を継続するのが次善の策として適当ということになる．第1期にはデフレをもたらすショックが消え，経済が平常の姿に戻っているにもかかわらずなおゼロ金利政策を継続するというのが重要な特徴である．第1期の金融政策が過去(第0期)の影響を受けているという意味でこれは歴史依存性を表している．

ただしこの解はあくまで次善の策に過ぎない．なぜなら，第1期の短期金利を0%まで引き下げた結果，第1期の長期金利は2%まで低下しているからである(第2期の短期金利は4%と仮定している)．第1期には経済は平常の姿に戻っているのだから長期金利も平常の水準(この例では4%)に戻すべきであるが，ゼロ金利を第1期まで継続した結果，それが実現できなくなっている．第1期の長期金利は低すぎるのであり，このため第1期の景気は過熱し，インフレが発生すると考えられる．つまり，第0期のデフレを回避する代償として第1期にインフレが発生してしまうのである．

この例から明らかなように，ゼロ金利政策を継続することにはメリットとデメリットがある．ゼロ金利政策の最適な継続期間は両者が限界的にバランスするように決めるのが望ましい．以下ではこのメッセージをもう少し厳密なモデルで確認することにしよう．

3.4.2 中央銀行の最適化問題

中央銀行は金利を操作変数として社会的厚生を最大化するように行動すると仮定する．具体的には中央銀行は次のような最適化問題を解く．

$$\min_{\{i_0, i_1, \cdots\}} E_0 \sum_{t=0}^{\infty} \beta^t L_t \tag{3.1}$$

$$L_t = \pi_t^2 + \lambda x_t^2 \tag{3.2}$$

subject to

$$x_t = E_t x_{t+1} - \sigma^{-1}\left[(i_t - E_t \pi_{t+1}) - r_t^n\right] \qquad (3.3)$$

$$\pi_t = \kappa x_t + \beta E_t \pi_{t+1} \qquad (3.4)$$

$$i_t \geq 0 \qquad (3.5)$$

ここで，L_t は中央銀行の損失関数，π_t はインフレ率，x_t は需給ギャップ，i_t は短期名目金利，r_t^n は自然利子率である．r_t^n は経済に対するショックを表す外生変数であり，その他の x_t, π_t, i_t は内生的に決まる．β, λ, σ, κ はいずれも正の値をとるパラメーターである．

各式について説明すると，まず(3.2)式は，中央銀行の損失関数を表している．中央銀行はインフレ率ゼロ，需給ギャップゼロを目標としており，それぞれの変数が目標値から乖離するほど損失が大きくなる．パラメーター λ は，物価の安定と需給ギャップの安定という 2 つの政策目標間のウエイトを表す．例えば，λ がゼロであれば，中央銀行は物価の安定にのみ注意を払うことを意味する．

次に，(3.3)式と(3.4)式はニューケインジアン型の IS 曲線，AS 曲線である[22]．(3.3)式によれば，需給ギャップは，右辺第 1 項で表現される需給ギャップの 1 期先の予想値と，右辺第 2 項で表現される実質金利の自然利子率からの乖離で決まる[23]．(3.3)式をフォワードに展開すると，

$$x_t = -\sigma^{-1} \sum_{j=0}^{\infty} E_t \left[(i_{t+j} - \pi_{t+j+1}) - r_{t+j}^n\right] \qquad (3.6)$$

となる．期待理論から，右辺は実質長期金利の自然利子率からの乖離を表すと解釈できる．(3.3)式と(3.6)式は同値であるが，分析を容易にするため，以下では主として(3.3)式を用いることにする．

(3.3)式は次のようにして導出されたと解釈することも可能である．まず，財市場の均衡式として次の式を考える．

---

22) 同様の定式化は Rotemberg and Woodford (1997, 1999), McCallum and Nelson (1999), Clarida et al. (1999) などで用いられている．ニューケインジアン型モデルの教科書的な説明としては Woodford (2003) がある．

23) 本書のモデルでは以下に述べるように価格粘着性が仮定されている．したがって，フィッシャー式 ($i_t = r_t^n + E_t \pi_{t+1}$) は短期では成立しない．つまり，実質利子率 ($i_t - E_t \pi_{t+1}$) と自然利子率 ($r_t^n$) の乖離が生じている．

$$y_t - \zeta_t = E_t(y_{t+1} - \zeta_{t+1}) - \sigma^{-1}(i_t - E_t\pi_{t+1} - (1-\beta)/\beta) \quad (3.7)$$

ここで，y_t は産出量，また，ζ_t は産出量のうちで実質金利や予想に反応せず，外生的に決まる需要項目を表している．ζ_t は，例えば，政府支出と解釈できる．(3.7)式は，消費のオイラー方程式に相当する．右辺第2項の括弧内は実質金利から割引率を差し引いたものである．(3.7)式はさらに次のように書きかえることができる．

$$y_t - y_t^p = E_t(y_{t+1} - y_{t+1}^p) - \sigma^{-1}(i_t - E_t\pi_{t+1} - (1-\beta)/\beta)$$
$$+ E_t\left[(y_{t+1}^p - y_t^p) - (\zeta_{t+1} - \zeta_t)\right] \quad (3.8)$$

ここで y_t^p は潜在産出量を表す．自然利子率 r_t^n を

$$r_t^n \equiv \sigma E_t\left[(y_{t+1}^p - y_t^p) - (\zeta_{t+1} - \zeta_t)\right] + (1-\beta)/\beta \quad (3.9)$$

と定義すると，(3.3)式が得られる．(3.9)式から明らかなように，ここで定義される自然利子率には，潜在成長率のような長期的な要素と，政府支出の変動のような短期的な要素の両方が含まれている．例えば，Krugman (1998) が強調するような，技術の停滞や労働人口の減少などの長期的なショックは自然利子率の変動要因であるが，同時に，銀行や企業の不良債権問題で企業や家計の支出が抑えられているというような一時的な要因も自然利子率を変動させる．

(3.4)式はカルボ型の価格設定(Calvo 1983)から導出されたニューケインジアン型フィリップス曲線である．この形のフィリップス曲線の背後では，企業が毎期価格改定を行えないという意味での価格粘着性が仮定されている[24]．(3.4)式をフォワードに展開すると，

$$\pi_t = \kappa \sum_{j=0}^{\infty} E_t \beta^j x_{t+j} \quad (3.10)$$

となる．つまり，t 期のインフレ率は現在から将来にわたる需給ギャップ

---

[24] この点について詳細は，Gali and Gertler (1999) を参照されたい．ニューケインジアン型フィリップス曲線の実証的な検討は，米国について Gali and Gertler (1999) などが行っているほか，Gali et al. (2001) が欧州について，渕・渡辺 (2002) が日本を含む G7 各国について，工藤 (2003) が韓国について行っている．

の期待値によって決まる.

最後に,(3.5)式は名目短期金利に関する非負制約である.Jung et al. (2003)の分析は,非負制約を明示的に考慮しながら中央銀行の最適化問題を解くところに特徴がある.Jung et al. (2003)のモデルと密接な関係にある Rotemberg and Woodford (1997, 1999) や Woodford (1999a) では,名目金利の非負制約を,名目短期金利のある期間内での 平均値 がゼロを下回らないという制約で近似している.ウッドフォードらによれば,この近似的な制約は,中央銀行が名目短期金利について正値の目標値をもち,名目短期金利がこの目標値から遠ざかりすぎないよう配慮することと同値である.こうした理解に基づき,ウッドフォードらは(3.2)式のような損失関数に短期名目金利の目標値からの乖離の2乗の項を追加している. Jung et al. (2003)の分析は,損失関数を修正するのではなく,非負制約をそのまま考慮している点でウッドフォードと異なる.この違いがあるために,Jung et al. (2003)のモデルではゼロ金利政策が最適解の一部として出てくるのに対して,ウッドフォードらの最適解では,短期金利が一定期間ゼロに貼り付くという意味でのゼロ金利政策は出てこない.そのため,ゼロ金利政策をどの程度の期間継続すべきかという,最も関心のある点をウッドフォードらのモデルは扱うことができない.その意味で,Jung et al. (2003)のモデルはゼロ金利政策を扱うのにより適しているといえる[25].

最適化問題を実際に解く前に(3.1)-(3.5)式の定式化について2点指摘しておきたい.第1に,(3.3)式と(3.4)式で表現される経済モデルは現実の経済構造を極端に単純化している.特に,ラグ付き変数がまったく含まれていないのは非現実的である.しかし,本節の分析対象は金融政策の予想チャネルであり,フォワード・ルッキング変数(ここではインフレ率と需給ギャップ)に主たる関心がある.そのため,敢えてラグ付き変数を省略するモデルとしている.

第2に,金利の非負制約を無視した場合には,各期の名目短期金利を自然利子率に一致させることにより,インフレ率ゼロ,需給ギャップゼロ,

---

[25] Eggertsson and Woodford (2003) は,Jung et al. (2003) の手法を基本的に踏襲した上で,自然利子率ショックが確率的に発生するケースへと議論を拡張している.

したがって，損失関数値もゼロの解を実現できる．容易に確認できるように[26]，この経済の定常状態は，$x_\infty=0$, $\pi_\infty=0$, $i_\infty=r_\infty^n$ であるから，毎期毎期，定常状態が実現している．しかも，毎期の損失関数の値がゼロということは，この解が最善であることを意味している．したがって，時間非整合性の問題は発生せず，公約解と裁量解が一致する．これは，(3.2)式の定式化では，中央銀行が定常状態と整合的な需給ギャップの水準(ゼロ)を目標値としており，Barro and Gordon (1983)のようなサプライズインフレを発生させる誘因をもたないためである．なお，Woodford (1999a)は，中央銀行が短期金利の水準について目標値をもっていてその目標値と実際の値の乖離を最小化するという設定のもとでは，自然利子率のショックに対する動学的な反応が時間非整合になると指摘しているが(これは，inflation-bias との対比で stabilization-bias とよばれる)，金利の非負制約を無視するとすれば，本節のモデルではこの意味での時間非整合性の問題も発生しない．

3.4.3 公 約 解

第0期において，外生変数である自然利子率の将来にわたるパス $\{r_0^n, r_1^n, \cdots\}$ が判明する．中央銀行はこれを踏まえて将来にわたる名目短期金利の最適な経路を計算し，それを市場参加者に対して宣言しコミットする．これが公約解である．公約解を計算するために，まず，最適化問題を次のラグランジェアンで表現する．

$$\mathcal{L} = E_0\Big\{\sum_{t=0}^{\infty}\beta^t\{L_t + 2\phi_{1t}[x_t - x_{t+1} + \sigma^{-1}(i_t - \pi_{t+1} - r_t^n)]$$
$$+ 2\phi_{2t}[\pi_t - \kappa x_t - \beta\pi_{t+1}]\}\Big\} \tag{3.11}$$

ここで，ϕ_{1t} と ϕ_{2t} は，それぞれ IS 曲線とフィリップス曲線にかかるラグランジェ乗数である．ラグランジェアンを各変数について微分することにより損失最小化の1階の条件が得られる．

---

[26] (3.3)式と(3.4)式に $x_t=x_{t+1}=x_\infty$, $\pi_t=\pi_{t+1}=\pi_\infty$ を代入すると，$x_\infty=0$, $\pi_\infty=0$, $i_\infty=r_\infty^n$ が得られる．

$$\pi_t - (\beta\sigma)^{-1}\phi_{1t-1} + \phi_{2t} - \phi_{2t-1} = 0 \quad (3.12)$$

$$\lambda x_t + \phi_{1t} - \beta^{-1}\phi_{1t-1} - \kappa\phi_{2t} = 0 \quad (3.13)$$

$$i_t\phi_{1t} = 0 \quad (3.14)$$

$$\phi_{1t} \geq 0 \quad (3.15)$$

$$i_t \geq 0 \quad (3.16)$$

(3.12)式と(3.13)式は,それぞれ,ラグランジェアンを π_t と x_t で微分することで得られる.(3.14)-(3.16)式は,名目短期金利の非負制約に対応するクーンタッカー条件である.非負制約がバインディングでなければ,$\partial \mathcal{L}/\partial i_t \propto \phi_{1t}=0$ である.一方,非負制約がバインディングなときには $\partial \mathcal{L}/\partial i_t \propto \phi_{1t}>0$ である.この5つの式に,IS曲線((3.3)式)とフィリップス曲線((3.4)式)を加えた7つの式が最適解の満たすべき条件である.

(3.12)式と(3.13)式にはラグ付きのラグランジェ乗数,ϕ_{1t-1} と ϕ_{2t-1} が登場している.(3.12)式では,t 期のインフレ率 π_t が直接 t 期の損失に与える影響に加えて,t 期のインフレ率が $t-1$ 期に形成される期待インフレ率 ($E_{t-1}\pi_t$) を通じて $t-1$ 期の需給ギャップやインフレ率を変化させ,それが $t-1$ 期の損失に与える影響も考慮されている.同様に(3.13)式では t 期の需給ギャップの変化が直接 t 期の損失に与える影響に加えて $t-1$ 期における需給ギャップの期待 ($E_{t-1}x_t$) を通じて $t-1$ 期の需給ギャップを変化させ,それが $t-1$ 期の損失に与える影響も考慮されている.ラグ付きのラグランジェ乗数が含まれているのは,最適解ではこうした予想チャネルを通じた効果をも考慮しなければならないことを意味している.また,ラグ付きのラグランジェ乗数が含まれているということは最適経路上では t 期の変数が過去の経済状況に依存して決まる可能性を示唆している.特に注目すべきは t 期の短期金利が t 期あるいはそれ以降の自然利子率の予想値だけではなく,過去の経済状況にも依存する可能性があるという点である.これは最適な金融政策が歴史依存性をもつことを意味している.この点については以下で詳しくみていくことにする.

3.4.4 シミュレーション

自然利子率に対するショック 外生変数である自然利子率は,第 0 期に大きな負の値をとった後,時間とともに定常状態に回帰していくと仮定する.また第 0 期以降の自然利子率のパスは中央銀行,民間部門ともに知っていると仮定する.自然利子率のパスについて,具体的には,次のような AR モデル型を仮定し,$\epsilon_0 < 0$, $\epsilon_1 = \epsilon_2 = \cdots = 0$ と想定する.

$$r^n_{t+1} - r^n_\infty = \rho(r^n_t - r^n_\infty) + \epsilon_{t+1} \qquad (3.17)$$

ただし, $0 \leq \rho \leq 1$

つまり,自然利子率は ρ の速度で定常状態の水準 (r^n_∞) に収束する.ρ が 1 より小さいときにはショックは一時的であり,1 のときに恒久ショックとなる.

解法 自然利子率がこのように単調に定常状態に収束するときには,(3.1)式-(3.5)式で与えられる最適化問題の解は,

$$\begin{cases} i_t = 0 & \text{for} \quad t = 0, 1, 2, \cdots, T \\ i_t > 0 & \text{for} \quad t = T+1, \cdots \end{cases} \qquad (3.18)$$

というかたちになる.つまり,最初の T 期間はゼロ金利政策を採用し,$T+1$ 期にゼロ金利政策を解除するというのが最適な最策である.最適解がこのようなかたちになるのは次のように考えれば理解できる.まず,名目短期金利が経済に影響を及ぼすのは名目長期金利を通じてである.これは(3.6)式から明らかである.長期金利 $\sum_{j=0}^{\infty} E_t i_{t+j}$ が需給ギャップに影響を及ぼし,さらにそれがインフレ率に影響するというのがモデルの構造である.いま,自然利子率に対するショックは単調に減衰していくと仮定しているのだから,これに対応するための名目長期金利の反応も単調なはずである.つまり,$\sum_{j=0}^{\infty} E_t i_{t+j}$ は t=0 以降,決して低下することはあり得ない(第 0 期の値が最小になる).このとき,i_t も弱い意味で単調増加でなければならない.(3.18)式はこれを表現している.

最適解のかたちが(3.18)式で与えられることを利用して最適解の性質を

調べてみよう．まず，$t=0,\cdots,T$ の期間についてみると，この期間は定義により $i_t=0$ である．これを，(3.12),(3.13),(3.3),(3.4)式に代入して整理すると，各変数の動きは次の差分方程式で表現できる．

$$\pi_t - (\beta\sigma)^{-1}\phi_{1t-1} + \phi_{2t} - \phi_{2t-1} = 0$$

$$\lambda x_t + \phi_{1t} - \beta^{-1}\phi_{1t-1} - \kappa\phi_{2t} = 0$$

$$\pi_t - \kappa x_t - \beta E_t\pi_{t+1} = 0$$

$$x_t - E_t x_{t+1} - \sigma^{-1}(E_t\pi_{t+1} + r_t^n) = 0$$

次に，$t=T+1$ については，1階の条件に，$\phi_{1T+1}=0$ を代入することにより，次の差分方程式が得られる．

$$\pi_t - (\beta\sigma)^{-1}\phi_{1t-1} + \phi_{2t} - \phi_{2t-1} = 0$$

$$\lambda x_t - \beta^{-1}\phi_{1t-1} - \kappa\phi_{2t} = 0$$

$$\pi_t - \kappa x_t - \beta E_t\pi_{t+1} = 0$$

$$x_t - E_t x_{t+1} + \sigma^{-1}[(i_t - E_t\pi_{t+1}) - r_t^n] = 0$$

最後に，$t=T+2,\cdots$ については，1階の条件に，$\phi_{1T+1}=\phi_{1T+2}=\cdots=0$ を代入することにより，次の差分方程式が得られる．

$$\pi_t + \phi_{2t} - \phi_{2t-1} = 0$$

$$\lambda x_t - \kappa\phi_{2t} = 0$$

$$\pi_t - \kappa x_t - \beta E_t\pi_{t+1} = 0$$

$$x_t - E_t x_{t+1} + \sigma^{-1}[(i_t - E_t\pi_{t+1}) - r_t^n] = 0$$

上記12本の差分方程式を，第(-1)期における初期条件

$$\phi_{1-1} = 0$$

$$\phi_{2-1} = 0$$

のもとで解くことにより，公約解を得ることができる．

　差分方程式を解く上で重要なのは，T をいかに決定するかである．以下で行うシミュレーションでは，次の方法を用いる．すなわち，最初に T の値として十分大きな値を想定し，差分方程式を解く．その結果として得

られる ϕ_{1T} の値をみる．T の候補として十分大きな値を選択した場合には，ϕ_{1T} は負の値をとるはずである．これは，(3.15)式の条件を満たさないので，次に，T の値を1だけ減じて同じ計算を繰り返し，再び ϕ_{1T} の符号をチェックする．このプロセスを繰り返し，最初に ϕ_{1T} が正の値をとったところでサーチを完了する．

パラメター値の設定　　理論モデル上の1期間は1か月に対応すると想定し，パラメター値を設定する．設定するパラメターは，β，σ，κ，λ，r^n_∞，ρ の6つである．まず，β については，割引率を年率4%と仮定し，$\beta=1-0.04/12=0.9967$ とする．σ については，Ball (1999) のパラメター値を参考に，実質長期金利1%の上昇で需給ギャップが3%低下すると仮定し，$\sigma=3^{-1}/12=0.0278$ とする．κ については，同じく Ball (1999) を参考に，フィリップス曲線の傾きは 0.4(需給ギャップ1%の拡大でインフレ率(年率)は 0.4%上昇する)と仮定し，$\kappa=0.4/12=0.0333$ とする．λ については，Cecchetti and Ehrmann (1999) の推計結果を参考に，インフレ率と需給ギャップの損失関数上のウエイトは3対1と仮定し，$\lambda=3^{-1}/12^2=0.0023$ とする．r^n_∞ は，(3.9)式の中の潜在成長率 $(y^p_{t+1}-y^p_t)$ を年率で2%と仮定し，$r^n_\infty=3^{-1}*0.02/12+(1-0.96)/0.96/12=0.0040$ とする．ρ については，$\rho=0$，$\rho=0.1$，$\rho=0.3$ の3ケースを想定する．

シミュレーション結果　　図3.3では，$\rho=0$ のケースについてシミュレーション結果を示している．負のショックが第0期だけに発生し，それ以降にまったく尾を引かないこのケースは最適解の特性をみる上で便利である．まず，最上段のインフレ率と次の段の需給ギャップの動きをみると，ショックの発生した第0期には，需給ギャップがマイナスになっている．短期名目金利をゼロまで下げても需要が不足していることを示しており，正に流動性の罠に陥っている状況である[27]．しかし，注目すべきは第1期の動きである．第1期は，ショックがまったく存在せず自然利子率は定常状態の水準に戻っているにもかかわらず，ゼロ金利政策が継続されている．その結果，インフレ率と需給ギャップは中央銀行の目標値(インフレ

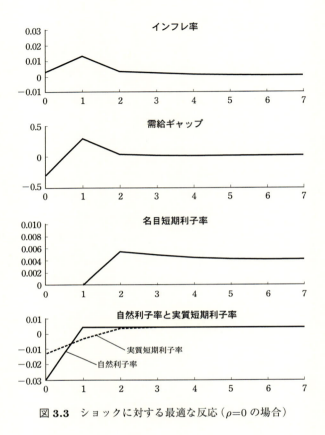

図 **3.3** ショックに対する最適な反応（$\rho=0$ の場合）

率，需給ギャップともにゼロ）を上回っている．これは，第 1 期までゼロ金利政策を継続することにより，負のショックの発生している第 0 期における名目長期金利を引き下げると同時にインフレ予想を高め，これにより第 0 期の実質長期金利を下げ，負のショックの影響を和らげるというメカニズムが働いているためである．第 1 期までゼロ金利を継続することで，第 1 期については損失が発生するが，その一方で，第 0 期の損失は小さくなっ

---

27) 裁量的に政策が運営される場合，つまり第 0 期に将来に亘る金利のパスを計算するのではなく，各期において最適化問題を解き直す場合でも，第 0 期の名目短期金利は公約解の場合と同じくゼロである．しかし，第 1 期以降については，自然利子率は定常状態の水準に戻っているので，短期金利をゼロにしておく理由はどこにもない．第 1 期以降については，短期金利は自然利子率に一致し，インフレ率，需給ギャップも定常状態に戻る．

ている.

　これは,金融政策の歴史依存性(または慣性)がモデルの中で内生的に創出されていると解釈できる.すなわち,ここで与えているショックは1期間のみの短いもので,まったく持続性がないにもかかわらず,ショックに対する短期金利の反応はショック終了後も続いている.しかも,モデルにはラグが一切入っていないので,その面で慣性が働く理由はない.さらに,ゼロ金利制約を無視すればショックの如何にかかわらず最適解を実現できるというモデルの特性を踏まえれば,最適解に現れている慣性はゼロ金利制約に起因するものと考えることができる.

　足元の短期金利がゼロ制約にかかっているときに将来の短期金利を引き下げることで損失関数の値を下げるというのは,いわば,将来の金融緩和を「前借り」するようなものである.これは,消費理論で,将来の所得を担保に借金をすることで消費のスムージングをはかるのと似ている.消費者が借金するには,(1)借金を返済する当てがあること,(2)返済する意思を貸し手に信用してもらえること,が重要であるが,金融緩和の「前借り」でも,これとまったく同様に,(1)将来の時点で金融緩和を実行する余裕があること(つまり自然利子率の低下が未来永劫続かないこと),(2)将来の時点で約束どおり金融緩和を実行する誘因があると市場に信用してもらえること(つまり,クレディブルなコミットメントを行う仕組みが存在すること),が重要である[28].ここでは,(1)の条件は,ρが1より小さければ必ず満たされる.ρが1に等しい場合,つまり負のショックが恒久的な場合には,将来まで見渡しても金融緩和の「余り」がないので,「前借り」することはできない.

　図3.4および図3.5では,ショックが持続的なケース($\rho=0.1$と$\rho=0.3$)

---

[28] ここで計算した最適解では時間非整合性の問題が発生している.すなわち,中央銀行は第0期の時点ではこの計画どおり実行する誘因をもつが,第1期になれば,第0期の約束を反古にして,名目短期金利を定常状態の水準(r_∞^n)まで引き上げてしまうのが最適である.第1期になってしまえば,第0期の流動性の罠はすでに過去のことであり,それに引きずられる理由はないからである.実際,2000年8月に日本銀行がゼロ金利を解除する際には,「デフレ懸念が払拭される」というゼロ金利解除の条件が満たされていなかったとの見方が少なくない.つまり,景気がわずかながら上向く中で,日銀は緩和を止める誘因を強くもち,過去のコミットメントを反古にしたとみることもできる.

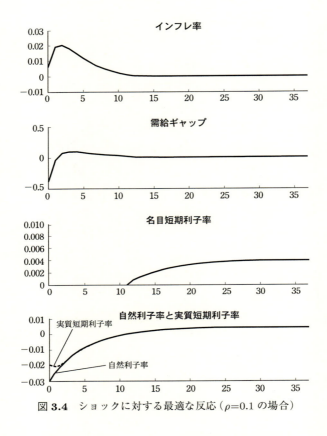

図 3.4　ショックに対する最適な反応（$\rho=0.1$ の場合）

について公約解を計算している．ゼロ金利の期間は図 3.4 では 12 か月，図 3.5 では 23 か月と長くなっている．また，ショックが持続的な場合には，名目短期金利はゼロ金利政策の解除後直ちに定常状態の水準に戻らない．緩やかに定常状態に収束する．さらに，図 3.3 および図 3.4 から想像できるように，ρ を 1 に近づけていくと，最終的には，T の値を十分に大きくしても，ϕ_{1T} は大きくゼロから乖離してしまうので，ゼロ金利政策を有限期間で解除することが不可能になる．

3.4.5　ゼロ金利解除の条件

第 2 節で述べたように，ゼロ金利をいつ，どのような条件で解除するか

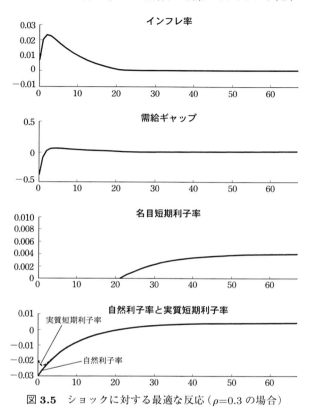

図 3.5　ショックに対する最適な反応（$\rho=0.3$ の場合）

は，日本銀行のゼロ金利政策を評価する上で重要なポイントである．ゼロ金利解除の条件を本節の理論モデルに即してみてみよう．まず，(3.12)式と(3.13)式から ϕ_{2t} を消去することにより，ϕ_{1t} に関する次の差分方程式が得られる．

$$\phi_{1t} - [1 + \beta^{-1} + \kappa(\beta\sigma)^{-1}]\phi_{1t-1} + \beta^{-1}\phi_{1t-2}$$
$$= -\kappa\pi_t - \lambda x_t + \lambda x_{t-1} \qquad (3.19)$$

ゼロ金利政策を解除する条件は $\phi_{1T+1}=0$ であるから，毎期のインフレ率と需給ギャップの実績値を(3.19)式に代入し続け，ϕ_1 がゼロになったところでゼロ金利政策を解除するというルールに従えば公約解を実行すること

ができる．この式はゼロ金利解除の時期を探っている中央銀行をガイドする式と解釈できる．

(3.19)式の意味を理解するために，$\kappa=0$ のケースを考えてみよう．κ は，フィリップス曲線の式で需給ギャップにかかるパラメータであるが，これがゼロのときには，需給ギャップの変動が一切，物価に影響を及ぼさない．つまりインフレ率は需給ギャップと独立に決まる．容易に確認できるように，このときには，インフレ率はショックの有無にかかわりなく定常状態の水準 ($\pi_t=0$) にあり，損失関数の値は専ら x_t の変動によって決まる．(3.19)式に $\kappa=0$ を代入し差分方程式を解くと，ゼロ金利解除の条件は，

$$\phi_{1T+1} = -\lambda \sum_{j=0}^{T} \beta^{-j} x_{T+1-j} = 0 \qquad (3.20)$$

となる．自然利子率にマイナスのショックが加わった当初は需給ギャップの値はマイナスになるが，それを打ち消すだけのプラスの需給ギャップの時期を経てはじめてゼロ金利を解除するというのがこの式の意味するところである．別な言い方をすると，この式はゼロ金利の期間を T からさらに1期だけ延長したときの限界費用と限界便益が一致するところでゼロ金利を解除せよと教えている．すなわち，ゼロ金利の期間を1期間だけ延長すると，ショックの影響が深刻な第0期とその直後の数期の間の需給ギャップを改善させるという便益がある．損失関数は x について2次形式だから限界的な便益は x についての1次式となる．一方，ゼロ金利期間を1期だけ延長すると，ショックが過ぎ去った時期における需給ギャップが目標水準であるゼロを上回るので費用が発生する．ここでも限界費用は x についての1次式となる．(3.20)式は，ショックが発生してからゼロ金利を解除するまでの x の和，つまり限界便益と限界費用の和がゼロになるところでゼロ金利を解除することを要求している．

(3.20)式の重要な特徴は，解除の条件が第0期以降の需給ギャップの悪化度合いに依存しているという意味で，歴史依存的ということである．モデルの構造にはラグがまったく含まれていないにもかかわらず歴史依存的になる理由は公約解の計算手順から明らかである．すなわち，中央銀

行は，第0期の時点でショックを観察し，それに基づいて短期金利の最適パスを計算しアナウンスする．この段階では意思決定は完全に先見的(forward-looking)である．特に重要なのは，ある将来時点の短期金利をアナウンスすることは，市場参加者の予想を通じてそれ以前の期の需給ギャップなどに影響するという点である．ここで，将来の金利とそれ以前の期の需給ギャップの間にリンクが発生する．やがて時間が経過し，将来時点が訪れ，アナウンスどおりに金融政策を実行する段になると，このリンクが存在するがゆえに，政策が過去の需給ギャップに依存することになる．一般に，公約解を実行する場合には，これと同種の歴史依存性が生じると考えられる．

(3.20)式を日本銀行のゼロ金利解除条件と比較すると，最も重要な相違は，「デフレ懸念の払拭が展望できるまで」という条件には，歴史依存性が欠如しているという点である．この点に関連して植田(1999)は，

> 今後，様々な経済指標が発表されていくが，その多くはこうした将来の経済動向というよりは足元，あるいはむしろ過去の経済に関する情報をより多く含んでいる．先見性(forward-lookingであること)を重視する中央銀行としては，こうした指標に一喜一憂することなく，しかし，その総体から将来についての情報を可能な限り読み取って，政策決定にあたっていくのが基本である．

と述べている．ここでは，経済の将来の動きをみてゼロ金利解除のタイミングを決めるという考え方が強調されているばかりで，歴史依存性に対する配慮はまったく欠落している．こうした見方は，過去の需給ギャップのマイナスを埋め合せるだけのプラスを出すまでゼロ金利を続けるという本節の分析結果と大きく隔たっている．

歴史依存性とは，別の言葉で言えば，政策のラグ(遅れ)である．政策ラグについては，これまで，ほぼ例外なく，是正すべき問題点と認識されてきた．例えば，1980年代後半の時期においては，金融引締めへの転換の遅れがバブルを惹き起こしたとしばしば指摘されており，いかにすればこうした政策ラグを排除できるのかがそれ以降の重要なテーマになってきた．しかし，本節のモデル分析で明らかになったように，政策ラグにはデ

メリットばかりでなく効能もある．ただし，実際の政策運営上は，判断ミスなどに伴う政策対応の遅れと，本節のモデルで示しているような「前向き」の政策ラグを峻別することは必ずしも容易でなく，これが日本銀行の政策運営を一層困難にした可能性もある．

(3.20)式の意味するところを別な視点からみるために，(3.20)式に(3.6)式を代入すると，

$$\phi_{1T+1} = \lambda \sigma^{-1} \sum_{j=0}^{T} \beta^{-j} D_{T+1-j} = 0 \tag{3.21}$$

$$\text{ただし，} \quad D_t = \sum_{k=0}^{\infty} E_t \left[(i_{t+k} - \pi_{t+k+1}) - r_{t+k}^n \right]$$

となる．D_t は t 期における実質長期金利と，それに対応する自然利子率との乖離を示しているので，この式は，実質長期金利がゼロ金利政策期間中の平均でみて自然利子率に一致するまでゼロ金利政策を継続することを求めている．

これを Reifschneider and Williams (2000) の拡張版テイラールールと比較してみよう．彼らが提案する拡張版テイラールールは，

$$i_t = \max \left\{ i_t^{Taylor} - Z_t, 0 \right\} \tag{3.22}$$

である．ここで，Z_t は，$d_t = i_t - i_t^{Taylor}$ の過去からの累積値であり，歴史依存的な特性を示している．つまり，このルールによれば，第0期において実質金利の下げ足りない分は，すべて第1期以降に持ち越すことになる．本節のモデルでいえば，実質短期金利を自然利子率に一致させるのが最善であり，これがテイラールールに相当する．これに対して拡張版テイラールールでは，第0期に下げ足りなかった分，つまり第0期の実質短期金利と自然利子率の乖離を第1期以降の乖離で調整することが求められている．これを数式で表現すれば，$\sum_{k=0}^{\infty} E_0 \left[(i_{t+k} - \pi_{t+k+1}) - r_{t+k}^n \right] = 0$，つまり，$D_0 = 0$ である．(3.21)式と拡張版テイラールールを比べると，歴史依存的という点では共通であり，形式的にも似ている．しかし，大きな違いは，Reifschneider and Williams (2000) が D_0 だけをみているのに対して，本節で得られた解除条件は D_0 から D_{T+1} までの加重和をみている

という点である．(3.21)式が $D_0=0$ で近似できるのは，β がゼロに十分近い場合である．β がゼロに近ければ，D_0 にかかるウエイトである β^{-T} が非常に大きくなるからである．言い換えると，中央銀行が将来の損失を極端にディスカウントする場合は，拡張版テイラールールがゼロ金利解除の条件として最適であるが，それ以外のときには拡張版テイラールールが指示するゼロ金利の継続期間は最適解より長くなってしまう[29]．

3.4.6 サマーズ効果

第3.3.3項でみたように，名目短期金利の非負制約がバインディングになるときには，ゼロ金利期間を長くする必要が生じ，これに伴って，将来時点での損失が増加する．では，なぜ非負制約がバインディングになるのであろうか．もちろん，自然利子率がマイナスになるところに原因はあるのだが，仮に自然利子率がマイナスであったとしても，それに見合って期待インフレ率が十分に高ければ非負制約がバインディングになることはない．では，さらに遡って，なぜ期待インフレ率が十分に高くないのかといえば，中央銀行がインフレの目標値をゼロにしているところに原因がある．目標インフレ率が低いために，定常状態のインフレ率が低く，それを反映して期待インフレ率が低いのである．

Summers (1991) は，同様の認識に基づき，中央銀行がインフレの目標値を高めに設定し，期待インフレ率を高めにしておくことを提案した．これがいわゆるサマーズ効果である．サマーズ効果の発想は現実の政策決定にも大きな影響を与えている．例えば，インフレターゲティングを導入している国では目標インフレ率を明示する必要があるが，多くの国でサマーズ効果を考慮に入れ，ゼロを有意に上回る水準にインフレ目標を設定している．

サマーズ効果を本節のモデルに取り込むために，高めのインフレ目標を

---

[29] 本章の分析は，公約解がどのような特徴をもつかに焦点を絞っており，その公約解をいかにして実行するかという問題は議論していない．しかし現実の政策実行を念頭におくとすれば，公約解を実行するための単純なフィードバックルールを求めることが重要である．Eggertsson and Woodford (2003) は，(3.12)-(3.16)式の条件を満たすフィードバックルールとして歴史依存型の物価水準ターゲティングを提案している．

もつ人物を中央銀行総裁に任命し政策決定を委ねるという状況を想定しよう．すなわち，

$$\hat{L}_t = (\pi_t - \pi^*)^2 + \lambda x_t^2 \qquad (3.23)$$

を損失関数としてもつ人物を総裁に任命する．ここで，π^* はゼロより大きい定数である．これは，インフレターゲット制を導入し，インフレ目標を π^* に設定している状況と解釈することもできる．

(3.23)式の損失関数をもつ中央銀行総裁のもとで自然利子率にショックが発生した場合の公約解を求めてみよう．$\hat{\pi}_t \equiv \pi_t - \pi^*$ と定義して，$\hat{\pi}_t$ を使って(3.1)式-(3.5)式の最適化問題を書き直すと，まず，(3.2)式は，

$$\hat{L}_t = \hat{\pi}_t^2 + \lambda x_t^2 \qquad (3.24)$$

となる．また，IS曲線((3.3)式)とフィリップス曲線((3.4)式)は，それぞれ，

$$x_t = E_t x_{t+1} - \sigma^{-1}\left[(i_t - E_t \hat{\pi}_{t+1}) - (r_t^n + \pi^*)\right] \qquad (3.25)$$

$$\hat{\pi}_t = \kappa x_t + \beta E_t \hat{\pi}_{t+1} \qquad (3.26)$$

となる．これらの式から明らかなように，π_t が $\hat{\pi}_t$ に変わっただけで最適化問題は形式的には以前と同じである．唯一の変更点は，IS曲線((3.25)式)の右辺第2項である．新しい式では，実質金利と $r_t^n + \pi^*$ の乖離が需給ギャップに影響を及ぼすかたちに変わっている．これは，自然利子率の将来にわたるパスが π^* だけ上方にシフトしたとも解釈できる．自然利子率が高くなっているのだから，非負制約がバインディングになる可能性は以前と比べ少なくなっている．これは正にサマーズの意図するところである．これにより，$\hat{L}_t$ で評価した損失は明らかに減少する．

しかし，真の損失関数((3.2)式)で評価した経済厚生は必ずしも改善していないかもしれない．これをみるために，L_t を次のように書き直す．

$$L_t = \hat{L}_t + (\pi_t + \hat{\pi}_t)\pi^* \qquad (3.27)$$

非負制約がバインディングになる頻度が以前と比べて減少する効果は $\hat{L}_t$

の低下として現れる.しかし,L_t と $\hat{L}_t$ の間には,$(\pi_t+\hat{\pi}_t)\pi^*$ だけの乖離がある.いま仮に,非負制約がバインディングになる頻度が極端に減り,$\hat{\pi}_t$ がほぼ全期間でゼロになる状況を想定しよう.このときには,$\pi_t=\pi^*$ であり,$(\pi_t+\hat{\pi}_t)\pi^*=(\pi^*)^2$ だけ余分なロスが発生している.つまり,π^* を目標インフレ率としてインフレターゲット制を導入すると,定常状態も含め,π^* に対応するロスが生じる.このように,正の目標インフレ率をかかげるインフレターゲット制を導入することには,非負制約がバインディングになる頻度が減るというメリットと,全般にインフレ率が高めになるというデメリットがある.

表3.3では,数値例として最適な目標インフレ率を算出している.ここでは,次のような手順で最適な目標インフレ率を計算する.(1)π^* としてゼロまたは正の値を選ぶ,(2)$\epsilon_0 \sim N(0,\sigma_\epsilon^2)$ と仮定して,ϵ_0 の値を多数発生させる,(3)それぞれの ϵ_0 の値について $E_0\sum_{t=0}^{\infty}\beta^t \hat{L}_t$ を最小化する公約解を計算する,(4)公約解を真の損失関数で評価した $E_0\sum_{t=0}^{\infty}\beta^t L_t$ を計算する,(5)(4)で求めた値を平均して $E_\epsilon E_0\sum_{t=0}^{\infty}\beta^t L_t$ を計算する[30],(6)(1)に戻り,π^* を変化させながら $E_\epsilon E_0\sum_{t=0}^{\infty}\beta^t L_t$ を最小化する目標インフレ率を選択する.なお,この計算では,$\rho=0.1$ とし,その他のパラメーターは第3.4.4項の値を用いている.

表3.3をみると,ショックが発生した後で中央銀行が公約解を実行する場合には,望ましい目標インフレ率はゼロまたはゼロに非常に近い値をとっている.例えば,$\lambda=0.3$ のときには最適な目標インフレ率はゼロであるし[31],$\lambda=0.1$ の場合でも非常に小さな値になっている[32].これは,公約

表 3.3 最適な目標インフレ率

	公約型の政策運営		裁量型の政策運営	
	$\lambda=0.3$	$\lambda=0.1$	$\lambda=0.3$	$\lambda=0.1$
$\sigma_\epsilon=0.06$	0	3×10^{-7}	0.0003	0.0002
$\sigma_\epsilon=0.08$	0	4×10^{-7}	0.0044	0.0034
$\sigma_\epsilon=0.10$	0	6×10^{-7}	0.0096	0.0094

---

30) E_ϵ は確率変数 ϵ_0 について期待値をとることを表す.
31) 10^{-7} の位でサーチした結果,ゼロが最適であった.

解を実行できる中央銀行は，ショックが発生した後でもゼロ金利政策の期間を調整することにより，期待インフレ率を高めることができるからである．事後的にインフレ期待を創出できるのだから事前に目標インフレ率を高めに設定しておく必要はないのである．これに対して，公約解を実行できず裁量的にしか政策を運営できない中央銀行の場合には，負のショックの発生に対応して臨機応変に期待インフレ率を高める技術をもっていないので，負のショックの発生に備えて事前に期待インフレを高めにしておく必要がある．例えば，$\lambda=0.3$，$\sigma_\epsilon=0.08$ のケースでは，目標インフレ率を年率 0.44% に設定するのが最適との試算結果が得られている[33]．裁量型と公約型を比較すると，表 3.3 のすべてのケースで，裁量型の方が最適な目標インフレ率が高くなっている[34]．

3.5 結び

経済が大規模な負の需要ショックに襲われ，中央銀行が名目短期金利をゼロまで引き下げて景気刺激を図っているにもかかわらず，引き続き需要が不足する場合に，金融政策として何ができるだろうか．この問いに答えるために，本章では，リカーディアン型財政政策を前提とした上で，名目短期金利の非負制約を明示的に考慮しながら中央銀行の最適化問題を解いた結果，最適な政策は「負のショックが過ぎ去ってもしばらくの間はゼロ金利を継続する」とコミットすることであることを確認した．この意味で最適な金融政策は過去に依存しており，歴史依存性をもつ．こうしたコミットメントを行うことにより，足元の名目長期金利が下がる一方，期待イ

---

[32] $\lambda=0.1$ の場合の方が $\lambda=0.3$ よりも最適な目標インフレ率が高くなるのは，$\lambda=0.1$ の下では x の振幅が大きいので，目標インフレ率を高めに設定することによって得られるベネフィットが大きくなるためである．

[33] $\sigma_\epsilon=0.08$ のショックは，需給ギャップを 48%($2\times 0.08\times 3=0.48$) 以上拡大させる負のショックが，2.5% の確率で発生することを意味する．この想定は多分，リスクを過大評価している．同様に，この想定の下で算出された最適目標インフレ率も過大評価されているとみるべきである．

[34] 目標インフレ率をゼロではなく正の値にする理由としては，サマーズ効果以外に，名目賃金や物価の下方硬直性がある．これらの要因を考慮すれば目標インフレ率は高くなる可能性がある．下方硬直性に関する実証研究としては，例えば，Nishizaki and Watanabe (2000) がある．

ンフレ率は上昇し,為替相場も下落するため,負の需要ショックのインパクトは緩和される.

理論モデルをもとに日本銀行のゼロ金利政策を評価すると,日銀の政策は,(1)長めの金利への波及を当初から意図してきた,(2)ゼロ金利の継続期間を物価上昇率に関連づけながらコミットした,という点で最適解に近い性質をもつ.しかし,「デフレ懸念の払拭が展望できるまでゼロ金利を続ける」という日銀のコミットメントでは,ゼロ金利解除の条件が先見的(forward-looking)な要素のみで決まっており,最適解のもつ歴史依存性が欠落している.最適解では,インフレギャップが発生し,インフレ率が正の値まで上昇するのを待ってゼロ金利を解除するのに対して,日銀のコミットメントではインフレになる前の段階でゼロ金利を解除することになってしまう.このため最適なコミットメントと比べるとゼロ金利期間が短すぎるという難点がある.

第4章　ゼロ金利下の政策コミットメント（Ⅱ）

4.1　はじめに

　前章では，自然利子率の低下ショックは一時的であり，そう遠くない将来に元の正の水準に戻るという前提を置いて議論した．この前提の下では，名目短期金利のゼロ制約がバインディングになるのは足元と近い将来だけであり，十分遠い将来についてはバインディングでない．見方を変えれば，十分に長い期間の長期金利についてはゼロ制約がバインディングでない．このときには，短期金利のゼロ水準を当分の間続けるとのコミットメントにより長期金利を引き下げ，それによって現在の有効需要を刺激することが可能である．前章で分析した最適金融政策は，このようにして足元の長期金利の引き下げ余地を活用しようとするものであった．

　しかしこれは，ケインズが「流動性の罠」とよんだ状況とは異なっている．中央銀行の金利操作が制約される状況としてケインズが指摘したのは，永久公債のような長期債券の流通利回りがゼロに近い状況である．すなわち，長期債券の利回りが十分にゼロに近い状況では，利回りがさらに低下する確率が小さい一方，僅かの利回り上昇でも大幅なキャピタルロスが生じるリスクがある．そのため，長期債券の利回りが非常にゼロに近いときには，たとえ正の金利水準であっても，「ほとんどすべての人が，きわめて低い率の利子しか生まない債券を保有するよりも現金の方を選好する」(Keynes 1936, 第15章) という状況が生じ，長期国債の利回りがそれ以上，下がらなくなる．これがケインズの流動性の罠である．このときには，現金への選好，つまり貨幣需要が非常に強いため，中央銀行が貨幣供給をいくら増やしても長期国債の金利が下がらず，中央銀行の金利操作に限界が生じてしまう．これに対して，前章で想定した状況は，短期金利についてはゼロ制約がバインディングになっているものの長期金利についてはバインディングになっていないのだから，ケインズの意味での流動性の

罠ではない．Sevensson (2001) の言葉を借りれば「一過性の」流動性の罠である[1]．

では，長期金利が正の下限，あるいはゼロに達するほどの金融緩和が行われているにもかかわらず十分な有効需要が得られず経済が低迷している，つまり長期金利がゼロ制約に直面している状況では，どのようなことが起きるのだろうか．特に，物価はどのような動きを示すのだろうか．また，そうした状況に対処するにはどのような政策が有効だろうか．本章では，前章の分析を一歩進め，ケインズの流動性の罠について分析していくことにしよう．

本章の構成は以下のとおりである．第2節では，本章の主題である流動性の罠の下での金融・財政政策の役割について簡単な例を用いて解説する．それを受けて第3節‒第5節では厳密な分析を行う．まず第3節で物価決定式を導出した後，第4節では流動性の罠が発生する条件を調べるために比較静学を行う．続く第5節では，物価の変動を最小化する最適な金融・財政コミットメントを計算する．ここでは前章の第4節と同種の動学的最適化問題を解くが，前章との大きな違いは，財政政策についても明示的な扱いをしている点である．第6節は本章の結びである．

4.2 流動性の罠と財政コミットメント

4.2.1 国債金利の下限

まず，前章の分析をやや異なった角度から整理するところから始めよう．前章では，政府・中銀の予算制約式を無視して分析を行ってきた．しかしこれは，予算制約式自体が存在しない，あるいは満たされなくてもよいという意味ではない．前章では，政府が適切な財政調整を行うと仮定することにより，自動的に予算制約式が満たされる状況を設定しており(リ

---

[1] すべての国債が永久公債とすれば，ケインズの流動性の罠は，自然利子率ショックが恒久的に続く，つまり(3.17)式の ρ が1に等しい状況と解釈できる．ただし，この解釈が当てはまるのはすべての国債が永久国債の場合だけであり，それ以外の現実的な状況(長期国債は存在するが最長満期が無限遠ではなく，例えば30年といった状況)では正しくない．本章でこれからみるように，すべてが永久公債という極端なケースを除けば，ρ が1より小さくても，ケインズの流動性の罠が生じ得る．

カーディアン型財政政策の仮定)，そのために予算制約式を無視することが許されていたに過ぎない．

前章の分析を拡張する上では予算制約式を明示的に扱うことが重要になる．ところで，第2章でみたように，この場合の「予算制約式」とは文字どおりの予算制約式ではなく，正確には，予算制約式から含意される均衡条件のことである．本章では，これを，「政府の予算条件式」とよぶことにしよう．前章で暗黙裡に勘案されていた予算条件式は，

$$\frac{政府債務の時価総額}{物価} = 現在から将来に亘る財政余剰の流列の割引現在価値 \quad (4.1)$$

と書くことができる．ここで政府債務というのは国債や貨幣など，公的部門のもつすべての債務を合計したものである．国債など政府債務の一部には市場価格が成立しているから，その価格で評価したものという意味で「時価総額」としている．式の左辺はこの時価総額を物価水準で除したものであり，公的部門の実質債務残高を表している．当然のことであるが，公的部門といえども，債務の返済から免れることはできない．政府債務の返済財源がどこからくるかといえば，将来得られる税収を当てるしかない．右辺の「財政余剰」とは税収から国債費を除く歳出を差し引いたもの(プライマリーサープラス)であり，この流列の割引現在価値が償還財源である．債務残高と返済に充当できる金額がちょうど見合っているというのが式の意味である．

議論を簡単にするために，政府債務は国債だけから構成されているものとしよう(第3節以降では貨幣その他の債務を取り込んだモデルを示す)．(4.1)式は

$$\frac{国債時価総額}{物価} = 現在から将来に亘る財政余剰の流列の割引現在価値$$
$$(4.2)$$

となる．この式を第2章で説明した非リカーディアン的に読めば，ある時点で発行されている国債は将来の財政余剰によってバックされているということになる．また，政府を企業に喩えると，企業の株式時価総額が企業

収益の流列の割引現在価値に等しくなるのと同様に,国債時価総額が財政余剰の流列の割引現在価値に等しくなるように国債価格が決まるということである[2,3].

(4.2)式を用いて前章の分析を整理しておこう.前章では現在および将来の自然利子率が低下するというニュースに対して経済がどのように反応するかをみてきた.(4.2)式でいえば,自然利子率の低下ショックは右辺に登場する割引率を低下させる.各期の財政余剰が不変であるとすれば,自然利子率の低下は割引率の低下を通じて右辺を上昇させる.自然利子率は民間投資機会で得られる収益率であるから,右辺の上昇は,民間投資機会との対比で国債投資の魅力が高まることを意味している.

右辺が上昇するときに(4.2)式の等号を維持するには左辺も同幅だけ上昇しなければならない.これはどのようにして実現されるのだろうか.ひとつの方法は,左辺の分母に登場している物価が下落することである.物価が下落すれば,その他の変数が一切変化しなくても,等号は維持される.つまり,自然利子率の低下は,他の事情に変化がなければ,デフレをもたらすのである.

しかし,これはあくまでも「他の事情が一定」の場合のことである.実際の経済では自然利子率の低下ショックが常にデフレを惹き起こすわけではない.デフレを防ぐために中央銀行が適切な金融政策を実行するからである.ここでの金融政策の役割は次のように理解できる.まず,右辺の上昇は,民間投資機会に比べて国債の魅力が相対的に増していることを意味するのだから,国債への需要が増加する.そうすると,国債の市場価格が

---

[2] 株価が企業収益に関する市場の予想を反映して決まる,さらには,そのようにして決まった株価の変動が企業経営者を規律づけるという状況を称して「株価は企業の通信簿」といわれることがある.それをもじれば,「国債価格は政府の通信簿」であり,国債価格の変動は政府の財政規律に影響を及ぼす.国債価格の変動と財政規律の関係について詳しくは,土居・渡辺(2003)を参照.

[3] (4.2)式が成立しているかどうかを実証的に検証するためのひとつの方法は,財政余剰の割引現在価値に関する予想値が変化した時点を選び,その時点で国債価格や物価がこの式のいうとおりに変化したかどうかを調べることである.福田・計(2002)は,景気梃入れのための経済対策が発表された時点で財政余剰に関する予想が変化するはずだと考え,その時点での国債価格の変化を調べている.1990年代における日本のデータを用いた検討の結果,1990年代末には経済対策のニュースに反応して長期金利が上昇する傾向が観察された(ただし,統計的有意性は低い)と報告している.

上昇するため(4.2)式の左辺の「時価」が上昇し，その結果として等号が維持される．ただし，ここでの国債市場価格の上昇は無条件で起こるわけではない．すなわち，金利の期間構造に関する期待理論によれば，国債金利は国債の満期までの各期における短期金利の平均値に等しくなるように裁定が行われる．したがって，国債価格上昇の背後では，将来の短期金利を引き下げることを中央銀行がコミットしている必要がある．前章でみたゼロ金利継続のコミットメントは正にこれであり，このコミットメントがあるからこそ国債価格が上昇し，それによって(4.2)式が満たされていたのである．

　これを金融政策の伝達経路という観点から整理しておこう．自然利子率の低下ショックが発生すると中央銀行は足元と将来の短期金利を引き下げるとコミットする．このコミットメントは国債金利を低下させる．そして，この国債金利の低下，あるいは国債価格の上昇が自然利子率低下のデフレ圧力を除去する．つまり，ここでの金融政策の要諦は，自然利子率低下ショックを国債市場価格の上昇で吸収することにより物価への影響を遮断するところにある[4]．

　では，自然利子率の低下幅が大きい，あるいは低下がかなりの長期間に亘る場合でもこの伝達経路は機能するだろうか．自然利子率の低下ショックが大きいときには，中央銀行が国債の満期までのすべての期間の短期金

---

[4] 金融政策が国債金利，あるいは国債価格を変化させることにより物価安定を図るというと，奇妙に感じる読者もいるかもしれない．確かに，日銀を含む先進各国の中央銀行が操作変数としているのは，短期金利，それも翌日物コールやフェデラルファンドレートのような超短期の金利であり，それより長めの金利の決定は市場に委ねるという手法を採っている．しかし，超短期の金利をいかに精妙に操作してみてもそれが企業や家計の意思決定に及ぼす影響は微々たるものである．企業や家計の意思決定は中長期的な視野からなされるものであり，その決定に大事なのは中長期の金利だからである．例えば，超短期の金利が大幅に上昇したとしても，それが一晩限りの一時的な現象であることを企業や家計が認識しているとすれば，支出活動に影響が出ることはあり得ず，政策の効果はないに等しい．しかし超短期金利の上昇が今日だけのことではなく，今後1年間続くとなれば，企業などの意思決定に影響が出てくるであろう．この意味で，金融政策が企業や家計の支出活動に影響を及ぼすためには中長期の金利をコントロールすることが必要条件である．実際，先進各国の中央銀行の政策の歴史を振り返ってみると，超短期金利を金融政策の操作変数としながらも，例えば，超短期金利の引き下げを何回も連続して行うことによって，将来も超短期金利が下がるという市場の予想を醸成し，それによって中長期の金利を引き下げるという手法を用いてきたことが観察される(Goodfriend 1991)．その意味では先進各国の中央銀行は中長期金利への働きかけを重視してきたといえる．この点について詳しくは渡辺(2003)を参照されたい．

利をゼロにするとコミットしても,右辺の上昇に見合うだけの左辺の上昇を作り出せないかもしれない.つまり,国債金利を下限までもっていってもなおショックを吸収できないという事態が起きる可能性がある.しかし,それでも(4.2)式の等号は成立しなければならないのだから,均衡では左辺の分母,つまり物価が下落しなければならない.これが流動性の罠の怖さである.

このことを表4.1に掲げた簡単な例を用いて説明しよう.この表では,経済は第0期,第1期,第2期の3期間から成る.最初に,ショックが発

表4.1 3 期 間 の 数 値 例

	第0期 ゼロ金利制約が バインディング	第1期 経済は回復	第2期 経済の最終期
ショック前			
自然利子率	4%	4%	
名目短期金利	4%	4%	
財政余剰(実質値)	100	104	108
国債償還枚数	100	104	108
ケース1			
自然利子率	−2%	4%	
名目短期金利	0%	4%	
財政余剰(実質値)	100	104	108
国債償還枚数	100	104	108
ケース2			
自然利子率	−2%	4%	
名目短期金利	0%	0%	
財政余剰(実質値)	100	104	108
国債償還枚数	100	104	108
ケース3			
自然利子率	−4%	4%	
名目短期金利	0%	0%	
財政余剰(実質値)	100	104	108
国債償還枚数	100	104	108
ケース4			
自然利子率	−4%	4%	
名目短期金利	0%	0%	
財政余剰(実質値)	95.5	104	108
国債償還枚数	$100-4.5\times P_0$	$104+4.5\times P_0$	108

生しない状況ではどのような均衡が成立するかをみておこう（表の「ショック前」の項を参照）．第0期から第1期にかけて成立する自然利子率は4%であり，第1期から第2期にかけて成立する自然利子率も同じく4%である．名目短期金利は自然利子率に合わせ，第0期，第1期ともに4%となっている．一方，財政面をみると，まず財政余剰は，実質値で100，104，108と与えられている．財政余剰の合計を第0期時点における割引現在価値でみると（自然利子率で割引く），$100+104/(1+0.04)+108/(1+0.04)^2=300$ である．次に，この政府は満期日に1円を償還するゼロクーポン債を発行しており，各期に満期を迎える国債枚数は，100，104，108枚とする．第1期に満期を迎える国債の第0期の市場価格は $1/(1+0.04)$，同じく第2期に満期を迎える国債の市場価格は $1/(1+0.04)^2$ だから，第0期時点での国債の時価総額（円表示）は $100+104/(1+0.04)+108/(1+0.04)^2=300$ となる．このときの状況を予算条件式で表すと

$$\left[100+104/(1+0.04)+108/(1+0.04)^2\right]/P_0$$
$$=100+104/(1+0.04)+108/(1+0.04)^2$$

となる．容易に確認できるように，$P_0=1$ が予算条件式を満たす均衡物価水準である．

次に，第0期の自然利子率が -2% に低下するというニュースが第0期の期初に伝えられたとしよう．計算を簡単にするために，第1期以降については自然利子率は元の水準(4%)に戻ると想定する．

このニュースのインパクトを消すためにはどのような金融政策が必要だろうか．第0期の自然利子率はマイナスであるから第0期の短期金利もゼロにするのが望ましいのは明らかである．そこで，第0期の短期金利をゼロとし，第1期についてはその時点での自然利子率に等しい水準(4%)に戻すとすると（表のケース1を参照），予算条件式は

$$\left[100+104/(1+0.00)+108/(1+0.00)/(1+0.04)\right]/P_0$$
$$=100+104/(1-0.02)+108/(1-0.02)/(1+0.04)$$

となる．計算すると，均衡物価水準は $P_0=0.986$ であり，物価水準の下落

が生じている．この物価下落はなぜ生じたのだろうか．予算条件式からわかるように，第1期に満期を迎える国債の価格は1，第2期に満期を迎える国債の価格は1/(1+0.04)となっており，右辺に現れている財政余剰の割引率の逆数に比べて第1期，第2期ともに国債価格が低過ぎる．つまり両期とも金融緩和が不十分であり，これが均衡物価 P_0 の下落を生じさせている．

　こうした事態を改善する方法として，前章では，金融緩和を長く続けることが有効であることをみてきた．特に，ショックが過ぎ去った後でも金融緩和を行うとコミットする，歴史依存型(慣性型)の金融政策が有効であるというのが前章の重要な結論であった．そこで，第0期の短期金利をゼロにするだけでなく，第1期の短期金利もゼロにするとコミットするケースを考えてみよう(表のケース2を参照)．この場合の予算条件式は

$$[100 + 104/(1+0.00) + 108/(1+0.00)/(1+0.00)]/P_0$$
$$= 100 + 104/(1-0.02) + 108/(1-0.02)/(1+0.04)$$

であり，均衡物価水準は $P_0=1$ となる．景気がすでに回復している第1期までゼロ金利を継続することによりデフレを回避できるという結果は前章での分析結果と整合的である．

　ケース1及び2では第0期の自然利子率の水準が -2% であったが，ショックがもっと大きい場合にはどうなるだろうか．第0期の自然利子率が -4% にまで低下すると想定してみよう(ケース3を参照)．ケース2より金融緩和の度合いを弱くするのが望ましいとは考えられないから，ケース2と同様にゼロ金利を第1期まで継続するとして，このときの予算条件式は

$$[100 + 104/(1+0.00) + 108/(1+0.00)/(1+0.00)]/P_0$$
$$= 100 + 104/(1-0.04) + 108/(1-0.04)/(1+0.04)$$

となる．この予算条件式を満たす均衡物価は $P_0=0.986$ であり，再び物価下落が生じてしまっている．しかもこの物価下落はケース1の場合より深刻である．なぜなら，ケース3では，第0期，第1期の短期金利をともにゼロとコミットしており，中央銀行としては最大限の緩和措置を講じてい

るにもかかわらず十分な国債価格の上昇を達成できず，そのためにデフレを解消できないからである．この意味で金融政策はより厳しい限界に直面しているといえる[5]．

それではケース3における P_0 の下落はどうしても避けられないことなのだろうか．上の予算条件式に戻ると，左辺の分子が右辺に比べて小さいことが P_0 下落の原因であるから，これを解消するには，左辺の分子を大きくするか，右辺を小さくするかのいずれかしか方法はない．まず左辺を小さくする方から検討すると，左辺の分子に登場する数字は国債の償還枚数である．これを増加させる方法としては，中央銀行が国債を市場に売却しその代金として貨幣を市場から吸収する公開市場操作が考えられる．しかしこれは国債と貨幣の等価交換であるから，政府・中央銀行の統合勘定ベースでの債務を増加させることにはならない[6]．

一方，予算条件式の右辺を小さくする方法としては，例えば，第0期に減税を行うことが考えられる．ただし，この場合の減税は，それに見合う増税を一切行わないという条件付きでなければならない．第0期に減税をしたとしても，政府はそれを帳消しにすべく第1期や第2期に増税を行うと人々が予想してしまうと，財政余剰の割引現在価値は減少しないからである．ケース4では，将来の増税を伴わない減税の例として，第0期の財政余剰が100から95.5に減少していると想定している．第0期の財政余剰が減少することに伴って第0期には国債を増発しなければならないが，ここでは，第0期に満期を迎える国債の一部を1期間だけ金利ゼロで借り換えるということにして，財4.5単位に見合う国債を $4.5 \times P_0$ 円だけ発行している．この結果，第0期の国債償還枚数は $100 - 4.5 \times P_0$ となり，第1

---

5) 表4.1の設例では第2期が経済の最終期としている．しかし，経済がもっと長く続き，しかも第0期の期初の時点で存在する国債の満期が十分に長ければ，ゼロ金利を第2期以降も継続することにより国債時価総額をさらに上昇させる余地が生まれ，金融政策によりデフレを解消できる可能性が出てくる．このことは，国債の満期が長いときには金融政策のデフレ対応力が強まることを示唆している．金融政策の限界が国債の満期構成にどのように依存するかについては第4.4節で詳しく論じる．
6) 等価交換でない方法として考えられるのは，国民に国債を無料でばらまく「ヘリコプター国債」である．例えば，第1期に満期を迎える国債を第0期にばらまくことを考えてみよう．これは，第0期に減税を行う，ただし税金還付の代わりに第1期に満期を迎える国債を交付するというオペレーションと同じであり，財政余剰や国債償還枚数の変化は表4.1のケース4と同じである．

期の国債償還枚数は $100+4.5\times P_0$ となる．このときの予算条件式は

$$[(100-4.5\times P_0)+(104+4.5\times P_0)/(1+0.00)+108/(1+0.00)/(1+0.00)]/P_0$$
$$=95.5+104/(1-0.04)+108/(1-0.04)/(1+0.04)$$

となり，今度は $P_0=1$ が均衡物価になることが確認できる．つまり，自然利子率の低下ショックが大きく，金融政策だけではデフレ圧力を完全に払拭できない場合でも，財政政策の協力があればデフレを回避できる．民間の投資機会に比べて国債の魅力が高すぎ，それがデフレを惹き起こしているときには，国債のバックにある財政余剰を減らすことにより国債の魅力を殺ぐ政策が求められるのである[7,8]．

流動性の罠において金融緩和が限界に達しているときに財政政策の協力があればデフレを回避できるという上記の計算結果は示唆的である．Hicks (1967) などケインジアンの議論によれば，LM 曲線がフラットになっているときには貨幣供給量をいくら増やしても有効需要を創出できないが，そのような状況でも，財政発動により IS 曲線を右にシフトさせれば，経済活動の水準を引き上げることが可能である．ここでの計算結果は，経済が流動性の罠に陥ったときには財政政策が重要な役割を果たすという点で，これらの主張と同じ結論に達している．ただし，ケインジアンの議論とここでの分析では，財政が均衡に影響を及ぼすメカニズムが大きく異な

---

[7] このことは次のようにも理解できる．ケインズは，中央銀行が金利操作能力を失う状況として，流動性の罠と並んで，「通貨からの逃避」を挙げている（Keynes 1936, 第 15 章）．「通貨からの逃避」の具体例としてケインズが一般理論の中で例示しているのは第 1 次大戦後のロシアや中央ヨーロッパの経験である．第 1 章で述べたように，この時期の通貨危機の原因は，通貨発行国の財政事情が悪化し，通貨の財政面の裏付けが弱くなってしまったことである．例えば，ケインズは仏フランを安定させるための政策に関する議論の中で「長期的なフラン安定要因はフランスの公債保有者に対する支払いとしてフランスの納税者が自分から徴収することを承諾する勤労所得の割合なのである．」(Keynes 1923, 第 2 章) と述べ，財政の立て直しこそが通貨価値安定の条件であると指摘している．これをちょうど裏返しにすれば，流動性の罠，つまり「通貨への逃避」が生じるのは，通貨の財政面の裏付けが強くなり過ぎることが原因であり，対処策としては，強すぎる財政を弱くすることが必要になる．

[8] ただし，財政余剰を減らすことによりデフレを防ぐのは最善の方法ではない．注 2 の通信簿の比喩を用いれば，2 人の学生の出来に差がありすぎて通信簿の評点がアンバランスになっているときに出来のよい学生 (政府) に「あまり勉強するな」と忠告するというのは誉められた解決策ではない．当然のことながら，出来の悪い学生 (民間) に「もっと勉強しろ」と発破をかけるのが理想的な対処である．つまり，民間経済の成長を回復させ自然利子率を高めるのが最善の解である．

っている.第1に,ケインジアンの議論では,歳出や税の調整それ自体が有効需要に影響を与えるのに対して,ここでの分析では歳出や税の調整それ自体が重要なのではなく,その結果として財政収支尻がどのように変化するのか,そしてそれによって国債の魅力がどう変化するかが重要である.例えば,ケインジアンの議論では歳出増と減税の乗数効果の比較がしばしば話題になるが,ここでの分析では,歳出増にしろ減税にしろ,それが現在及び将来の財政バランスに与える影響が同じである限り効果に差はない.第2に,ここでの分析で,財政余剰の割引現在価値を減少させる財政措置を行う裏側では,将来時点に満期を迎える国債が増発されている.しかも,この国債増発は増税を伴わないものであるから,民間部門にとって純資産の増加である.この純資産の増加が家計や企業の支出行動を刺激し,それがデフレ圧力の除去に貢献していると解釈できる.第2章で述べたように,これは一種の富効果に他ならない.このように解釈すれば,流動性の罠からの脱出策としてここで議論しているメカニズムは,ケインジアン的というよりも,むしろ Pigou (1943) の指摘するメカニズムに近いといえる.

4.2.2 国債金利と金融政策──2つの事例

(4.2)式は,金融政策の伝達経路やその限界である流動性の罠について考察するための統一的な視点を提供してくれる重要な式である.次節以下では,これと同種の式を厳密に導出し,議論を進めていくこととするが,その前に,この式に基づく上記のような議論がどの程度の現実性をもつかを2つの事例に即してみておくことにしよう.

米国の国債価格支持政策　　(4.2)式のもつ重要な含意は,国債価格の変動が制約されているときに財政余剰に関する予想が変化すると,それは物価の変動となって現れるということである.流動性の罠は国債価格を上げたくても上げられないという意味で国債価格の変動が制約されるひとつの例であるが,国債価格の変動が制約されるのはそれだけに限らない.国債価格の変動を人為的に制約した有名な例としては 1942-51 年に米国で

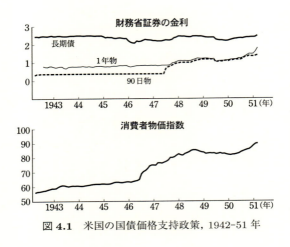

図 4.1　米国の国債価格支持政策，1942-51 年

採用された「国債価格支持政策(Bond-price support regime)」がある．戦時下の米国では，戦費調達を円滑にすることを目的として，国債価格を一定水準に維持するように金融政策を運営することが 1942 年に決定され，1951 年 3 月に米国財務省と連邦準備制度の間で有名な「アコード」が成立するまで継続された．これが国債価格支持政策である．では，その時期の物価は(4.2)式が示すような動きをしたのだろうか．

米国の経験を振り返ってみよう．図 4.1 はこの時期の米国の金利と消費者物価の動きを示している．金利の動きをみると，満期 90 日の財務省証券の金利が 1942 年以降 3/8% の水準で固定されているのがわかる．他の満期の財務省証券については 90 日物ほどはっきりと読み取れないが，設定された目標値の周辺で安定的に推移しているのが確認できる．一方，この時期の消費者物価はダイナミックな変動を示している．消費者物価指数は 1946 年から 48 年にかけて激しく上昇した後，1948 年には下落に転じ，1950 年初まで下落を続けた．そしてその後 1951 年にかけて再び上昇している．

この時期の消費者物価の複雑な変動を(4.2)式で説明できるだろうか．Woodford (2001) は最近の研究でこの時期の消費者物価の複雑な動きは財政余剰(あるいはその逆の財政赤字)に関する人々の予想の変化によって説明

できると主張している．ウッドフォードによれば，まず1946-48年のインフレは戦時調達に伴う財政赤字の拡大予想を反映したものとみることができる．財政赤字の拡大予想が拡がるにつれて人々は国債を持ちたがらなくなる．このとき本来であれば国債が売られ国債市場価格が下落する（金利が上昇）ところであるが，中央銀行が国債の市場価格を力ずくで固定する政策を採用しているため国債市場価格は低下せず国債の売り圧力は収まらない．そのときに国債の売り圧力を解消するには，(4.2)式が示すように，物価が上昇し，それに伴って国債の実質価格が下落することが不可欠である．これが1946-48年のインフレのメカニズムである．次に1948-50年のデフレについては，戦争の終結とともに米国の財政赤字が急速に縮小し財政黒字に転じるなかで進行したという事実が重要である．財政の好転に伴って将来の財政余剰の改善予想が広まった結果，(4.2)式の左辺が増加し，デフレが生じたと解釈できる．また，1951年にかけてのインフレ再燃の背後には朝鮮戦争の勃発がある．新たな戦争の勃発に伴い再び財政負担が高まるとの予想が発生し，それがインフレ圧力として作用したとみることができる．

このように，(4.2)式のメカニズムにより財政状況が物価を決めていると考えると，1940年代の複雑な物価の動きをうまく説明できる．しかし，当然のことながら，このことはこれ以外の説明があり得ないということを意味するものではない．それどころか，ウッドフォードのような説明はどちらかといえば少数派であり，この時期のインフレについては，戦費調達に伴う財政状況の悪化が中央銀行の貨幣増発を誘発しそれが物価を上昇させたという，いわゆる「財政インフレ論」を採る論者が少なくない．財政インフレ論については第2章で説明したが，ここでの文脈では次のような仕組みを指している．すなわち財政赤字ファイナンスのために財務省が大量の国債を市場に売り出すと国債価格が値崩れし，国債価格支持政策に反してしまうので，中央銀行が引き受けざるを得ない．中央銀行が国債を引き受ける裏側では中央銀行の発行する貨幣量が増える．この貨幣量の増加が貨幣数量説的なメカニズムを通じてインフレを招いたとの主張である．

この説明は一見したところ国債価格支持政策の下での中央銀行の行動や

物価上昇をうまく描写しているようにみえる．確かに，国債価格が一定値に維持されている状況では，人々が保有してもよいと考える国債の量を増やすことは不可能である．よりたくさんの国債を保有してもよいと人々に思わせるには国債金利の上昇（国債価格の下落）が必要不可欠であるがそれは国債価格支持政策に反してしまうからである．そうした状況の下では中央銀行が引き受けるしかないという説明には説得力があるようにみえる．

しかしもう一歩立ち入って考えると，中央銀行が国債を引き受ける裏側には貨幣の増発があり，さらにその背後には増発された貨幣を保有してもよいと考える人々の行動がある．それでは，人々はなぜ貨幣に対する需要を増やすのだろうか．一般的にいって，人々が貨幣に対する需要を増やすのは貨幣保有の機会費用である金利が低くなったときである．したがって，人々により多くの貨幣を保有してもよいと思わせるには金利の低下が必要不可欠である．しかしこれは国債価格支持政策の下では不可能である．つまり，国債価格支持政策という，金利体系を一定に保つレジームの下では，人々が望ましいと考える国債の保有量を増加させることも，また人々が望ましいと考える貨幣の保有量を増加させることも，ともに不可能なのである．国債価格支持政策の下での物価変動を財政インフレ論で説明しようとする議論はこの重要な点を見落としている．1946-48年のインフレ期に貨幣発行量が増加したのは確かに事実であるが，これが原因となってインフレが発生したとみるのは上記の理由で適当でない．貨幣発行量の増加はインフレの原因ではなく，インフレの結果として貨幣の取引需要が増加したために発生した現象とみるべきである．

日本の「間接的」国債価格支持政策　　米国の国債支持政策から得られる重要な教訓は，1940年代の国債価格支持政策は中央銀行の手足を縛り，物価変動を大きくしてしまったということである．中央銀行が国債市場価格を裁量的にコントロールできる状況であれば，インフレ圧力に対しては国債市場価格を低下させ（金利引き上げ），デフレ圧力に対しては国債市場価格を上昇させる（金利引き下げ）ことにより物価への影響を遮断できる．これが金融政策の原理である．しかし国債価格を予め定められた水準に維

持するよう中央銀行が要請されている場合には，ショックに対応して機動的に国債価格を変化させることができず，その分，物価の変動が大きくなってしまうのである．

　米国の国債価格支持政策は 1951 年 3 月に財務省と連邦準備制度の間で「アコード」が成立することをもって終了する．アコード成立の背景には，物価変動の原因が国債価格支持政策にあるとの認識がポリシーメーカーの間で共有されるようになったことがあると指摘されている．米国の国債価格支持政策は，当局がその気になれば終了させることが可能な政策であり，その意味ではまだ扱いやすいものであった．それに比べると数段難しいのは，国債価格が上限に達したために上げたくても上げられず，価格上限に貼り付ける政策を採らざるを得ないという，ケインズの流動性の罠である．

　Bernanke (2002) は，1999 年春以降の日本の金融政策を「間接的」な国債価格支持政策と称している．日銀の政策は，ゼロ金利を一定期間継続するというコミットメントを通じて中長期の金利を下げるところに政策意図があり，国債金利を目標値に誘導するという意味では国債価格支持政策とみなすことができるというのがその趣旨である．第 3 章での説明から明らかなように，日銀の金融政策には確かにそうした面があった．

　ただし，日銀のゼロ期金利政策は，1940 年代の米国の国債価格支持政策と比較するといくつかの重要な点で異なっている．第 1 に，日銀の政策は国債市場に直接介入するわけではない．将来の短期金利に関する予想を低下させることを通じて国債価格を低下させるという手法を採っており，あくまでも「間接的」な国債価格支持政策にとどまっている[9]．第 2 に，米国の国債価格支持政策の目標値が単一の数値として宣言されていたのに対して[10]，日本の場合は，国債金利の目標値が明示的に宣言されているわけではなく，「デフレ懸念が払拭されるまでゼロ金利を継続する」あるいは「消費者物価上昇率が安定的にゼロを上回るまで量的緩和を継続す

---

[9] Bernanke (2002) は，ゼロ金利制約に直面したときには国債価格を直接的に引き上げる手法を採るのが望ましいと主張した上で，日銀の国債価格支持政策が「間接的」なものにとどまっていることを批判している．

[10] ただし目標値は国債の満期によって異なり，また目標値の改定も何度か行われた．

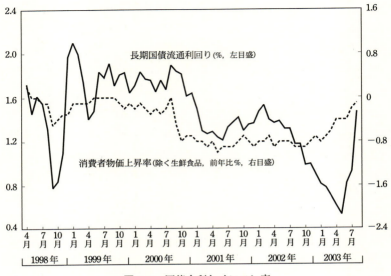

図 4.2 国債金利とインフレ率

る」という日銀のコミットメントが含意する国債金利水準がインプリシットな目標になっているに過ぎない．いわば，ソフト・ターゲティングである．第3に，日本の場合，目標値がそのときどきの経済状態に応じて変化する点が重要である．日銀のコミットメントの下では，例えば，それまで考えていた以上に自然利子率の低下が長引き，デフレが長期化するとの認識がもたれるようになると，ゼロ金利の継続期間もそれに合わせて長くなり，国債金利の目標値も下がるという仕組みになっている．

以上のことを実際のデータで確認してみよう．図4.2は10年物国債の流通利回りと消費者物価上昇率の推移を示したものである．1999年2月のゼロ金利政策の導入以降の時期は，①1999年春から2000年秋まで，②2000年秋から2003年央まで，③2003年央以降現在(2003年夏)まで，の3つの時期に大別できる．

第1の時期の特徴は，国債金利の安定と緩やかな物価下落である．まず国債金利は，1998年末から99年初にかけて2%を上回りさらに上昇する気配をみせていたが，ゼロ金利政策開始後は2%をやや下回る水準で安定

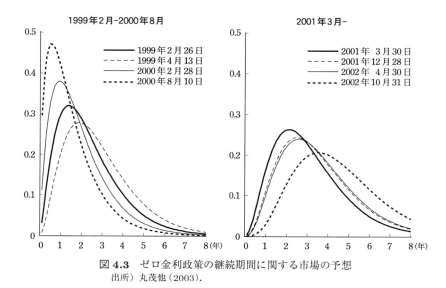

図 4.3 ゼロ金利政策の継続期間に関する市場の予想
出所）丸茂他（2003）．

的に推移している．その一方で，物価上昇率は若干のマイナスで推移しており，デフレではあるがそれ以降の時期に比べると比較的マイルドなものにとどまっていた．この時期は，「デフレ懸念が払拭されるまでゼロ金利を継続する」という日銀のコミットメントが中長期の金利を引き下げ，それがデフレ圧力をある程度吸収していたと解釈できる．ただし，物価下落が進んでいたのは事実であり，その意味では日銀のコミットは不十分であったといえる．

第 2 の時期の特徴は，国債金利が急速に低下する中で，デフレが深刻化したことである．国債金利低下の背景には経済の先行きに関する予想が悪い方向に改定されたことがあると考えられる．本書の用語でいえば，自然利子率の予想パスを下方修正させるニュースが伝わり，それを反映してゼロ金利がそれまで考えていた以上に長期化するとの見方が広まったと解釈できる[11]．しかし，(4.2)式によれば，国債金利が低下すればデフレ圧力

---

[11] 丸茂他（2003）は，様々な満期の国債金利データから，ゼロ金利政策がどの程度継続するかに関する市場の予想を抽出している．図 4.3 はその推計結果を市場参加者のもつ確率分布として表したものである．これをみると，2001 年から 2002 年にかけてゼロ金利の長期化予想が広まったことが確認できる．

は国債価格の上昇により吸収されるはずである．それにもかかわらずデフレが深刻化したのはなぜだろうか．

これには2つの理由が考えられる．第1の理由は，日銀のコミットメントが不十分であり，そのために国債価格の上昇が十分でなく，ショックを吸収し切れなかった可能性がある．前章でみたように，日銀がコミットしているゼロ金利の継続期間は最適な期間に比べて短く，この点でコミットメント内容に欠陥がある．また，市場が日銀のコミットメントを完全に信用しない場合にも同様の問題が生じる．

考えられる第2の理由は流動性の罠である．議論を単純にするために日銀のコミットメントには一切問題がないとしよう．自然利子率の予想パスを下方修正させるニュースが伝えられ，コミットメントに従って国債金利の目標値が改定される．このとき目標金利が，ケインズの指摘する「国債金利の下限」を下回るとすると，ショックを国債金利の低下で吸収し切れないため，米国の国債価格支持政策の下での物価変動と同じく，(4.2)式のメカニズムで物価下落が生じることになる．

しかし，ここで問題になるのは，そもそも「国債金利の下限」というのは数字で表すといくつなのかということである．図4.2からわかるように，10年物国債の金利は2002年から2003年にかけてトレンド的に低下し，2003年6月には0.5%を記録している．この事実からすれば，「国債金利の下限」は少なくとも0.5%未満であり，2002-2003年のほとんどの期間については「国債金利の下限」を上回っており，流動性の罠に陥っていなかったということになる．しかし，「国債金利の下限」がなぜ生じるのかに関するケインズの指摘に戻って考えれば，こうした見方は必ずしも適切でない．すなわち，ケインズの言うように，国債金利がゼロに近づくにつれて，金利下落よりも金利上昇の確率が相対的に高くなるために現金への逃避が生じるのだとすれば，そうした傾向は特定の国債金利水準に達したときに突然起きるのではなく，国債金利がゼロに近づくにつれて徐々に現れるとみるべきである[12]．このように考えれば，第2の時期の解釈としては，国債金利がゼロに近くなった結果，ケインズの指摘する仕組みを通じて国債金利が下がりにくくなっていたにもかかわらず，日銀のコミ

ットメントの強さは以前と同じだったために，国債金利の十分な引き下げを実現できなかったとみることができる．

最後に，第3の時期の特徴は，国債金利の上昇と物価下落率の小幅化である．これは第2の時期と正反対の現象である．自然利子率の予想パスの上方修正に伴って，ゼロ金利の継続期間が短くなるという予想が拡がったために起きていると解釈できる．

4.3 物価水準の決定モデル

本節から始まる3つの節では，前節のアイディアを厳密なモデルで展開する．3つの節の分析は Iwamura and Watanabe (2002) に基づくものである．

詳細な分析に入る前に，本章のモデルの位置づけについて説明しておこう．本章のモデルは第2章で紹介した FTPL と密接な関係にある．しかし，以下の3点で標準的な FTPL モデルとは異なったアプローチを採っている．

第1に，FTPL の主たる関心が物価水準の上昇，つまりインフレであるのに対して，本章の主たる関心は，流動性の罠の下におけるデフレである．戦時インフレに典型的にみられるように，貨幣や国債など公的部門の債務金額がその償還財源である財政余剰との対比で過大になる（財政余剰が過小になる）ことがインフレの原因である．これを裏返せば，国が返済すべき債務金額に比べて財政余剰が大きすぎるために発生するのがデフレということになる．しかし財政部門に文字どおり余分なリソースが存在するのであれば廃棄すればよい．廃棄にお金がかからないとすれば，その実行は難しくないはずである．これはミクロ経済学でいうところの「フリー・ディスポーザル」の仮定である．このように考えれば，インフレの反対側が

---

12) 外国為替相場のターゲットゾーン制の議論では，為替相場がターゲットゾーンの上限または下限に近づくとファンダメンタルズの値から乖離することが知られている（Krugman 1991 などを参照）．例えば，為替相場が円高の上限に近づくと，ターゲットゾーン内に押し戻すために円売り介入が近々行われるとの予想が市場参加者の間に内発的に生まれ，円の買い手が少なくなる．この結果，円高ピッチが鈍ることになる．ここでの議論はこれと同種のものである．

デフレという発想は単純に過ぎることがわかる．ただし，この種の議論は，(4.1)式のような式を予算制約式とみるか，予算条件式とみるかに大きく依存している．すなわち，第2章で詳しくみたように，FTPLの議論では，(4.1)式のような式は，家計の最適化行動と市場の需給一致条件を反映した均衡条件の一部であり(つまり，予算条件式であり)，予算制約式ではない．しかも，FTPLでデフレを扱う本章の観点からは，この予算条件式が，予算制約式のような不等号ではなく，必ず等号で成立していることが重要である(第2章の注7を参照)．均衡では必ず等号で成立しているのであるから，インフレとデフレを非対称に扱う理由はどこにも存在しない．これが本章のベースになる考え方である．

第2に，FTPLに関する既存の研究の多くは物価変動の原因を財政事情の変化に求めているのに対して，本章では，民間経済の変化，とりわけ経済成長率の変化に伴う自然利子率の変化が物価に及ぼす影響を分析する[13]．日本の財政問題を考える上で重要なポイントは，財政の悪化は結果であって原因ではないということである．つまり，経済活動の停滞が税収を減らす一方で，景気を浮揚させるための様々な政府の施策が政府支出の増大を招き，その結果として政府債務が膨らんでしまったのである．因果関係は，あくまで，民間経済の悪化→財政悪化，である．これは，中南米の新興市場経済に典型的にみられるように，放漫財政まずありきで，その結果として民間の経済活動が停滞するという因果関係(財政悪化→民間経済の悪化)とは正反対である．こうした理解に立てば，財政の自律的な動き(例えば戦時下の歳出増や中南米の放漫財政など)を物価変動の主因と位置づけるFTPLの考え方を日本のデフレにそのまま当てはめるのが適当でないことは容易に想像できる．本章では，ショックは財政余剰の変化として現れるのではなく，自然利子率の低下として現れると想定し，分析を展開する．

第3に，本章のモデルでは，FTPLの枠組みに長期国債を取り込んでい

---

[13] FTPLの既存研究の中には少数ではあるが名目金利の変化が物価に及ぼす影響について分析した例もある(例えば，Canzoneri and Diba 2000やWoodford 2001)．しかし，自然利子率の変化が物価に及ぼす影響を分析した例は筆者たちの知る限りIwamura and Watanabe (2002) だけである．

る．これは，政府は満期1期の短期国債を発行し毎期借り換えるという，通常のFTPLモデルの仮定と異なっており[14]，金融政策の効果をみる上では重要な違いである．すなわち，(4.2)式で示したように，物価水準は市場価格で評価した国債時価総額と政府の財政余剰の割引現在価値の比率として決まる．仮に，国債の満期が1期であるとすると，公開市場操作や中央銀行のコミットメントにより足元の名目短期金利や将来の名目短期金利に関する予想が変化したとしても，期初時点における国債の時価総額は影響されない．一方，財政余剰については，名目短期金利の変化に伴ってシニョレッジが変化するので，その分，財政余剰も変化するが，先進国の例をみる限り，その金額は微々たるものであり，財政余剰の割引現在価値に意味のある影響を及ぼすには至らない．したがって，国債の満期が1期という仮定の下では，国債時価総額もシニョレッジも大きく変化せず，金融政策の効果は極めて限定されてしまう．これに対して，政府が長期国債（長期の名目国債）を発行しているという，より現実的な想定の下では，中央銀行のコミットメントにより将来の名目短期金利の予想値が変化すると，既発行の長期国債の市場価格が影響を受けるので，国債時価総額の変化を通じて物価に影響が及ぶ．この意味で，FTPLの枠組みを用いて金融政策の物価へのインパクトを分析しようとするときには長期国債をモデルに取り込むことが不可欠である[15]．

4.3.1 民間経済

まず民間経済部門についてみるところから始めよう．ここでは，財・サービスの価格が完全に伸縮的で（前章のような価格粘着性はない），生産のない交換経済を考える．具体的には，各期において貯蔵の効かない財が天か

---

[14] 第2章の多期間モデルでは，通常のFTPLモデルと同じく，満期1期の短期国債を仮定していた．

[15] FTPLの既存の研究では財政的な要因が物価に及ぼす影響に関心が集中しており，金融政策が物価に及ぼす効果については十分な関心が払われないことが多い．国債の満期が1期という現実離れした仮定が頻繁に使われる背景には，物価変動の財政要因を強調する考え方があるのかもしれない．しかし，物価はすべて貨幣供給量で決まるという貨幣数量説の主張が言い過ぎであるのと同じ意味で，物価はすべて財政で決まり，金融政策の出番はないという主張は正しくない．

ら降ってきて(これを「パン」とよぶことにする),家計はそれを食べると想定する.

パンの消費から得られる限界効用を $u'(c)$ と表記すると,異時点間の効用最大化の条件を利用して,t 期と $t+j$ 期の間の実質の割引率 $D_{t,t+j}$ を

$$D_{t,t+j} \equiv \beta^j \frac{u'(c_{t+j})}{u'(c_t)} \tag{4.3}$$

と定義できる.ここで β は家計の主観的割引率である.次に,天から降ってくるパンの量を y_t と表記し,家計の最適化行動によらない需要の変動分を ζ_t で表すと,市場均衡条件は $c_t = y_t - \zeta_t$ となる.この条件を(4.3)式に代入すると

$$D_{t,t+j} = \beta^j \frac{u'(y_{t+j} - \zeta_{t+j})}{u'(y_t - \zeta_t)} \tag{4.4}$$

となる.この式によれば,均衡における実質割引率は降ってくるパンの量(y_t)と家計の最適化行動によらない需要の変動分(ζ_t)に依存して決まる.前者はいわば供給ショックであり後者は需要ショックと解釈できる.

1期間の均衡実質金利,すなわち自然利子率を r_t と表記することにすれば,$1+r_t \equiv 1/D_{t,t+1}$ であり,

$$D_{t,t+j} = \frac{1}{(1+r_t)(1+r_{t+1}) \times \cdots \times (1+r_{t+j-1})}$$

と書くことができる.

4.3.2 政府・中央銀行の予算条件式

政府は様々な満期のゼロクーポン債を発行し,各ゼロクーポン債の満期日には1円が償還されるとする.第 $t+j$ 期に満期を迎える国債の第 t 期末における額面金額(枚数)を $B_{t,t+j}$ で表し,その国債の第 t 期末における市場価格(円表示)を $Q_{t,t+j}$ で表す.

第2章でみたように,家計の最適化行動と財・国債市場の需給一致条件から,次の予算条件式が得られる[16].

$$\frac{\sum_{j=0}^{\infty} Q_{t,t+j} B_{t-1,t+j} + M_{t-1}}{P_t} = E_t \sum_{j=0}^{\infty} D_{t,t+j}(s_{t+j} + \sigma_{t+j}) \tag{4.5}$$

ここで，M_t は t 期末における名目貨幣供給量，P_t は t 期の物価水準，s_t は政府の財政余剰(プライマリーサープラス)の実質値を表す．また，σ_t はシニョレッジ(実質値)である．実質貨幣需要関数を $V(Q_{t,t+1})$ で表すと σ_t は

$$\sigma_t \equiv (1 - Q_{t,t+1}) \frac{M_t}{P_t} = (1 - Q_{t,t+1}) V(Q_{t,t+1}) \quad (4.6)$$

と定義される．(4.5)式の左辺は t 時点で存在するすべての政府債務(貨幣を含む)の合計金額である．右辺は政府債務の償還に必要な財政余剰(シニョレッジを含む)の割引現在価値である．左辺は政府・中銀の統合バランスシートの負債サイド，右辺は資産サイドである．当然のことながら両者は一致しなければならない[17]．

第2章でみたように，非リカーディアン型財政政策ルールの仮定の下では，(4.5)式は P_t に関する式と読むことができる．すなわち，t 期の均衡物価水準は，t 期末における政府債務の時価総額を，シニョレッジを含む財政余剰の流列の割引現在価値で除したものとして決定される．第2章で述べたように，財政余剰(の流列の割引現在価値)の減少予想は物価を押し上げ，増加予想は物価を押し下げる方向に作用する．これが財政政策の物価への効果である．

一方の金融政策については，次のような経路で物価決定に関与している．まず，国債市場価格は満期日までの名目短期金利の流列の平均値として決まる．これは，金利の期間構造に関する期待理論とよばれる考え方である．具体的には，中央銀行は貨幣量を変化させる公開市場操作により各期の名目短期金利をコントロールできる．中央銀行は名目短期金利の将来に亘るパスを市場に対してアナウンスしそれにコミットする．これが金融

---

16) (4.5)式は第2章の(2.12)式に対応する式である．ただし，(2.12)式では国債の満期は1期と仮定されているのに対して，(4.5)式では多様な満期の国債が発行されていると想定されている．

17) (4.5)式に対応するフローベースの式は，$B_{t-1,t} - \sum_{j=1}^{\infty} Q_{t,t+j}[B_{t,t+j} - B_{t-1,t+j}] - [M_t - M_{t-1}] = P_t s_t$ である．左辺第1項は第 t 期において満期を迎える国債の償還金額を表す．償還金額が右辺第1項の財政余剰を上回る場合には追加の国債または貨幣を発行しなければならない．左辺第2項の $B_{t,t+j} - B_{t-1,t+j}$ は第 t 期において新たに発行されたうちで $t+j$ 期に満期を迎える国債の増発枚数を表している．これを第 t 期末における市場価格 $Q_{t,t+j}$ で発行している．左辺第3項は貨幣供給増による資金調達，すなわちシニョレッジである．

政策である．このコミットメントの下で国債市場価格は次のように決まる．

$$Q_{t,t+j} = E_t \left[\frac{1}{(1+i_t)(1+i_{t+1}) \times \cdots \times (1+i_{t+j-1})} \right]$$

この式からわかるように，中央銀行が名目短期金利の将来に亘るパスを引き下げるとアナウンスすると，国債市場価格が上昇し，(4.5)式の左辺の分子がその分だけ大きくなる．これは，他の事情一定にして，物価を押し上げる方向に作用する．つまり，中央銀行は，金融緩和にコミットすることにより，物価に対して押し上げ圧力を加えることができる．また，(4.6)式によれば，名目短期金利のパスを引き下げるとコミットすることにより，将来における実質シニョレッジが減少する．これは，(4.5)式の右辺を減少させるので，他の事情一定にして，これも物価を押し上げる方向に作用する．金融政策はこの2つのチャネルを通じて均衡物価に影響を及ぼす．

4.3.3 物価決定式

次節以降で行う比較静学や最適政策の計算のための準備として，(4.5)式を扱いやすい形に書き改めておこう．まず(4.5)式を線形近似するところから始めよう．(4.5)式をベースラインの周りで対数線形近似すると

$$\sum_{j=0}^{\infty} \frac{Q_{t,t+j}^* B_{t-1,t+j}^*}{P_t^*} \left[\hat{Q}_{t,t+j} - \hat{P}_t + \hat{B}_{t-1,t+j} \right] + \frac{P_{t-1}^*}{P_t^*} V_{t-1}^* \left[\hat{V}_{t-1} + \hat{P}_{t-1} - \hat{P}_t \right]$$
$$= \sum_{j=0}^{\infty} \left\{ D_{t,t+j}^* (s_{t+j}^* + \sigma_{t+j}^*) E_t \hat{D}_{t,t+j} + D_{t,t+j}^* \left[s_{t+j}^* E_t \hat{s}_{t+j} + \sigma_{t+j}^* E_t \hat{\sigma}_{t+j} \right] \right\}$$

(4.7)

を得る．ここで ∗ のついた変数はベースラインでの値を表す．例えば P_t^* は t 期における物価水準のベースライン上の値を表す．また，ハットのついた変数はベースラインからの乖離率を表す．例えば $\hat{P}_t$ は $\hat{P}_t \equiv \ln P_t - \ln P_t^*$ で定義される．他の変数も同様である．

ベースラインについて以下のように想定する．まず，国債の満期構成については

$$\frac{B^*_{t-1,t+j}}{B^*_{t+j-1,t+j}} = \theta^j \leq 1 \quad \text{for} \quad j = 1, 2, \cdots \quad (4.8)$$

と仮定する．ここで θ はパラメターである($0 \leq \theta \leq 1$)．この式の左辺の分母である $B^*_{t+j-1,t+j}$ は $t+j$ 期において実際に償還される国債の枚数を表している．一方，左辺の分子である $B^*_{t-1,t+j}$ は $t+j$ 期に満期を迎える国債のうちで $t-1$ 期末にすでに発行されているものを表している．したがって，(4.8)式の左辺の分数が1以下ということは，$t-1$ 期末以降 $t+j$ 期までの間に $t+j$ 期満期の国債が追加発行されることを意味している．追加発行のペースを表すパラメターが θ であり，$t-1$ 期末以降 $t+j$ 期までの間に毎期 θ のペースで追加発行されている．また，θ が厳密に1より小さい場合には，j が大きくなればなるほど左辺の分数は小さくなる．つまり，ある時点における国債の満期構造をみると，満期日が遠いものほどその時点における発行量が少ない．θ が非常にゼロに近い場合には満期構造が短期物に集中しており，$\theta=0$ は国債の満期がすべて1期間という特殊なケースに対応する．逆に，θ が非常に1に近い場合には短期物のウエイトが小さく，追加発行があまり行われない．$\theta=1$ の極端なケースでは国債の満期が無限大で(永久公債)，追加発行が一切行われない．

次に，s^*_t，P^*_t，$Q^*_{t,t+j}$，$D^*_{t,t+j}$ については次のように想定する．

$$s^*_t = s^* > 0; \quad P^*_t = P^*; \quad Q^*_{t,t+j} = \beta^j; \quad D^*_{t,t+j} = \beta^j$$

ここでは，ベースライン上で名目と実質の金利が等しい，つまり，物価上昇率はゼロと仮定している．これらの想定の下では

$$V^*_t = V(\beta); \quad M^*_t = V(\beta)P^*; \quad \sigma^*_t = \sigma^* \equiv (1-\beta)V(\beta) > 0$$

となる．

上記の想定をすべて(4.5)式に代入すると，ベースラインにおける予算条件式として

$$\frac{B^*_{t-1,t}}{P^*_t} = \frac{1-\beta\theta}{1-\beta}s^*$$

を得る[18]．この式からわかるように国債償還額は毎期一定であり，(4.8)

式と合わせると,ある時点における国債の平均残存期間も一定である.国債の平均残存期間は $1/(1-\theta)^2$ $(=1\times\theta^0+2\times\theta^1+3\times\theta^2+\cdots)$ である.

ベースラインに関する上記の想定の下では(4.7)式は

$$\hat{P}_t - \omega \hat{P}_{t-1} = (1-\beta\theta)(1-\omega)\left[\hat{Q}_t + \hat{B}_{t-1}\right]$$
$$- (1-\beta)E_t\hat{D}_t + \omega\hat{V}_{t-1}$$
$$- (1-\beta)\sum_{j=0}^{\infty}\beta^j E_t\, \hat{y}_{t+j} \qquad (4.9)$$

と書ける.ここで ω は $\omega \equiv \sigma^*/(s^*+\sigma^*)$ で定義されるパラメターであり,$\hat{y}_{t+j}$ は $\hat{y}_{t+j} \equiv (1-\omega)\hat{s}_{t+j} + \omega\hat{\sigma}_{t+j}$ で定義される変数である.また,$\hat{B}_{t-1}$,$\hat{Q}_t$,$\hat{D}_t$ はそれぞれ

$$\hat{B}_{t-1} \equiv \sum_{j=0}^{\infty}(\beta\theta)^j \hat{B}_{t-1,t+j}; \quad \hat{Q}_t \equiv \sum_{j=0}^{\infty}(\beta\theta)^j \hat{Q}_{t,t+j}; \quad \hat{D}_t \equiv \sum_{j=0}^{\infty}\beta^j \hat{D}_{t,t+j} \qquad (4.10)$$

によって定義される.$\hat{B}_{t-1}$ は $t-1$ 期末における国債残高の集計指標と解釈できる.また $\hat{Q}_t$ は t 期末における国債市場価格の集計指標と解釈できる.

(4.9)式の右辺にある $\hat{B}_{t-1}$ を消去するために,(4.5)式のフローベースの式(注17を参照)を上記と同じ手順で線形近似し,それを(4.9)式に代入すると,最終的な物価決定式として

$$\hat{P}_t - \hat{P}_{t-1} = (1-\beta\theta)(1-\omega)\left[\hat{Q}_t - (\beta\theta)^{-1}\hat{Q}_{t-1}\right]$$
$$- (1-\beta)\left[E_t\hat{D}_t - \beta^{-1}E_{t-1}\hat{D}_{t-1}\right]$$
$$- \omega\, \hat{Q}_{t-1,t}$$
$$- (1-\beta)\sum_{j=0}^{\infty}\beta^j (E_t - E_{t-1})\, \hat{y}_{t+j} \qquad (4.11)$$

---

18) この予算制約式には中央銀行の行動に関係する変数が一切現れていない.これは,ベースライン上では,中央銀行の債務である発行貨幣量が常にシニョレッジの流列の割引現在価値と一致している(つまり,$M_{t-1}^*/P_t^* = \sum_{j=0}^{\infty}\beta^j \sigma_t^*$)ためである.ベースライン上では中央銀行は単体で過不足なく採算がとれているため財政的に独立していると解釈できる.ただし,この性質はベースラインにおける物価上昇率がゼロという仮定に依存している.

を得ることができる．この式の右辺に登場している変数は自然利子率に対するショックを表す $\hat{D}_t$，中央銀行の操作変数である名目短期金利によって決まる $\hat{Q}_t$ と $\hat{\sigma}_{t+j}$，財政政策を表す $\hat{s}_{t+j}$ であり，これらはすべて外生変数である．

(4.11)式をもとに t 期における予期せざる変化分だけを抽出すると

$$(E_t - E_{t-1})\hat{P}_t = (1-\beta\theta)(1-\omega)(E_t - E_{t-1})\hat{Q}_t \\ - (1-\beta)(E_t - E_{t-1})\hat{D}_t \\ - (1-\beta)\sum_{j=0}^{\infty}\beta^j(E_t - E_{t-1})\hat{y}_{t+j} \quad (4.12)$$

となる．また，(4.11)式から(4.12)式を差し引き，(4.10)式を代入すると

$$E_{t-1}\hat{P}_t - \hat{P}_{t-1} = -\left[\hat{Q}_{t-1,t} - \hat{D}_{t-1,t}\right] \quad (4.13)$$

を得る．これはフィッシャー式に他ならない．

(4.12)式によれば，$\hat{D}_{t,t+j}$ の値が増大するというニュース，つまり t 期から $t+j$ 期にかけての時期に自然利子率が低下するというニュースが t 期に伝わると，$\hat{D}_t$ の増加を通じて $\hat{P}_t$ が下落する．つまり，自然利子率の低下はデフレ効果をもつ．これに対抗するために中央銀行が名目短期金利の将来値を引き下げるとアナウンスすると，先に述べた2つのチャネルを通じて均衡物価に影響が及ぶ．

第1のチャネルは右辺第1項で表されている．金利引き下げのアナウンスメントにより，t 期における各種国債の市場価格の加重平均値である $(1-\beta\theta)\hat{Q}_t$ が上昇し，物価に対して上昇圧力が加わる．右辺第1項において各種国債の市場価格は $\beta\theta$ で加重されているから，θ が小さい場合，つまりベースラインにおける満期構成が短期に偏っている場合には，遠い将来に満期を迎える国債の市場価格上昇が大きくディスカウントされ，物価上昇への寄与が小さくなる．第1のチャネルを通じた金融政策の効果が国債の満期構成にどのように依存するかをみるために(4.12)式の右辺第1項を

$$(1-\omega)(1-\beta\theta)\sum_{j=0}^{\infty}(\beta\theta)^{j}(E_t - E_{t-1})\hat{Q}_{t,t+j}$$

と書き直すと，$\{(E_t-E_{t-1})\hat{Q}_{t,t+j}\}_{j=0}^{\infty}$ を所与として，θ が大きければ大きいほどこの項は(絶対値でみて)大きくなることがわかる．すべての国債が満期1期という極端なケース($\theta=0$)では $\hat{Q}_{t,t+j}$ の係数がすべてゼロであり，名目短期金利の変更は一切，物価に影響を及ぼさない．FTPLに関する既存の研究では国債の満期は1期と仮定することが多いが，そうした設定の下では金融政策は仮定により効果をもたないことが確認できる．

金融政策の第2のチャネルは，名目金利の低下に伴うシニョレッジの変化である．(4.6)式を線形近似すると $\hat{\sigma}_{t+j}$ の $\hat{Q}_{t+j,t+j+1}$ の間には

$$\hat{\sigma}_{t+j} = -\beta(1-\beta)^{-1}\left[1-\beta^{-1}(1-\beta)\eta\right]\hat{Q}_{t+j,t+j+1} \tag{4.14}$$

という関係がある．ここで $\eta>0$ は実質貨幣需要 V_t の $Q_{t,t+1}$ に関する弾性値であり，$0<\eta<\beta(1-\beta)^{-1}$ と仮定する[19]．現在および将来の名目金利が下がると各期におけるシニョレッジが減少し，(4.12)式の右辺第3項を通じて物価を押し上げる方向に作用することが確認できる．

4.4 比較静学

4.4.1 ゼロ金利制約がバインディングになる条件

第 t 期の期初において，足元および将来の自然利子率が低下するというニュースが家計に伝えられたとする．このニュースに対して均衡物価はどのように反応するだろうか．中央銀行はこのニュースの影響をどの程度中和できるだろうか．ゼロ金利制約はどの程度，金融政策の足枷となるだろうか．前節のモデルを用いて考えてみよう．

話を単純にするために，t 期にニュースが伝わる前にはすべての変数はベースライン上にあったとする．つまり，ニュースが伝わる前は経済は平穏であり，このニュース以外のショックは発生していないとする．このと

---

[19] これはシニョレッジに関してラッファーカーブの左側にいると仮定することに相当する．

きには(4.11)式は

$$\hat{P}_t = (1-\beta\theta)(1-\omega)\hat{Q}_t - (1-\beta)E_t\hat{D}_t - (1-\beta)\sum_{j=0}^{\infty}\beta^j E_t\hat{y}_{t+j}$$
(4.15)

という簡単なかたちになる．自然利子率低下のニュースによって $E_t\hat{D}_t$ は正の値をとっているから，t 期の物価水準には下落圧力が加わる．このとき中央銀行による金融緩和には前述の2つのチャネルを通じて物価に対する下落圧力を緩和する効果がある．

しかし金融緩和の効果はゼロ金利制約のために減殺される可能性がある．この点について調べるために，前節の記号を用いてゼロ金利制約を表現すると

$$Q_{t,t+j} \leq 1$$

である．ここでは名目金利がゼロより下がらないという下限制約が国債市場価格の上限制約として表されている．これを $\hat{Q}_{t,t+j}$ に関する制約条件に書き換えると

$$\hat{Q}_{t,t+j} \leq \ln 1 - \ln\hat{Q}^*_{t,t+j} = -j\ln\beta \approx j\beta^{-1}(1-\beta)$$
(4.16)

となる．さらに，$\hat{Q}_t$ に関する制約条件に書き換えると

$$\hat{Q}_t \leq \frac{\theta(1-\beta)}{(1-\beta\theta)^2}$$
(4.17)

を得る．

(4.17)式を用いると，(4.15)式の左辺第1項の上限は，$\theta(1-\beta)(1-\beta\theta)^{-1}(1-\omega)$ と計算できる．同様にして，(4.15)式のシニョレッジ項の上限値も計算できる．これらの上限値と，財政政策がショックに反応しないという条件($\hat{s}_{t+j}=0$)を(4.15)式に代入すると，モデルのパラメーターと自然利子率低下ショックの大きさ($E_t\hat{D}_t$)の間の関係式として

$$\theta(1-\beta)(1-\beta\theta)^{-1}(1-\omega) + [1-\beta^{-1}(1-\beta)\eta]\omega - (1-\beta)E_t\hat{D}_t < 0$$
(4.18)

が成立するときには，$\hat{P}_t<0$ となることがわかる．つまり，この条件式が満たされているときには，ゼロ金利制約が足枷となり，中央銀行はデフレ圧力を消し去ることができないのである．

ここでは次のようなことが起きている．すなわち，自然利子率が低下するという予想が広まると，割引率の低下を通じて政府の財政余剰の割引現在価値が高まる．財政余剰の割引現在価値が増加することは既発国債の背後にある資産が増加することなので，国債が代替的な民間投資機会に比べ魅力的になり，国債に対する需要が増加する．このとき，通常であれば，国債の市場価格が上昇するはずである．市場価格の上昇により国債需要が減少するというのが通常時における均衡回復メカニズムである．しかし，自然利子率の低下ショックが大きく，それに対抗するために大幅な金融緩和が必要になる場合は，この均衡回復メカニズムが働かない．名目金利の下限あるいは国債価格の上限に突き当ってしまうからである．では，この状況の下で均衡を回復させるにはどうすればよいだろうか．国債の市場価格が十分に上昇できない中で国債の需要超過を解消するには，物価を下落させることにより国債の 実質 価格（国債市場価格を物価で割ったもの）を上昇させるしかない．これがゼロ金利制約がバインディングになる状況における均衡回復メカニズムである．本来であれば国債の市場価格の調整により均衡を回復できるにもかかわらず，名目金利に下限があるためにこの調整機能が十分に働かず，その結果，均衡に向かうための価格調整が国債市場から財市場へと持ち越されているとみることができる[20]．

(4.18)式に戻って，この条件式のもつ意味を詳しくみてみよう．第 1 に，θ が小さければ小さいほどこの条件が満たされやすくなる．パラメター θ が小さいということはベースラインにおける国債の満期が短期物に集中していることを意味する．国債の満期が短いと，中央銀行が将来の名目短期

---

[20] ここでの均衡回復メカニズムは第 2 章で説明した「富効果」を用いて解釈することもできる．すなわち，財政余剰の割引現在価値が上昇している裏側では家計（納税者）の恒常所得が減少している．したがって，負の富効果が働き，家計（納税者）は財に対する需要を減少させ，その結果，物価が下落する．一方，物価の下落は，既発国債の市場価格が不変とすれば，既発国債の保有者の実質的な富を増加させるので，正の富効果が働く．この 2 つの富効果がちょうど相殺しているときには，その裏側で政府の財政状況もちょうどバランスしているので，これが新たな均衡となる．

金利のパスを下げるとコミットしたときに，それに伴う国債時価総額の増加が小さい．そのため，国債の平均満期が短ければ短いほどゼロ金利制約がバインディングになるリスクが大きくなるのである．

ベースラインを平時（大きなショックが起きている非常時に対しての平時という意味）と読み替えるとすると，パラメター θ が大きいということは平時における国債の満期構成が長いということを意味する．このように解釈すると，(4.18)式が含意していることは，自然利子率低下ショックへの対処を容易にするには，平時において国債の満期構成を長めに維持しておくのが望ましいということである．流動性の罠に陥らないための一種の保険として平時における国債の満期構成を長めにすることを提案していると解釈できる[21]．

第2に，自然利子率がマイナスになることはゼロ金利制約がバインディングになるための必要条件ではない．(4.18)式によれば，例えば，θ が非常にゼロに近く，ω もゼロに近い場合には，$E_t \hat{D}_t$ がプラスでありさえすれば，(4.18)式の左辺はマイナスになる．つまり，この極端なパラメター値の下では，自然利子率が低下しさえすれば，(4.18)式の左辺がマイナスになり，ゼロ金利制約がバインディングになるのである．同様のことはより弱い条件の下でも生じる．これに対して，前章でみたように，リカーディアン型の財政政策を仮定した上でゼロ金利制約を議論している研究（Krugman 1998, 2000, Woodford 1999b, Jung et al. 2003, Eggertsson and Woodford 2003 など）では，マイナスの自然利子率はゼロ金利制約がバインディングになるための必要条件である．第2章でみたように，リカーディアン型の財政政策ルールとは，財政当局が追随者となることにより中央銀

---

[21] 第2章でみたように，Summers (1991) は，平時の目標物価上昇率を高めに維持することにより，流動性の罠に陥る確率を低下させることを提案している．そこでのアイディアは，目標物価上昇率を高めに設定することにより，平時の短期名目金利を高めに維持し，それによってショックが起きたときの短期金利の下げ余地を確保するということであった．国債の満期構成を長めに保っておくというここでの提案とサマーズの提案は，流動性の罠に陥るリスクに対して平時から保険をかけて備えるという点で共通している．ただし，サマーズの提案が短期金利の下げ余地を確保することを目的としているに対して，ここでの提案は，短期金利の下げ余地を所与として，その下げ余地をできるだけ有効に活用するにはどうすればよいかという，いわばレバレッジ効果を高めるための工夫である．この2つは互いに補完的な提案とみることができる．

行の意思決定により多くの自由度を与えるものである．そのように考えれば，リカーディアン型の財政政策ルールの下でゼロ金利制約がバインディングになりにくいというクルーグマン等の分析結果は容易に理解できる．

4.4.2 今日のデフレか明日のデフレか

(4.18)式の左辺が負であればデフレは不可避である．その逆に，(4.18)式の左辺が非負であれば，金融緩和により t 期のデフレを回避できる．では，非負という条件さえ満たされていれば，ゼロ金利制約が金融政策の足枷になることはないといえるのだろうか．残念ながらそうとはいえない．(4.18)式でみているのは t 期の均衡物価水準だけであり，それ以降の期における物価の変動についてはまったくみていないからである．以下では，t 期のデフレ回避に必要とされる金融政策が t 期以降の物価変動を招いてしまう可能性について詳しく調べてみよう．

まず，(4.15)式にフィッシャー式を代入することにより次のように書き換える[22]．

$$\hat{P}_t + \sum_{j=0}^{\infty} \beta^{j+1} \lambda_j E_t \hat{\pi}_{t+j+1}$$
$$= -\sum_{j=0}^{\infty} \beta^{j+1}(1-\lambda_j) E_t \hat{D}_{t+j,t+j+1} - (1-\beta)(1-\omega)\sum_{j=0}^{\infty} \beta^j E_t \hat{s}_{t+j} \quad (4.19)$$

ここで $\hat{\pi}_{t+j}$ ($\equiv \hat{P}_{t+j} - \hat{P}_{t+j-1}$) は物価上昇率，また，$\lambda_j$ は $\lambda_j \equiv (1-\omega)\theta^{j+1} + [1-\beta^{-1}(1-\beta)\eta]\omega$ で定義されるパラメーターであり，$0 \leq \lambda_j \leq 1$ を満たす．この式の左辺は各期の物価上昇率の加重平均値であり，その加重平均値が自然利子率に対するショック ($E_t \hat{D}_{t+j,t+j+1}$) と財政政策 ($E_t \hat{s}_{t+j}$) に規定されていることを示している．右辺はショックと政策変数であり，どちらも外生的に決まる変数であるから，この式は，それらを所与としたときの，各期の物価上昇率に関する異時点間制約を表しているとみることができる．(4.19)式についてもうひとつ特徴的なことは，金融政策に関連する変数が一切登場していないことである．(4.15)式に登場している $\hat{Q}_t$ と $\hat{\sigma}_{t+j}$ はフ

---

22) 導出の詳細は Iwamura and Watanabe (2002) の Appendix B を参照されたい．

ィッシャー式を代入することにより消去されている．金融政策に関連する変数が登場していないということは，どのような金融政策が採用されても必ず(4.19)式が満たされなければならないということを意味している．

いま(4.18)式の左辺が非負であり，金融政策により t 期のデフレを回避することが可能であるとしよう[23]．これは，(4.19)式に登場する変数でいえば，$\hat{P}_t$ と $\hat{s}_{t+j}$ がゼロであることを意味する．そこで，この2つの条件を(4.19)式に代入すると，左辺第2項($\sum_{j=0}^{\infty} \beta^{j+1} \lambda_j E_t \hat{\pi}_{t+j+1}$)が必ず負でなければならないことがわかる．つまり，金融緩和により t 期のデフレを防ぐことは可能であるが，その代わりに，$t+1$ 期以降のどこかの期にデフレが生じてしまうのである．つまり，t 期のデフレ回避はそれ以降の期の物価安定を犠牲にして初めて可能になっているといえる．別な言い方をすると，t 期のデフレ圧力を金融政策で完全に消し去ることは不可能である．金融政策でできるのは精々のところデフレ圧力を将来のどこかの時点に先送りすることである．

今日の物価上昇率と明日の物価上昇率の間にトレードオフ関係が存在することを最初に指摘したのは Sargent and Wallace (1981) である．この論文での彼らの指摘は，今日のインフレを回避しようとするとその分シニョレッジが減少し，将来のどこかの時点でシニョレッジを取り戻すためにインフレを起こさざるを得なくなるということである．この意味で今日のインフレと明日のインフレはトレードオフ関係にある．人々がこのトレードオフ関係を正しく認識してしまうと，期待インフレ率が上昇し，今日のインフレを阻止したいという当初の狙いすらも実現できなくなってしまう．これが論文のタイトルにもなっている "Unpleasant Monetarist Arithmetic" である．

彼らの主張の根拠は極めて単純である．シニョレッジという税を今日「減税」するのであれば必ず将来時点のどこかで「増税」しなければ辻褄が合わないということ，つまりリカードの等価定理のシニョレッジ版に過

---

[23] 具体的にどのような金融政策ルールを採ればこれが可能になるかについてはここでは議論しない．ここでは単に，何らかの金融政策ルールを選択した結果，t 期のデフレが回避できたと仮定し，そこで実現される均衡について議論する．具体的な金融政策ルールについては次節で詳しく議論する．

ぎない．金融政策と予算制約は一見したところ，無関係のようにみえるが，実は金融政策といえども予算制約の束縛から自由ではない．これが彼らの論文の最も重要なメッセージである．

(4.19)式で示されている各期の物価上昇率に関する制約式も，Sargent and Wallace (1981) と同様，予算制約に由来する．ただし，Sargent and Wallace (1981) が金融政策の財政的側面としてシニョレッジだけに焦点を当てているのに対して，本章のモデルでは，シニョレッジ以外に，物価水準の変化に伴って国債の実質償還額が変化するという面でも金融政策が財政収支に影響を及ぼすことを考慮に入れている．この意味で Sargent and Wallace (1981) の議論の拡張と解釈できる[24]．先進各国ではシニョレッジが全体の税収に占める割合は非常に小さく，また，シニョレッジの獲得を目的として金融政策が運営されることもない．その意味では，Sargent and Wallace (1981) の主張は，定性的にはともかくとして，定量的には必ずしも重要でない．しかし，同じロジックを国債償還額にまで拡張すれば，定量的にも "Unpleasant Monetarist Arithmetic" が重要な意味をもつ可能性がある．

4.4.3 クルーグマンの処方箋再考

今日と明日の物価上昇率の間にトレードオフが存在するという(4.19)式のメッセージを踏まえると，前章で紹介した Krugman (1998, 2000) の処方箋の意味と問題点がはっきりみえてくる．すなわち，クルーグマンによれば，日本では自然利子率がマイナスであり，名目金利がゼロまで下がってもなお実質金利が高止まっている．こうした状況にあって実質金利をさらに引き下げるには，現在から将来にかけて物価水準が上昇するという期待を生じさせる必要があり，そのためには日本銀行は将来の物価水準を高くするとコミットすべきである．このクルーグマンの処方箋を本章のモデルで表現すれば，自然利子率がマイナスになる中で $\hat{P}_t=0;\ \hat{\pi}_{t+j}\geq 0$ for

---

[24] Sargent and Wallace (1981) の議論を国債償還額にまで最初に拡張したのは Cochrane (2001) である．また，Daniel (2001b) は，通貨危機の文脈で同種の異時点間制約について分析している．

$j=1,\cdots$ を目指すべきと主張していることになる．

　この物価パスは果たして実現可能なのだろうか．(4.19)式を用いて調べてみよう．この物価パスを前提にすれば，(4.19)式の左辺は正である．一方，自然利子率がマイナスなので右辺第1項は負である．したがって，右辺第2項の財政政策が反応しない($\hat{s}_{t+j}=0$)という前提の下では，クルーグマンの主張する物価パスは(4.19)式を満たさない．(4.19)式は政府の予算条件式から導かれたものであるから，クルーグマンの主張する物価パスは予算条件式(あるいは，その背後にある予算制約式)を満たしていないといってもよい．

　では(4.19)式が満たされるためにはどのような条件が必要であろうか．クルーグマンの物価パスが(4.19)式と整合的であるためには，右辺第2項が正，つまり財政余剰の割引現在価値がベースラインとの対比で下振れている必要がある．これは，政府が将来の財政余剰を減らすとアナウンスし，それにコミットすることを意味する．つまり，クルーグマンの処方箋は中央銀行単独では実行不可能なものであり，財政政策の協力があって初めて可能になる[25]．

　クルーグマンの処方箋が財政政策との協調なしでは実行不可能という上の結果は次の含意をもつ．第1に，中央銀行が単独でクルーグマンの物価パスを実現させると宣言しても市場の信認は得られない．予算条件式を満たさない宣言が信用されることは決してないからである．第2に，クルーグマンの処方箋のうちで，将来の物価水準を上昇させるという部分だけに注目し，中央銀行が $\hat{\pi}_{t+j}\geq 0$ for $j=1,\cdots$ というコミットメントを行ったらどうだろうか．つまり，$\hat{P}_t=0$ の部分についてはコミットしないのである．これは，正のインフレ率を目標とするインフレターゲティングを実行すべきとの主張に相当する．このコミットメントの下では，(4.19)式の左辺第2項は正，右辺は負であるから，必然的に左辺第1項が負になる．つまり，財政政策の変更を伴わず，将来のインフレ率引き上げだけにコミッ

---

[25] 前章で紹介したように，クルーグマン自身は，期待インフレ率を高めるために中央銀行がオペレーションを行うと，それに伴って財政にしわ寄せがいく可能性に言及している．ただ，それが具体的にどのようなかたちをとるかについては議論していない．

トすると,足元のデフレを加速するという最悪の結果になってしまうのである[26]。

4.5 最適な政策コミットメント

前節までのところでは,中央銀行がどのような金融政策ルールに従うのか,あるいは従うべきかといった点について明示的に議論してこなかった.本節では,金融政策ルールを特定し,それが均衡物価に及ぼす影響について詳しく検討することにしよう.

4.5.1 テイラールール

まず,前章でも紹介したテイラールールについて考えるところから始めよう.テイラールールは名目短期金利を自然利子率に一致させるというルールであり,

$$i_{t+j} = \max\{r_{t+j},\, 0\}$$

と表現できる.ここでは名目短期金利がゼロを下回ることはないという制約を max を用いて表現している.この式を本章の記号で表現すれば

$$\hat{Q}_{t+j,t+j+1} = \min\left\{\hat{D}_{t+j,t+j+1},\, \beta^{-1}(1-\beta)\right\} \quad (4.20)$$

となる.このルールの下で均衡物価がどうなるかを調べるために,まず,(4.15)式を次のように変形する[27].

$$\hat{P}_t = \sum_{j=0}^{\infty} \beta^{j+1}\left[\lambda_j \hat{Q}_{t+j,t+j+1} - E_t \hat{D}_{t+j,t+j+1}\right] - (1-\beta)(1-\omega)\sum_{j=0}^{\infty} \beta^j E_t \hat{s}_{t+j} \quad (4.21)$$

テイラールールの下では $\hat{Q}_{t+j,t+j+1} \leq E_t\hat{D}_{t+j,t+j+1}$ for $j=0,1,2,\cdots$ が成立する.さらに $\lambda_j \leq 1$ であるから,右辺第1項はゼロまたは負である.したがって,財政政策が動かないとすれば($\hat{s}_{t+j}=0$),$\hat{P}_t$ はゼロまたは負にな

---

[26] この点について詳細は岩村・渡辺(2003)を参照されたい.
[27] 導出の詳細は Iwamura and Watanabe (2002) の Appendix B を参照されたい.

る．つまり，テイラールールの下では自然利子率の大幅な低下ショックはデフレを生じさせる．

次に，Reifschneider and Williams (2000) の提案する拡張版テイラールールについて考えてみよう．本章の記号を使えば，彼らの拡張版テイラールールは

$$\hat{Q}_{t+j,t+j+1} = \min\left\{\lambda_j^{-1}\hat{D}_{t+j,t+j+1} - \beta^{-1}Z_{t+j-1},\ \beta^{-1}(1-\beta)\right\} \tag{4.22}$$

と表すことができる．ただし Z_{t+j} は

$$Z_{t+j} \equiv \beta^{-1}Z_{t+j-1} + \left[\hat{Q}_{t+j,t+j+1} - \lambda_j^{-1}\hat{D}_{t+j,t+j+1}\right]; \quad Z_{t-1} \equiv 0 \tag{4.23}$$

で定義される変数であり，名目短期金利の実績値と望ましい値との乖離が時間を通じてどのように累積しているかを示している．自然利子率がベースラインを大幅に下回る期間が続くと(つまり，$\hat{D}_{t+j,t+j+1} > \lambda_j\beta^{-1}(1-\beta)$)，(4.23)式の括弧内が負になり，$Z_{t+j}$ が負の値を累積させることになる．このとき(4.22)式は中央銀行に対して Z_{t+j} で示されるバックログが完全に解消されるまでゼロ金利を継続するよう要請する．

拡張版テイラールールの下で自然利子率低下ショックが発生すると均衡物価にはどのような影響が出るだろうか．前節で確認したように，(4.18)式が満たされないときには，どのような金融政策ルールであっても，均衡物価への影響を遮断することは不可能である．逆に，(4.18)式が満たされる場合には，適切な金融政策ルールを選べば，均衡物価への影響を遮断することが可能である．以下では，パラメーターの値が(4.18)式を満たしているとの仮定の下で，拡張版テイラールールが均衡物価への影響を遮断する効果をもつかどうかを調べてみよう．

拡張版テイラールールの下でゼロ金利政策が採られたとして，その最終期を $t+J^{ATR}$ と表記する．ここで J^{ATR} は有限値かもしれないし無限遠の将来かもしれない．いまゼロ金利政策が無限遠まで継続されるとすると，$Z_{t+\infty}$ の値は $\sum_{j=0}^{\infty}\beta^j[\beta^{-1}(1-\beta)-\lambda_j^{-1}E_t\hat{D}_{t+j,t+j+1}]$ となる．ところ

が, (4.18)式からわかるように, これは非負である. つまり, (4.18)式の条件が満たされている限り, 無限遠の将来までいく手前のところで Z の値が負から正に転じるか, あるいは無限遠の将来時点で Z がちょうどゼロになるかのいずれかのはずである. そのいずれの場合でも, $t+J^{ATR}$ の定義により,

$$\sum_{j=0}^{t+J^{ATR}} \beta^j \left[\hat{Q}_{t+j,t+j+1} - \lambda_j^{-1} E_t \hat{D}_{t+j,t+j+1} \right] = 0$$

が成立しているはずであり, したがって $\hat{P}_t=0$ が実現されている. つまり, (4.18)式が満たされている限り, 拡張版テイラールールによって自然利子率低下ショックが均衡物価に及ぼす影響を完全に遮断できることが確認できる.

拡張版テイラールールは, 短期金利に関するゼロ金利制約がバインディングでなくなってもゼロ金利政策を継続することを要請しており, その意味で歴史依存型の金融政策ルールである. この歴史依存性があるからこそ, 金融政策の予想チャネルが有効に機能し, t 期のデフレを回避することが可能になる. その意味では, 前章と同じく, 金融政策ルールの歴史依存性がデフレ回避に重要な役割を果たしている.

ただし, 本章と前章では, 金融政策の歴史依存性が均衡物価に影響を及ぼすメカニズムがまったく異なる点には注意が必要である. 価格粘着性の存在する前章のモデルでは, ゼロ金利政策を延長することにより名目長期金利が低下し, これが実質長期金利の低下を通じて経済活動を刺激する効果をもっていた. これは, Krugman (1998, 2000), Woodford (1999a, b), Jung et al. (2003), Eggertsson and Woodford (2003) など, 価格粘着性とリカーディアン型財政政策の組み合わせを仮定する先行研究に共通する特徴である. これに対して, すべての価格が完全に伸縮的な本章のモデルでは, ゼロ金利政策の継続にコミットすることにより名目長期金利を低下させても, それは実質長期金利の低下を意味しない. したがって, ゼロ金利の継続が先行研究と同じ経路を通じて景気刺激効果をもつことはあり得ない.

では本章のモデルでゼロ金利政策の延長が効果をもつのはなぜだろう

か．それは，政府の予算条件式を通じてである．すなわち，自然利子率が正の値をとる将来時点においても名目金利をゼロに据え置くとコミットすることは将来時点における物価上昇率をマイナスにすることを意味する．ところが，将来の物価水準が低くなるということは，将来の国債の実質償還額が増大するという財政的な含意をもつ．将来の財政事情が悪化するとの予想は国債を含む政府債務に対する需要を減少させ，それが足元のデフレ圧力を弱める方向に作用するのである．

4.5.2　最適な金融政策ルール

拡張版テイラールールはデフレ回避に有効ではあるが，それが最適なルールであるとは限らない．実際，前章では，価格粘着性とリカーディアン型財政政策の仮定の下で，拡張版テイラールールが最適なルールでないことを確認した．本章のモデルでも最適なルールはやはり拡張版テイラールールと異なるのだろうか．最適な金融政策ルールはどのような性質をもつだろうか．以下では，中央銀行の損失関数を最小化する金融政策ルールを計算するという前章と同じ方法によりこの問題を考えてみよう．

最小化問題を定式化するには，第2節で導出した物価決定式に加え，自然利子率に対するショックと中央銀行の損失関数を特定する必要がある．まず自然利子率に対するショックについては，第0期の期初において将来の自然利子率のパスに関するニュースが伝えられると想定する．具体的には，$\hat{D}_{j,j+1}$ が

$$\hat{D}_{j,j+1} = D\mu^j \qquad \text{for} \quad j = 0, 1, 2, \cdots \qquad (4.24)$$

に従って推移するとのニュースである．ここで μ は自然利子率ショックの持続性を表す正のパラメターであり，$0<\mu<1$ を満たす．前章と同じく μ は1を下回り，ショックは時間を追って減衰する(永続的でない)．一方，D は正のパラメターであり，初期時点におけるショックの大きさを表す．なお，自然利子率は，$D<\beta^{-1}(1-\beta)$ の場合には終始，正の範囲にとどまる一方，$D>\beta^{-1}(1-\beta)$ の場合には一時的に負の水準まで落ち込む．後者の場合には，自然利子率が負値をとる最後の期を J と表記する(J は

$\hat{D}_{J,J+1}=\beta^{-1}(1-\beta)$ により定義される).

次に,中央銀行の損失関数については,

$$E_0 \sum_{j=0}^{\infty} \beta^j \hat{\pi}_j^2$$

と仮定する.第3章で示した損失関数((3.1)式と(3.2)式)と比較すると,需給ギャップの項がないのが特徴的である.これは,本章では価格が伸縮的で,需給ギャップは常にゼロに等しいためである.中央銀行は損失関数を最小化するような名目短期金利のパスをアナウンスし,それにコミットするという点は前章と同じとする.

以上の設定の下で中央銀行の最適化問題は次のラグランジェアンで表現できる.

$$E_0 \sum_{j=0}^{\infty} \beta^j \Big\{ \hat{\pi}_j^2 - 2\phi_{1j}\Big[\hat{\pi}_j - (1-\beta\theta)(1-\omega)(\hat{Q}_j - (\beta\theta)^{-1}\hat{Q}_{j-1}) \\ + (1-\beta)(E_j\hat{D}_j - \beta^{-1}E_{j-1}\hat{D}_{j-1}) + \omega\hat{Q}_{j-1,j} + (1-\beta)\sum_{k=0}^{\infty}\beta^k(E_j - E_{j-1})\hat{y}_{j+k}\Big] \\ - 2\phi_{2j}\Big[(1-\beta\theta)\hat{Q}_j - \beta\theta(1-\beta\theta)E_j\hat{Q}_{j+1} - \beta\theta\hat{Q}_{j,j+1}\Big]\Big\} \quad (4.25)$$

ただし,ϕ_{1j} と ϕ_{2j} は,それぞれ,物価決定式((4.11)式)と $\hat{Q}_j$ の定義式((4.10)式)に関するラグランジェ乗数である.このラグランジェアンには $\hat{y}_{t+j}$ が含まれており,その構成要素として $\hat{s}_{t+j}$ が含まれている.財政政策に関する変数が登場しているのは前章の最適化問題との重要な違いである.ただし,中央銀行単独で損失関数を最小化する場合には $\hat{s}_{t+j}$ は最適化問題のコントロール変数に含まれない.以下ではまず,中央銀行単独で最適化問題を解く.$\hat{s}_{t+j}$ もコントロール変数に含まれる政策協調のケースは次項で扱う[28].

上のラグランジェアンを $\hat{\pi}_j$, $\hat{Q}_j$, $\hat{Q}_{j,j+1}$ で微分すると $j=0,1,2,\cdots$ について次の1階条件が得られる.

$$\hat{\pi}_j - \phi_{1j} = 0 \quad (4.26)$$

$$(1-\omega)\phi_{1j} - \theta^{-1}(1-\omega)\phi_{1j+1} - \phi_{2j} + \theta\phi_{2j-1} = 0 \quad (4.27)$$

$$\left[\hat{Q}_{j,j+1} - \beta^{-1}(1-\beta)\right]\left\{\theta\phi_{2j} - \omega\phi_{1j+1} + \omega\left[1-\beta^{-1}(1-\beta)\eta\right]\phi_{10}\right\} = 0 \quad (4.28)$$

$$\hat{Q}_{j,j+1} - \beta^{-1}(1-\beta) \leq 0 \quad (4.29)$$

$$\theta\phi_{2j} - \omega\phi_{1j+1} + \omega\left[1-\beta^{-1}(1-\beta)\eta\right]\phi_{10} \leq 0 \quad (4.30)$$

ここで(4.26)式はラグランジェアンを $\hat{\pi}_j$ で微分したもの，また，(4.27)式は $\hat{Q}_j$ で微分したものである．(4.28)，(4.29)，(4.30)式はゼロ金利制約に関するクーンタッカー条件である．ゼロ金利制約がバインディングでなければ $\theta\phi_{2j} - \omega\phi_{1j+1} + \omega\left[1-\beta^{-1}(1-\beta)\eta\right]\phi_{10} = 0$ が成立する一方，バインディングであれば $\theta\phi_{2j} - \omega\phi_{1j+1} + \omega\left[1-\beta^{-1}(1-\beta)\eta\right]\phi_{10} < 0$ が成立する．

最適解を特定するにはラグランジェ乗数の初期値が必要である．前章の仮定を踏襲し，第0期にショックに関するニュースが伝わる以前は経済はベースライン上にいると仮定する．ベースライン上の物価上昇率は仮定によりゼロであるから，第0期以前には最善の解が実現している．したがって，2つのラグランジェ乗数は第0期以前にはともにゼロである．

$$\phi_{1-1} = 0; \quad \phi_{2-1} = 0 \quad (4.31)$$

---

28) 第3.4節の最適化問題との主な違いは次の2点である．第1に，本章のモデルでは価格は完全に伸縮的と仮定されている．したがって，需給ギャップは常にゼロであり，損失関数に需給ギャップが登場していない．またAS曲線に相当するものが本章のモデルでは存在しない．第2は財政の取り扱いである．前章ではリカーディアン型財政政策を仮定していたため財政変数は一切登場していない．第3.4節で行ったことは，予算条件式(あるいは，その背後にある予算制約式)を忘れて中央銀行の損失関数を最小化するような諸変数(短期金利や物価など)の現在から将来にかけてのパスを選択するという作業である．しかしこのようにして選択された解を実現するにはこれだけでは不十分である．中央銀行が最適解を選ぶ過程では予算条件式を無視していたので，一般に中央銀行の選んだ解は予算条件式を満たしていないからである．そこで政府は，中央銀行の選んだ解を与えられたものとして，その解の下で予算条件式が満たされるように，歳入や歳出を調整する．これがリカーディアン型財政政策の仮定である．この計算手順を現実にひきつけて解釈すると，財政当局あるいは政府は「中央銀行の望む解を実現するために最大限の協力を惜しまない」と予め約束しているに等しい．財政当局としてできるだけの協力をすると約束しているために，予算条件式がバインディングな制約条件にならず，したがって，最適化問題で予算条件式を無視することが許されるのである．別な言い方をすると，前章で計算した最適解は，財政当局が最大限の協力を約束することにより，中央銀行の選択肢を最も広くなるようにし，その広い選択肢の中から最適なものを選んでいるとみることができる．

上記の諸条件と(4.11), (4.10)式が最適解の満たすべき条件である.

これらの条件を利用して最適解の性質を調べてみよう. まず, (4.27)式に(4.26)式を代入し ϕ_{1j} を消去すると

$$\phi_{2j} = (1-\omega)\left[\theta^j \hat{\pi}_0 - \theta^{-1}\hat{\pi}_{j+1}\right] \quad \text{for} \quad j = 0, 1, 2, \cdots \quad (4.32)$$

が得られる. 自然利子率に対するショックが時間とともに減衰していくという(4.24)式の仮定の下では, 最適解は, 前章と同じく, どこかの期までは名目短期金利のゼロ金利制約がバインディングであるが, それ以降はバインディングでないというかたちになるはずである. ゼロ金利制約がバインディングになっている最後の期を J^* ($J^* \geq -1$) と表記し, (4.32)式と(4.26)式をクーン・タッカー条件に代入すると最適解を次のように書き表すことができる.

$$\begin{cases} \hat{\pi}_j > \lambda_{j-1}\hat{\pi}_0 & \text{for} \quad j = 1, 2, \cdots, J^*, J^*+1 \\ \hat{\pi}_j = \lambda_{j-1}\hat{\pi}_0 & \text{for} \quad j = J^*+2, J^*+3, \cdots \end{cases} \quad (4.33)$$

この式において $\hat{\pi}_0$ は負である[29].

(4.33)式で示される最適解は次の特徴をもっている. 第1は「デフレ・スムージング」である. すなわち, (4.19)式で確認したように, 将来時点で物価が下がるという予想は, 他の事情一定にして, 足元の物価水準を押し上げる方向に作用する. 最適解では, この性質を活用して, ゼロ金利政策の解除される J^*+2 期以降, 小幅なデフレを起こすことにより第0期のデフレ圧力を和らげている. これは, デフレ圧力を第0期ですべて受け止めるのではなく, 将来に向けて薄く広く散らしていると解釈でき, その意味で「デフレ・スムージング」である[30].

第2に, 最適解は, ①自然利子率が負から正に転じた後もゼロ金利政策が継続される, ②自然利子率の低下幅が小さく, 自然利子率が負にならな

---

[29] $\hat{\pi}_0 \geq 0$ であれば, $\hat{\pi}_j$ はすべて非負となり, 明らかに(4.19)式に反してしまう. したがって $\hat{\pi}_0$ は負でなければならない.

[30] 前節でみたように, 流動性の罠に陥っているときに正のインフレ率を目標に掲げることは足元のデフレ圧力を強めてしまうので逆効果である. 最適解が示唆しているのは正ではなく負のインフレ率(小幅なデフレ)を目標に掲げることであり, リカーディアン型財政政策を仮定するクルーグマン等とは正反対の結論になっている.

い場合でもゼロ金利政策が実行される，という2つの点でテイラールールから乖離している．このうち，①は第3章で議論した歴史依存性である．まずこれについてみてみよう．ゼロ金利政策の最終期における物価上昇率 $\hat{\pi}_{J^*+1}$ は $\lambda_{J^*}\hat{\pi}_0$ に等しいはずである．したがって，

$$\hat{D}_{J^*,J^*+1} = \beta^{-1}(1-\beta) + \lambda_{J^*}\hat{\pi}_0$$

が成立する．一方，$\hat{D}_{J,J+1}$ は定義により $\beta^{-1}(1-\beta)$ に等しいから，上式は $\hat{D}_{J^*,J^*+1} \leq \hat{D}_{J,J+1}$ であることを意味している．つまり，

$$J \leq J^* \qquad (4.34)$$

であり，自然利子率が負から正に転じた後もゼロ金利政策が継続されるという意味での歴史依存性が確認できる．また，容易に確認できるように，歴史依存性の度合いは θ に依存しており，θ が大きければ大きいほど（つまり国債の満期構成が長ければ長いほど）J と J^* の差が大きくなる[31]．

次に，②の性質についてみるために，「すべての期においてゼロ金利制約がバインディングにならない」と仮定した場合に矛盾が出てくるかどうかを調べてみよう．すべての期においてゼロ金利制約がバインディングでない場合には，各期の物価上昇率は

$$\hat{\pi}_{j+1} = \lambda_j \hat{\pi}_0 \qquad \text{for} \quad j = 0, 1, 2, \cdots$$

となる．この式が成立しているとすれば，自然利子率の流列がゼロに近ければ近いほど（つまり，$\hat{D}_{j,j+1}$ が $\beta^{-1}(1-\beta)$ に近ければ近いほど）デフレ幅が大きいはずである．したがって，自然利子率の流列が十分にゼロに近ければ

$$[\hat{D}_{j,j+1} - \beta^{-1}(1-\beta)] - \hat{\pi}_{j+1} > 0$$

となるはずである．なぜなら，自然利子率は正（つまり $\hat{D}_{j,j+1} < \beta^{-1}(1-\beta)$）

---

[31] 最適解と拡張版テイラールールを比較すると $J^* \leq J^{ATR}$ が成立することがわかる．つまり，拡張版テイラールールが指示するゼロ金利の継続期間は最適解に比べて長すぎる．また，割引因子 β がゼロに近い場合には J^* と J^{ATR} の差は小さい．この意味で，中央銀行が将来の損失を大きく割り引く場合には拡張版テイラールールが最適解の良い近似となる．これらの性質は前章で確認したものと同じである．

であるから右辺の括弧内は負であるが，これをゼロに近づければ近づけるほど $\hat{\pi}_{j+1}$ のマイナス幅が大きくなるからである．ところで，この式の $\hat{\pi}_{j+1}$ をフィッシャー式を用いて消去すると

$$\hat{Q}_{j,j+1} - \beta^{-1}(1-\beta) > 0$$

となる．これはゼロ金利制約が満たされていないことを意味している．したがって，自然利子率がプラスであったとしても，十分にゼロに近い場合には，ゼロ金利政策が最適解になり得ることが確認できる．

4.5.3　最適なポリシーミックス

次に，中央銀行と政府が協調しながら物価安定のための政策を行うと想定して最適解を計算してみよう．

ポリシーミックスを最適化問題の中で扱うには，新たなコントロール変数として財政余剰が加わると考えればよい．最適化問題のその他の設定は同じである．ラグランジェアン((4.25)式)を $(E_0 - E_{-1})\sum_{k=0}^{\infty}\beta^k \hat{s}_k$ で微分すると，新たな1階条件として

$$\phi_{10} = 0$$

が得られる．このとき，クーンタッカー条件((4.28)-(4.30)式)は次のように簡略化される．

$$\left[\hat{Q}_{j,j+1} - \beta^{-1}(1-\beta)\right]\left[\hat{Q}_{j,j+1} - \hat{D}_{j,j+1}\right] = 0$$
$$\hat{Q}_{j,j+1} - \beta^{-1}(1-\beta) \leq 0$$
$$\hat{Q}_{j,j+1} - \hat{D}_{j,j+1} \leq 0$$

これらの条件を満たす最適金融政策ルールが

$$\hat{Q}_{j,j+1} = \min\left\{\hat{D}_{j,j+1},\ \beta^{-1}(1-\beta)\right\}$$

であることは容易に確認できる．このルールは(4.20)式に示したテイラールールに他ならない．つまり，財政が協調するとの前提の下では，テイラールールが最適となる．これは，財政が協調しないとの前提の下では，最

適金融政策ルールがテイラールールから乖離するという 4.5.2 項の分析結果と対照的である.財政余剰をコントロール変数に含めるということは,予算条件式が満たされるように財政調整が行われるという環境(つまり,リカーディアン型財政政策の仮定)を導入することに等しい.いわば,予算条件式を満たすという課題は財政当局に割り当てられており,中央銀行は予算条件式を無視して金融政策を運営できる.そのように考えれば,政策協調の下でテイラールールが最適金融政策ルールになるというここでの分析結果は理解しやすい.

一方,最適な財政余剰のパスは

$$(1-\beta)(1-\omega)\sum_{j=0}^{\infty}\beta^j E_0 \hat{s}_j = \sum_{j=0}^{\infty}\beta^{j+1}E_0\left[\lambda_j \hat{Q}_{j,j+1} - \hat{D}_{j,j+1}\right] \quad (4.35)$$

を満たさなければならない.最適金融政策ルールの下では $\lambda_j \hat{Q}_{j,j+1} \leq \hat{D}_{j,j+1}$ であるから,(4.35)式の右辺は非正である.つまり,自然利子率の低下幅が名目利子率で追随できないほど大きいときには,政府は財政余剰の割引現在価値を小さくするとコミットしなければならない.このことの意味を具体的にみるために,例えば,政府が各期の財政余剰を

$$\hat{s}_t = \beta(1-\beta)^{-1}(1-\omega)^{-1}\left[\lambda_t \hat{Q}_{t,t+1} - \hat{D}_{t,t+1}\right] \quad \text{for} \quad t=0,1,2,\cdots$$

というフィードバック型ルールに従って決めていると考えてみよう.各期の財政余剰がこのルールに従って決められているときに(4.35)式が満たされることは容易に確認できる[32].このルールによれば,自然利子率が名目利子率で追跡できないほど大幅に低下した期には財政余剰を減らす対応(財政拡大)が必要となる.

自然利子率の低下幅が名目利子率で追随できないほどに大きい場合には財政余剰を縮小させるというコミットが必要という上記の結果は次のように解釈できる.すなわち,(4.4)式からわかるように,自然利子率が低下する状況は,現在から将来にかけての経済成長率が大幅に低下するという予想によって引き起こされている.つまり,経済全体のパイが今まで考えていたほどには増えない,あるいは,これまでの予想に反して減少してし

---

[32] ただし,このルールが(4.35)式を満たす唯一のルールではない.

まうという弱気の予想が支配しているのである．この状況の下で財政余剰がまったく変化しないというのは不自然なことである．なぜなら，もしそうだとすれば，経済全体のパイの中で財政の取り分が突出して大きくなってしまうからである．直観的に明らかなように，経済全体のパイが縮小しているときには，財政の取り分（財政余剰）もそれと比例的に縮小させるのが望ましい．別な言い方をすると，経済全体のパイの減少を民間部門にすべて皺寄せするのではなく，政府部門も応分の負担をすべきである．上記の計算結果が指摘しているのはこのことである[33]．

4.5.4 シミュレーション

以上の分析結果をシミュレーションで定量的に確認しておくことにしよう．本章のモデルで用いているパラメターは，$\beta, \omega, \theta, \eta, D, \mu$ であり，D を除く各パラメターの値は表 4.2 に示してある[34]．D については，以下

表 4.2　パラメター値

β	=	0.99
ω	=	0.053
θ	=	0.8
η	=	0.505
μ	=	0.7

---

33) 現実の経済を考えると，経済活動が全般に縮小しているときには，法人税や所得税などそこから得られる税収が減少する一方，失業保険給付などの支出は増えるので，その分，財政余剰は減少する．これは，財政の自動安定化装置（built-in stabilizer）とよばれるものであり，経済停滞の下で政府部門がある程度の負担を受け持つために設けられた仕組みとみなすことができる．しかし，日本をはじめとする多くの国の税体系等をみる限り，この自動安定化装置を通じて政府部門が引き受けるのは経済全体のパイ縮小のごく一部に過ぎない．そのため，経済全体のパイが縮小する中で，政府部門も受け取る財の量（財政余剰）が減少するとはいえ，相対的には民間部門の減少の方が大きく，財の配分について官民の間でアンバランスが生じてしまう．このアンバランスが残る限り，民間の投資機会との対比で国債の魅力が高まりデフレが生じる．これを回避するには，自動安定化装置に加えて，財政当局が意図的に財政余剰を減らすことが必要である．

34) 家計の割引率 β は年率 4% と想定している．全税収に占めるシニョレッジの割合を表す ω の値は，ベースマネーの対 GDP 比が 0.07，プライマリーサープラスの対 GDP 比が 0.05 との想定に基づいている．この 2 つの数字を ω の定義式 ($\omega \equiv (1-\beta)V^*/[(1-\beta)V^* +s^*]$) に代入し，$\omega=(1-0.99)*0.07*4/[(1-0.99)*0.07*4+0.05]=0.053$ と計算している．なお，この想定値は，日銀納付金が GDP 対比で約 0.3% であるという事実ともほぼ整合的である．国債の満期構成を表す θ の値は，政府債務の平均満期が 25 四半期との想定に基づく（$=1/(1-0.8)^2$）．最後に，実質貨幣需要の金利弾力性である η は既存研究の推計結果をもとに設定してある．

第 4 章　ゼロ金利下の政策コミットメント(Ⅱ)——185

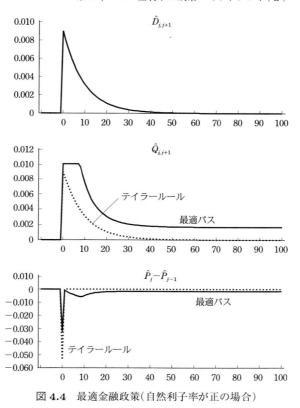

図 4.4　最適金融政策(自然利子率が正の場合)

に説明するように，いくつかの想定を試している．なお，パラメターの設定に当たっては，モデルの 1 期間を 1 四半期と解釈している．

　図 4.4 は，テイラールール((4.20)式)の下で得られる諸変数の均衡パスと，最適化問題の解として得られる諸変数のパスを比較している．ここでは財政は協調しないと仮定している．まず，最上段のグラフには，自然利子率の推移($\hat{D}_{j,j+1}$)を示してある．ここでは，第 0 期の期初において自然利子率が低下するとのニュースが伝えられると想定している．ただし，自然利子率は大きく低下するもののマイナスにはならず正の範囲にとどまると想定している(D の値は 0.009 と想定)[35]．図 4.4 の 2 段目のグラフは，こ

---

35)　図をみるに際には，自然利子率の 低下 は $\hat{D}_{j,j+1}$ の 上昇 として表されていることに注意されたい．同様に，名目短期金利と $\hat{Q}_{j,j+1}$ も逆数の関係にある．

のショックの下での名目短期金利の動き($\hat{Q}_{j,j+1}$)を，また3段目のグラフは，1段目のショックと2段目の金融政策が与えられたときの物価上昇率の推移($\hat{\pi}_j$)を示している．2段目と3段目のグラフで，点線はテイラールールの下でのパスを表し，実線は最適化問題の解として得られるパスを表している．

まずテイラールールの下でのパスをみてみよう．テイラールールは，自然利子率が正の範囲にとどまる限り，名目短期金利を対応する期間の自然利子率に一致させることを要請する．したがって，2段目のグラフの点線は1段目のグラフと同じ動きをしている．この名目短期金利のパスを所与としたときに，3段目のグラフの点線で示される均衡インフレ率は，第1期以降についてはゼロであるが，第0期についてはマイナスになっており($\hat{\pi}_0=-0.05$)，デフレが生じている．この結果は第4.5.1項の議論と整合的である．

次に，最適パスについてみてみよう．2段目のグラフの実線で示されている名目短期金利$\hat{Q}_{j,j+1}$の最適パスは，テイラールールの下でのパスから次の2つの点で乖離している．第1に，名目短期金利は，ニュースの伝えられた第0期にゼロまで引き下げられ，その後，第7期まで8期間にわたってゼロ金利政策が継続されている．第2に，ゼロ金利政策の解除された第8期以降についても名目短期金利はテイラールールの下での値を下回っている．最適パスの下では，この2つの意味で金融緩和がより強力になっている．

3段目の実線で示したインフレ率の動きをみると，強力な金融緩和を反映して，第0期のデフレがテイラールールより小幅になっていることが確認できる($\hat{\pi}_0=-0.03$)．ただし，第1期以降については，テイラールールの下でインフレ率がゼロとなっていたのに対して，最適パスでは小幅なデフレとなっている．テイラールールでは，デフレ圧力をすべて第0期で受け止めるのに対して，最適パスでは，第1期以降も含めて薄く広く分散させる，デフレ・スムージングが行われていることを示している．

図4.5では，図4.4と同じシミュレーションを行っているが，今度は自然利子率がマイナスまで低下すると想定している($D=0.015$)．自然利子率

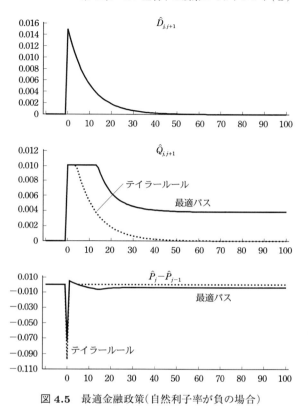

図 4.5　最適金融政策（自然利子率が負の場合）

は第0期から第3期まで4期間にわたってマイナスの値をとっている．自然利子率がマイナスの期間については，名目短期金利をゼロに設定し，それ以降は自然利子率と同じ水準にするというのがテイラールール（(4.20)式）の要請であり，2段目のグラフの点線はそれを表している．この金利パスを所与として，3段目の点線で示したインフレ率は，第0期にマイナスになった後（$\hat{\pi}_0 = -0.10$），1期から4期にかけてはプラスになり，その後，第5期以降は，ベースラインに戻るという複雑なパスを示している．自然利子率がマイナスの期間は，名目金利をゼロにしてもなお自然利子率を上回っているため，インフレ率が正になってしまうというのが図4.4との大きな違いである．

表 4.3 政府債務の満期構成と J^*

$D=$	0.002	0.004	0.006	0.008	0.010	0.012	0.014
$\theta=0.30$	NB	0	1	2	4	6	9
0.40	NB	0	1	2	4	6	9
0.50	NB	0	2	3	4	6	9
0.60	NB	1	2	4	5	7	9
0.70	NB	1	3	5	7	8	10
0.80	NB	0	2	6	8	10	12
0.90	NB	NB	0	4	8	12	15
1.00	NB	NB	NB	NB	NB	1	3

注) NB はゼロ金利制約がバインディングでないことを表す.

次に，$\hat{Q}_{j,j+1}$ の最適パスをみると，ゼロ金利は第 13 期まで継続されており，テイラールールより 10 期間長い．また，ゼロ金利政策終了後も金利はテイラールールより低めになっている．最適パスが，テイラールールと比べて，金融緩和の方向に乖離しているという結果は，図 4.4 で確認したことと同じである．より強力な金融緩和を反映して第 0 期の物価下落は相対的に小幅になっている($\hat{\pi}_0=-0.07$)．

表 4.3 では，国債の満期構成の違いがゼロ金利政策の最適継続期間 J^* にどう影響するかをみるために，満期構成を表すパラメター θ とショックの大きさを表すパラメター D の様々な組み合わせについて最適化問題を解き，J^* の値を計算している．表の右端の 3 列($D=0.010, 0.012, 0.014$)では自然利子率がマイナスの水準まで低下すると想定されているが，それ以外の列では自然利子率は正の範囲にとどまると想定されている．この表からは，θ と J^* の関係が単調でないことが確認できる．例えば，$D=0.006$ の列を上から下に辿ると，$\theta=0.70$ のところまでは θ が増加すると J^* が増加する(国債の満期が長くなると最適なゼロ金利期間も長くなる)という関係があるが，それ以降は，θ の増加とともに J^* が減少し，$\theta=1$ のときには最適経路上でゼロ金利制約がバインディングでなくなることがわかる．この結果は，① θ が低いところを出発点として考えれば，満期構成を長くすることはゼロ金利政策の有効性を高めるので，最適解はより長い期間のゼ

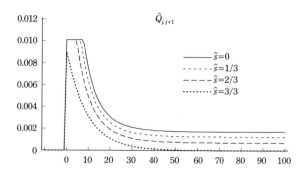

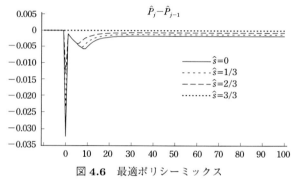

図 4.6　最適ポリシーミックス

ロ金利政策を要請する，②しかし θ が十分に 1 に近くなると，そもそもゼロ金利制約がバインディングでなくなる，という 2 つの性質を反映していると解釈できる．

最後に，図 4.6 は，金融政策と財政政策が協調するとの前提の下での最適パスを示している．ここでは自然利子率の低下ショックの想定は図 4.4 と同じであり，自然利子率は大幅に低下するもののマイナスにはならないと想定している．図 4.4 では財政調整の度合いに応じて 4 つのケースを想定している．まず，$\hat{s}=0$ は財政余剰の調整がまったく行われないケースである．次に，$\hat{s}=1/3$ は (4.35) 式で示されている最適な財政調整のうち 3 分の 1 だけ実行するということを意味している．同様に，$\hat{s}=2/3$ は最適な調整の 3 分の 2 だけ行っている．最後に，$\hat{s}=3/3$ では，(4.35) 式に示されたとおりの財政調整が行われている．ここでのシミュレーションでは，各ケースについて，財政調整を所与とした上で最適な金融政策を計算して

いる.

　図の上段に示した $\hat{Q}_{j,j+1}$ をみると,財政調整が拡大するにつれてゼロ金利政策の継続期間が短くなることが確認できる.特に,$\hat{s}=3/3$ のケースではゼロ金利制約はバインディングでなくなっている.また,下段に示した $\hat{\pi}_j$ をみると,財政調整が拡大するにつれてインフレ率の変動が小さくなることがわかる.(4.35)式どおりの財政調整を行った場合には ($\hat{s}=3/3$),物価の変動は完全に除去されることが確認できる.

4.6　結　び

　本章では自然利子率の大幅な低下が物価水準に及ぼす影響について分析を行った.本章の分析結果は次のように要約できる.

　現在及び将来の自然利子率が大幅に低下するとのニュースが伝わると,財政余剰の割引現在価値が上昇し,国債が民間の代替的な投資機会との対比で魅力的になる.このとき,経済が通常の状況にあれば,ニュースが伝わると同時に国債の市場価格が上昇し,直ちに均衡が回復される.しかし,名目金利がゼロに近い状況では,名目金利の低下に限界があり,それを反映して国債市場価格の上昇にも限界が生じてしまう.この状況の下で均衡を回復させるには,足元の物価を低下させることにより,国債の<u>実質</u>価格を上昇させる必要がある.これが流動性の罠の下で生じるデフレーションである.

　このデフレに政策はどう対処すべきか.本章で計算した最適金融・財政政策は次の3点を示している.第1に,ゼロ金利政策を長く続けるという歴史依存的な金融政策は有効である.これは前章でみたのと同じ性質である.第2に,将来の物価水準(に関する期待)を引き上げるというクルーグマン等の提案は,財政の協力が得られないとの前提の下では,国債市場価格の低下を招き,足元の物価への下押し圧力をかえって強める結果になる.財政の協力が得られないのであれば,クルーグマン等の提案とは反対に,小幅なデフレが将来も続くとの期待を醸成することが次善の策として適当である.第3に,ゼロ金利制約の下でのデフレを回避するには財政の

役割が重要である．経済全体のパイの縮小と平仄を合わせて財政余剰を減らすと政府がコミットすれば，それによって国債と民間投資機会の魅力が同じになり，国債価格の上昇なしでも均衡を回復させることが可能になる．

第5章　代替的な制度

5.1　はじめに

これまでの議論では，現在の制度的枠組みの中で，財政政策や金融政策がどのような影響を物価に与えるのかを考察してきた．本章では角度を変えて，貨幣制度や財政制度の仕組みを変えたら何ができるかを考えてみることにしよう．第2節で検討するのは，自然利子率はマイナスになれるが名目金利はマイナスになれないという非対称性から生じる財市場と貨幣市場のアンバランスの問題，いわゆる「流動性の罠」の問題を解決する貨幣制度の可能性についてである．続く第3節では，財政のファイナンス活動の性質を変えて政府活動の物価への影響を遮断する仕組みあるいはルールを財政にセットすることが可能かどうかを検討し，あわせて金本位制を参照しつつ中央銀行の財務を政府から隔離することの効果について論じる．第4節は総括である．

5.2　ゲゼル型貨幣

5.2.1　ゲゼルの提案

デフレへの対応として，無リスクの金融資産保有への課税が提案されることがある．事業や不動産などの実物的な投資の収益率が著しく低下した状況では，国債やセーフティネット付預金などの安全資産への逃避が生じてしまう．だから，これら安全資産の保有に追加的なコストを発生させれば，そこに流れていた資金が実物投資に回り，デフレは解消し景気も回復に向かうだろうというわけだ．

もちろん，こうした安全資産への投資と実物投資への投資との間に生じたアンバランスを回復させるには，金融政策によって安全資産の利回りである名目金利を操作するのが基本である．実物投資が過小であるときには

名目金利を引き下げ，過大であるときには引き上げるわけだ．しかし，名目金利がゼロに貼り付いてしまっている状況では，もう名目金利を下げる余地がない．それなら，課税によって安全資産の収益率をマイナスに持って行ってしまえば，安全資産への逃避に歯止めをかけることができて，実物投資を促すことができるのではないかというのである．

　しかし，注意しなければいけないことは，すでに金融資産を持っている人の収益率をマイナスにすることと，新たに金融資産を持とうとしている人の収益率をマイナスにすることは，そもそも別の問題だということである．金融資産の収益率を引き下げて投資を実物資産に向かわせたいのならば，私たちが考えるべきことは，すでに金融資産を持っている人の収益率を事後的なルール変更によって引き下げることではなく，新たに金融資産を持とうとしている人の期待収益率を引き下げることである．だが，ここで障害になるのが，金利ゼロの金融資産つまり価値保蔵手段であると同時に，取引の必要性に応じて自由に保有できる交換手段でもある貨幣の存在である．

　例えば，名目金利がゼロに貼り付いた状態で国債投資に対する税が金融資産保有税として導入されたとしよう．保有税が導入されれば国債投資の収益率は保有税分だけ悪化してマイナスになるが，それは新たに国債を購入しようとする人の投資収益率をマイナスにすることを意味はしない．なぜなら，金利ゼロの価値保蔵手段であるとともに最も基本的な交換手段としてその保有に制限がない貨幣が存在する以上，保有税によって収益率がマイナスになった国債を人々が保有する理由はないからである．名目金利ゼロ下で金融資産課税が導入された状態で新規国債を消化するためには，国債の発行者である政府自身が国債の利回りを保有税分だけ引き上げる必要があるし，既発行の金利ゼロ国債を保有している人が国債を売却するためには，現在から満期までの課税効果分を自らで負担した額面割れ価格を売却価格として提示する必要がある．そうなれば，金融資産保有税下でも新たに国債を発行することも既発行の国債を売却することもできるようになるが，その状態で新たに国債を持とうとしている人の収益率はゼロのままであってマイナスになるわけではない．つまり貨幣の収益率がゼロであ

る限り，名目金利はゼロ以下にはなりえないのである．したがって，私たちがデフレ対策としてゼロに貼り付いてしまっている名目金利をさらに引き下げてマイナスにする必要があると考えるとすれば，貨幣が価値保蔵手段としてではなく交換手段としての目的のみで保有されるよう，価値保蔵手段としての貨幣の保有にコスト(持ち越し費用)を課することを考えなければならない．では，そのようなことは実現可能なのだろうか．

実は，この交換手段としての貨幣から価値保蔵手段としての側面を切り離す方法はないかという問題に対して，すでに20世紀の初頭に答を与えてくれた人物がいる．シルヴィオ・ゲゼル(Silvio Gesell, 1862-1930年)である．彼の業績は，ケインズが『一般理論』の中で「不当に無視された予言者」と呼んで多くの紙幅を費やして議論しているにもかかわらず，既存の貨幣制度に対して挑戦を試みる社会運動家の間で彼らの理論的先駆者として敬意の対象となっている以外には，ほとんど顧みられることなく現在に至っている[1]．しかし，貨幣の保有にコストを課して，それが価値保蔵手段として用いられることの「弊害」をなくそうとするのならば，ゲゼルのアイディアについての考察を避けることはできない．以下では，そうした「保有コストのかかる貨幣」を「ゲゼル型貨幣」と呼んで，その可能性と問題点について考えることにしよう．

ゲゼルが提案したのは，スタンプ付紙幣と呼ばれる方式である．これは，紙幣の保有者に保有期間に応じた枚数のスタンプを購入させ，そのスタンプを貼り付けておかなければ貨幣としての価値が維持できないと定めておくという制度である．スタンプの金額は法令などによって決めることになるのだろうが，例えば1週間が経過するたびに表示額の1000分の1に相当する金額のスタンプが必要であると定めるとすれば，紙幣の価値を維持するのに必要なスタンプの総額は1年間(約52週)で券面の5.2%にな

---

[1] 交換手段としての貨幣から価値保蔵手段を切り離すという主張は，彼の代表的著作である『自然的経済秩序』(Gesell 1916)第3.13章で "I therefore propose a complete separation of the medium of exchange from the medium of saving" として述べられている(1929年英訳版による，なお同版は http://www.systemfehler.de/en/index.htm から入手できる)．なお，ゲゼルに関連する様々な資料は非営利団体である「ゲゼル研究会」によって提供されており(http://www.grsj.org/)，本章の記述も同会の資料に多くを拠っている．

るから，すなわち貨幣の保有に 5.2% の持ち越し費用あるいはマイナスの金利が課されていることになる．こうすれば，流動性の罠の状況は，金融資産の収益率がマイナス 5.2% に低下するまで起こらなくなり金融政策の有効性は大幅に拡大するだろう．

　ところで，このようなゲゼル型貨幣が固定的な交換比率で他の貨幣と並行して使われると，人々の経済活動一般を促進するのではなく，ゲゼル型貨幣を受容する人との間の経済活動を，その受け取りを拒否する人との経済活動よりも優先しようとするようになる．人々は，いったんゲゼル型貨幣を受け取ってしまうと，それが減価してしまうことによる不利益を小さくするためには，ともかく早くゲゼル型貨幣を他の人に渡してしまう必要がある．したがって，ゲゼル型貨幣を使える商店と使えない商店とがあれば，人々はゲゼル型貨幣を使える商店で買い物をするようになるはずだからだ．これは，一種の「囲い込み効果」であるが[2]，結果としてみれば，この囲い込み効果が，ゲゼルの名を経済学の文脈よりも社会運動の文脈で人々に記憶させることになった．こうした効果は，地域独自の通貨を作り出すことで中央から独立した地域共同体的な経済圏を作ろうとする運動，いわゆる地域通貨運動においては，共同体の求心力維持のためにとりわけ有効だからである．実際，世界で数千件，日本でも数百件あるといわれている様々な地域通貨プロジェクトでも，時間とともに減価というゲゼル型貨幣を採用している例が少なからず存在する．

　もっとも，ゲゼルがスタンプ付紙幣を提案した理由は，こうした囲い込み効果を目的とするものではなく，市場で取引される多くの商品が腐ったり時代遅れになったりというかたちで時間の経過とともに劣化して行く中で，貨幣だけが腐りもせず時代遅れにもならずに価値が維持されているということへの問題意識に基づくものであった．彼の考えでは，貨幣の保有にコストをかけさせ，時間の経過とともに価値が劣化するような仕掛けを

---

[2] ちなみに，このような囲い込み効果が働くのは，ゲゼル型貨幣と他の貨幣とが並行して使われ，かつ，相互の交換比率が外部から固定されているからである．もしゲゼル型貨幣と他の貨幣との交換比率(為替レート)が市場に委ねられて変動し，かつゲゼル型貨幣の名目金利はゼロである(利子を付して現在貨幣と将来貨幣を交換する証券は存在しない)とすれば，ゲゼル型貨幣における名目価値の減価は，ゲゼル型貨幣の直先レートに吸収されてしまって囲い込み効果も存在しなくなるはずである．

作った方が，貨幣が退蔵されることがなくなり，人々の経済活動への参加が促進されるはずだというものであり，その限りでは，財市場と貨幣市場との間の不均衡への問題意識によるものであったといえる．

だが，実物財は腐ったり時代遅れになったりして価値が劣化するが，貨幣はそうではないという対比は，財市場と貨幣市場との間の不均衡への認識の仕方としては単純に過ぎるというべきである．実物財は，確かにそのままの状態で保管していれば腐ったり時代遅れになったりするが，単に保管するのでなく投資に用いれば価値を増やすことができるからである．小麦を蔵に積んでおけば腐ってしまうかもしれないが，一部の小麦を春に畑に蒔いて，さらに残りの小麦をパンに焼いて食べながら畑仕事に勤しめば，秋にはより多くの小麦になって戻ってくるだろう．そうした投資の限界生産率すなわち資本の限界効率が，人々の現在消費と将来消費との限界代替率と等しくなるよう自然利子率が決まるのであるから，ゲゼルが問題意識をもつとしたら，そのような財市場の利子率つまり自然利子率と，貨幣市場の利子率つまり名目金利との間の不均衡に対して注目すべきだったのではないだろうか．

成長する経済では，財市場の利子率である自然利子率はプラスが普通である．つまり秋に収穫できる小麦は，種籾や畑仕事のためのパンとして農業生産活動に投じられた小麦の量を上回るのが普通であるから，ゲゼルのような問題意識をもつ必要はない．自然利子率がプラスなら，その財市場と貨幣市場とが均衡するためには，プラスの自然利子率と等しい利子率を現在の貨幣と将来の貨幣を交換しようとする人に与えればよい．すなわち名目金利を自然利子率と等しくすればよいのである．ゲゼルの問題意識が重要になるのは，単に財市場と貨幣市場の間に不均衡が生じているだけではなく，気候不順や農作業に従事する人々の減少によって秋に収穫される小麦が少なくなり，農業のために投じられた種籾やパンの量を下回るような状態，すなわち財市場の利子率がマイナスになったときなのである．財市場の利子率がマイナスになっているのに貨幣市場では利子率をマイナスになれないという状態に陥っている経済，すなわち流動性の罠（一過性の流動性の罠）の状態にある経済では，確かにゲゼル流の処方箋は有効である．

彼の代表作とされる『自然的経済秩序』は第1次世界大戦の最中に出版されたものであったが，それが注目されたのは1930年代の大不況期になってからであるのも，時代背景を考えれば不思議なことではない[3]．

では，ゲゼル型貨幣の採用は，やはり流動性の罠に陥っている可能性が高い現在の日本に対する処方箋になりうるのだろうか．問題は，このようなゲゼル型貨幣を採用することで得られる効果が，その採用に伴って発生するであろうコストを十分に上回るといえるかどうかである．もし私たちが，現在の貨幣をゲゼル型貨幣に変更しようとすれば，そのために人々に強いる負担は小さいものではない．ゲゼル型貨幣の価値を維持するためにスタンプを購入したり購入したスタンプを貼り付けたりするのは，それが地域通貨運動というような自発的動機に支えられているのでなければ，人々とりわけ仕事が忙しいとか身体が不自由であるというような人々にとって大きな苦痛になるだろう．

もっとも，こうした負担を軽減するような貨幣を設計する方法は，いくつか考えることができる．例えば，スタンプを貼り付けなければ使えないというような規則の強制はやめて，代わりに貨幣には発行日を表示することにし，中央銀行は発行した貨幣を新たに発行する貨幣と交換する際，同額面同士の貨幣と交換するのではなく，発行日からの日数に応じ，マイナスの日歩をつけて額面より少ない金額の貨幣としか交換しないようにすることなどが考えられるだろう．マイナスの日歩をiとすると(すなわち$0 \leq i < 1$)，t日前に発行した貨幣1単位を中央銀行に持ち込んでも，それは$(1-i)^t$単位の新たに発行される貨幣にしか交換することはできないとするわけだ．このような貨幣が採用されれば，人々は貨幣を発行日ごとに異

---

3) ゲゼル型貨幣の最初の実施例は，ドイツのハンス・ティムとヘルムート・レーディンガーという2人のゲゼル信奉者が1929年に始めた「ヴェーラ: Wära」という組合内通用型の交換手段である．このヴェーラは，ライヒスマルクや外貨などと交換で発行されるが，価値を維持するためには毎月額面の1%に相当するスタンプを購入して貼り付ける必要があるというもので，一時は組合員数1000社を数えるまでに流行したが，1931年に政府により禁止された．また，1932年には，オーストリアのヴェルグルという地方都市で，町の職員への給料の支払という形で「労働証明書」というゲゼル型貨幣が発行され，地域経済活動の活性化や失業率の低下に効果があったといわれている．これは，通用範囲に「地域」という概念を含むため，現代の地域通貨運動家の間でも良く知られているが，翌1933年にオーストリア政府により禁止された．この間の事情はOnken(1983)に詳しい．

なる価値の債務だと認識できるようになり，毎日 $i/1$ の割合で減価する交換レートで発行日の異なる貨幣を交換するようになる．これで，交換レートを計算する煩わしさは残るがスタンプの購入や貼り付けは不要になる．さらに貨幣を紙に印刷するのをやめて IC カードのような電子媒体に収容するようにすれば，交換レートの計算も自動的に行えるようになって，これなら人々に大きな負担を強いなくてもゲゼル型貨幣を実用化できるだろう[4]．

こうしてみると，価値が減価する貨幣というゲゼルのアイディアは，彼がそうしたアイディアを持ち出した理由に問題はあるものの，自然利子率がマイナスになるほどのデフレショックに悩む経済にとっては，名目金利をマイナスにする方法を与えるという点で一定の処方箋にはなりそうである．だが，私たちがゲゼルのアイディアを取り入れることを考えるのであれば，それで解決できることについてだけでなく，ゲゼル型貨幣を採用しても解決できないことはないのか，そこを検討しておかなければならない．

5.2.2　名目金利マイナスの効果と限界

ゲゼル型貨幣の導入で何ができるようになって何はできないのかを整理してみよう．最初に，第 4 章で展開した議論を簡単に復習しておこう．人々の経済に対する予想が変化し，財政余剰に対する人々の予想が変化しないままで 0 期から j 期の間の自然利子率に対する予想 $R_{0,j}^n$ が大きく低下したとする．こうした変化の中で物価を安定させるために中央銀行ができることは，人々の名目金利に対する予想に働きかけて $R_{0,j}^n$ を自然利子率と同様に大きく低下させることである．この効果は，すでに第 4 章で詳しくみたとおりであり，

---

[4] ちなみに，現在の貨幣（銀行券）には番号の表示はあるが発行日の表示はないので，そもそも発行日が異なる貨幣間での交換レートは存在し得ない．なお，ゲゼル研究会主宰者の森野栄一氏によれば，減価型貨幣のアイディア自体は「カレンダー型」と呼ばれ，早くからゲゼルや彼の仲間たちの間で共有されていたようである．ただし，カレンダー型貨幣の基本形態は発行日を貨幣に表示しておくだけではなくて，発行日以降の期間経過に応じた減価金額そのものまで表示しておく方式なので，ここで議論している発行日情報のみを表示する貨幣とは性格が異なる．

$$P_0 = \frac{M_{-1} + \sum_{j=0}^{\infty} B_{-1,j}/R_{0,j}^n}{\sum_{j=0}^{\infty} \tilde{s}_j/R_{0,j}^r} \qquad (5.1)$$

と表現できる．ゲゼル型貨幣の良さは，この名目金利に対する予想をマイナスの領域にまで引き下げることを可能にすることで，従来型の貨幣が使用されている場合に比べて，より大きな力を金融政策に発揮させることができるようになることである．そうした力が十分強ければ，従来は流動性の罠の状況で手詰まりに陥っていた中央銀行でも，首尾良くショックを吸収し現在の物価 P_0 への影響を遮断することができるようになる[5]．

だが，そうした金融政策には代償も伴う．それを示しているのが，(5.1)式の貨幣価値決定式を変形した

$$\sum_{j=0}^{\infty} \frac{\tilde{s}_j}{R_{0,j}^r} = \sum_{j=0}^{\infty} \frac{B_{-1,j}}{R_{0,j}^r}\left(\frac{1}{P_j}\right) + M_{-1}\left(\frac{1}{P_0}\right) \qquad (5.2)$$

である．この式の右辺は現在から将来にわたる貨幣価値 $(1/P_j)$ を各期に支払期が到来する公的部門の金融債務 $B_{-1,j}/R_{0,j}^r$ でウエイト付けした加重平均であり，一方，左辺は財政余剰の予想流列を自然利子率で現在価値化したものである．したがって，この式は，財政余剰に対する予想が変化しないままで自然利子率が変化するというようなショックの下で，現在の物価を変化させないためには，何らかのかたちで将来の物価流列についての予想に変化を生じさせなければならない，つまり代償を払わねばならないということを示しているのだといえる．これはゲゼル型貨幣であろうとなかろうと効いている制約である．そこで，この制約の意味するところを，縦軸に物価水準(対数値)をとり横軸に時間の流れをとった図5.1で考えてみよう．なお，前提として，このような自然利子率についての予想が低下するというショックの前には，名目金利と自然利子率とが等しくなるよう金融政策が実行されていて，物価は水準 P で変化せず，すなわち「物価の安定」が実現していたとする．

---

5) もっとも，この式は，もし私たちが貨幣をゲゼル型に「改造」することを考えるのならば，制度の移行に伴うデフレ効果にも注意しなければならないということを示すものである．貨幣をゲゼル型に改造すれば，人々は貨幣への課税(あるいは中央銀行の利益)分をも将来の財政余剰の流列に織り込むだろうから，そうした改造が適切な補償措置つまり減税とセットで行われるのでなければ，制度移行に伴うデフレ効果が発生してしまう．

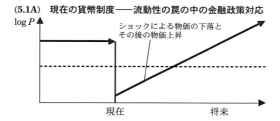

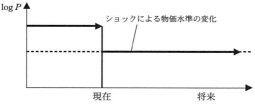

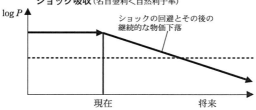

図 5.1 ゲゼル型貨幣と金融政策

　まず図 5.1A は，自然利子率ショックに対して，金融政策は何もできないというケースで起こることである．ゲゼル型貨幣が採用されていない状態で自然利子率がマイナスの領域にまで低下してしまえば，金融政策で名目金利を自然利子率に追随させることができない．だから，これはゲゼル型貨幣が採用されていないとき，すなわち現在の貨幣制度で起こることを示しているわけだ．起こることは，まずは，ショックによる現在の物価水準の低下である．これは(5.1)式から明らかだろう．自然利子率の低下によって分母は増加するのに対して，分子は変化しないからである．ところが，その後，物価は上昇を始めることになる．これは，自然利子率の低下に合わせて名目金利を低下させられなかったことにより，名目金利 $R_{0,j}^n$

が自然利子率 $R_{0,j}^r$ より大きくなり，フィッシャー式によって，物価に上昇圧力が生じてしまうからである．

では，ゲゼル型貨幣の採用によってマイナスの自然利子率にも金融政策が追随できるようになったら，それで何ができるのだろうか．金融政策によって名目金利を自然利子率と等しくなるよう引き下げれば，自然利子率ショックの後の物価を「安定」させることはできる．これが図 5.1B である．しかし，それでも，ショックをはさんで物価水準がジャンプする可能性は一般に排除できない．第 4 章でみたように，ジャンプの方向が上昇なのか下落なのかは様々なパラメターに依存するが，国債の満期構成が短い場合（厳密には，B の流列の減衰ペースが $\bar{g}$ の流列に比べ速い場合）には，物価水準は下落する．図 5.1B に示されているのはそうした状況である．

さらにアグレッシブな金融政策もある．ショックを生じた期における物価水準のジャンプを吸収するよう名目金利を調整するのである．例えば，図 5.1B のように物価水準の下方へのジャンプ圧力が生じる場合であれば，これに対応して名目金利を自然利子率以上に低下させるのである．こうすれば，自然利子率ショックによって物価水準へのジャンプ圧力が生じているにもかかわらず，現在の物価水準を変化させないということができる．しかし，その場合は，フィッシャー式の分子 $R_{0,j}^n$ を分母 $R_{0,j}^r$ より小さくするわけだから，図 5.1C のように，現在から将来に向けての継続的な物価水準の低落を覚悟しなければならない．そうした物価水準の低落がなければ，(5.2) 式は満足されないからである．

さて，このような金融政策のうちで最適といえるものはどれだろうか．第 4 章で詳しく論じたように，中央銀行の損失関数を最小化する政策として求められる最適政策は，特定の期に大きな物価変動を起こすのを避け，起こってしまったショックを将来にわたって分散し先送りするような政策，すなわち図 5.1C のような政策である．ところが，現在の貨幣制度を前提に考える限り，自然利子率を上昇させるようなショック（インフレショック）には，名目金利をいくらでも追随させることによって自由にショックを分散できるのに対して，自然利子率を低下させるようなショック（デフレショック）に対しては，名目金利をゼロ以下にはできないという制約のため

に名目金利の追随余地が限られ，将来への先送りの自由度が狭められてしまうのである．ゲゼル型貨幣の良さは，貨幣保有に持ち越し費用を課すことによって名目金利がゼロ以下になれないという制約を取り払い，自然利子率がゼロ以下になってしまうというような大きなショックに対しても，ショックを広く浅く分散させる能力を政策当局に与えるところにある．では，ゲゼル型貨幣を採用すれば，貨幣制度は理想に大きく近づくといえるのだろうか．

そこが難しい点である．ゲゼル型貨幣を採用していても，可能になるのはショックを時間軸上で分散させることだけであって，ショックそのものを消してしまえるわけではない．自然利子率ショックを消してしまうためには，財政活動についての人々の期待に介入して，$R^r_{0,j}$ の低下を打ち消すよう $\tilde{s}_j$ を減少させる必要がある．そこで，次には，そうした観点から財政の枠組みについて考察し，そうした物価の通時的安定性を保証するような仕組みを財政に加えることができるのかどうか，それを検討してみることにしよう．

5.3 リカーディアンの政府

5.3.1 インデックス国債と貨幣のレジデュアル性

中央銀行が政府によって設立され，その財務的な帰結が納付金や残余財産分配というかたちで国庫に属するという現在の貨幣システムの構造は，様々な立場からの批判はあるにせよ，そう簡単に別の構造に乗り換えるわけにはいかない．だが，このような政府と中央銀行の関係の下で，中央銀行がその資産の持分権証書という位置づけで貨幣を発行し，その中央銀行の財務的な帰結先である政府が貨幣を単位として債務証書つまり国債を発行するという現在の制度は，それを一般の企業金融の世界に置き換えて考えるとしたら，相当にトリッキーなものである．私たちが民間企業の世界において，子会社に株式を発行させ，その株式を自己の債務や株式と交換するというような金融取引を資金調達の目的で日常的に行っているような会社をみたら，それを不正とするかどうかは別として，少なくとも異常で

あり分かりにくいと考えるだろう[6]．貨幣と国債の関係は，そうした親会社の債務と子会社の株式の関係に似通っている．ところが，民間企業のレベルで行うと異常なことが，国家のレベルで行われれば異常と感じない．それは，そうした貨幣制度の下に長くあったという私たちの経験によるものなのだろう．

しかし，経験により機能しているシステムの問題は，予想外の展開に対して脆弱なことである．経験による機能しているシステムは，その機能の本質がどこにあるのかが必ずしも理解されているわけではないので，予想外の展開や前例のない事態にあうと，無意味な対策や有害な対策が場当たり的に主張され処方されることになりやすい．それだったら，もっと分かりやすいシステムに切り替え，効果も副作用も見えやすい制度設計に切り替えた方が良い．だから，前例のないデフレに悩む私たちの日本も，中央銀行の発行する貨幣を単位として国債を発行するのをやめ，中央銀行が作り出した貨幣ではなく，もっと一般的な価値をもつ財を単位として発行することにしたらどうだろうか．それが，いわゆる「インデックス国債」である．

インデックス国債とは，その支払債務の大きさが物価水準に連動して増減する国債のことである．物価が2倍になれば債務額も2倍になり，物価が半分になれば債務額も半分になる．実物財で測った政府の元利払負担は変化しない．したがって，インデックス国債の本質は実物財での償還を約束する債務つまりリアル国債に他ならない．

では，こうした国債が発行されているときの物価に関する制約式を考えてみよう．さしあたり，政府と中央銀行の本質的な財務関係は，このような国債の発行によっても変わらないとすれば，そのときの物価制約式は，

$$P_0 = \frac{M_{-1} + \sum_{j=0}^{\infty} B_{-1,j}/R_{0,j}^n}{\sum_{j=0}^{\infty} \tilde{s}_j/R_{0,j}^r - \sum_{j=0}^{\infty} b_j^r/R_{0,j}^r} \tag{5.3}$$

となる．ここで b_j^r はインデックス国債のネット支払額流列（実質ベース）で

---

[6] こうした取引が不正なのかどうかは，親会社と子会社との間の arm's-length rule の遵守度合いや，親会社による子会社の意志決定における独立性保証の度合いに依存するだろう．いわゆる「中央銀行の独立性」の議論は，こうした観点からの公正性の保証に通じるものがあるといえる．

ある．

　ところで，この結果は，国債の単位を貨幣から実物に移すことによって貨幣価値の安定性を実現したいという観点からは失望的なものであろう．(5.3)式を素直に読めば，これは，財政余剰に対する比較的小さな予想の揺らぎでも，現在の物価を大きく揺さぶることになる可能性を示しているからだ．極端な場合，何らかの外生的なショックによって，財政余剰の実質現在価値 $\sum_{j=0}^{\infty} \tilde{s}_j / R_{0,j}^r$ がインデックス国債の実質現在価値合計額 $\sum_{j=0}^{\infty} b_j^r / R_{0,j}^r$ に近づいただけで，物価は発散してしまうことになる．政府がインデックス国債ではなく名目国債を発行している現在の国債制度にとどまっていれば，財政余剰の実質現在価値 $\sum_{j=0}^{\infty} \tilde{s}_j / R_{0,j}^r$ がゼロに近づくまで物価の発散が避けられるのだから，その限りではインデックス国債は，かえって貨幣価値の安定を損なうという見方ができるだろう．外部ショックの発生そのものについて，それが避けられないものだと割り切るのではあれば，少なくとも物価の安定という観点からは，インデックス国債は有害である．物価を安定させるためには，外部ショックを国債（名目国債）と貨幣とで連結して受け止め，ショックを広く薄く分散させる方が安定的な制度なのである．

　しかし，このような見方は，必ずしもインデックス国債の導入で変わることのすべてを評価したものではない．名目国債だけが発行されている経済においては，財政余剰の実質現在価値 $\sum_{j=0}^{\infty} \tilde{s}_j / R_{0,j}^r$ がゼロに近づいても，起こるのは物価の発散だけで国債の元利払には何ら支障はない，むしろインフレによる負担の目減りにより楽々と債務の履行ができることになる．インデックス国債を発行していない政府，すなわち現在の政府の状態というのは，貨幣と名目国債という名の2通りの株式だけで資金調達を行っている自己資本比率100%の企業のようなもので[7]，外部ショックに強くディフォルトしないのである．

　これに対し，インデックス国債が発行されている経済においては，財政余剰の実質現在価値 $\sum_{j=0}^{\infty} \tilde{s}_j / R_{0,j}^r$ がインデックス国債の実質現在価値合

---

[7] 貨幣が政府の株式のようなものであるとすれば，名目国債は受け渡し未了の発行済み株式のようなものであることは第1章でも論じた．

計額 $\sum_{j=0}^{\infty} b_j^r / R_{0,j}^r$ に近づいただけで物価の発散に加えてインデックス国債のディフォルトへの懸念が生じることになる[8]．これは，インデックス国債に対して，単に経済に不安定性を増すだけではなく，政府にインフレ対策についての責任を意識させるという意味で有効なのではないかという評価を与える材料になる．政府が発行しているのが名目国債の場合には，財政余剰の実質現在価値 $\sum_{j=0}^{\infty} \tilde{s}_j / R_{0,j}^r$ がいくら減少しても，起こるのは物価の騰貴であるから，それは中央銀行の責任だと位置づけて安閑としていた政府も，自分がインデックス国債を発行するようになれば，財政余剰の実質現在価値 $\sum_{j=0}^{\infty} \tilde{s}_j / R_{0,j}^r$ の減少は，物価の騰貴だけでなく自分自身のディフォルトにもつながるから，今まで以上の真剣さで，税収の確保や歳出の切り詰めなど，財政余剰の嵩上げに動く可能性がある．

しかし，気をつけなければいけないのは，インフレ対策になるような仕組みは，往々にしてデフレ対策には逆効果になりやすいということである．インデックス国債にも，この傾向がある．インデックス国債を発行すると国債のディフォルトが生じやすくなるという効果は，それほど理解が難しい効果ではないから，それを認識した政府は，おそらく名目国債を発行している政府と比べても，財政余剰の実質現在価値 $\sum_{j=0}^{\infty} \tilde{s}_j / R_{0,j}^r$ を厚くすることに熱心になるだろう．しかし，それは，基本的にはデフレ要因であり，デフレ圧力に悩む国に奨めにくい処方箋だということでもある．

ところで，このようにインデックス国債を評価することは，外部ショックに強い貨幣制度を設計するにはインデックス国債とは正反対のアプローチが有効であることを示唆するものでもある．鍵になるのは，インデックス国債が存在する世界における貨幣のレジデュアル性（後順位性）である．

貨幣がインデックス国債のような実物的価値にコミットしている債務と並存した状態の特徴は，貨幣価値が政府の純価値つまり財政余剰の現在価値からインデックス国債の価値を取り分けた残存部分になっていることで

---

[8] もっとも，第1章でも述べたことだが，政府の徴税権に何の制約もなく，富のあるところから課税することが無制限に許されているとすれば，たとえインデックス国債のような実質ベースの債務を負担していても，政府はディフォルトすることはない．問題は，そのような無制限の徴税力を国民が認めるかどうかだが，経済に大きな外部ショックが加わった非常事態においてならともかく，そうした事情にもないのに無制限の徴税ができるとは，どこの国の政府も考えはしないだろう．

ある．名目ではなく実質ベースの世界では，インデックス国債の価値がまず確保され，貨幣や一般の名目国債の価値はインデックス国債より後順位性すなわちレジデュアル性の強い債務としてその価値が決まることになる．実質ベースでの確定債務であるインデックス国債が発行されていると，実質ベースでは残存価値への権利でしかない貨幣や名目国債の実質価値は，実質ベースでの価値変動リスクを引き受けさせられて，いわば「広義の政府の株価」として大きく変動することになる．したがって，私たちが，貨幣や名目国債よりもさらに後順位のレジデュアルとして外部ショックを受け止め，そうしたショックのリスクを外部に移転してしまう金融商品を契約できれば，それで貨幣価値を安定に導くことができるはずだろう．そこで次には，そのような貨幣価値安定装置としての機能する金融商品について考えてみよう．

5.3.2　契約型リカーディアン

　さて，貨幣価値安定装置として機能する契約とはどのようなものであろうか．大きな為替リスクを抱える企業が，そうした為替リスクによって株価が振り回されるのを避けようとしたらどうするだろうか．標準的な処方箋は，為替リスクを市場すなわち外部の投資家に移転させてしまうことである．したがって，私たちも，これと同じように，貨幣価値への変動圧力として生じうる外部ショックに応じて，その実質ベースでの影響を外部に移転するような契約を投資家と締結することができれば，為替リスクを市場で売却してしまった企業の株価が為替リスクから隔離されて安定するのと同じように，貨幣価値つまり物価を外部ショックから隔離し安定させることができる．

　もっとも，私たちが作り出したいリスク移転契約は，例えば，外部ショックが生じたときの金融政策がどのようなルールに従って運営されていると考えるかなど，その条件設定によって様々なタイプのものになる．したがって，ここでは，条件を多少絞り込んで，契約締結時において想定した標準的な将来のパスをベースラインとして，そうしたベースラインから外れるようなショックが起こっても，それで貨幣価値が振り回されるのを防

いで，物価を一定に保つよう条件付けた契約とは何かを考えることにしよう．

まず，話を分かりやすくするために，契約締結期を0期としたとき，その0期にショックが起こったとして，このショックから物価を隔離する方法を考えよう．この場合，設計することができる最も基本的なリスク移転契約は，現在から将来に向けての各 j 期において，

$$d_j \equiv \tilde{s}_j - B_{-1,j}/P_j - (R_{0,j}^r/R_{0,j}^{r*})a_j^* \quad (5.4)$$

となるような実質ベースでの価値を考え，これが正の値をとったときに d_j に相当する金額を政府が投資家に支払い，これが負の値をとったときに $-d_j$ に相当する金額を政府が投資家から受け取るという契約を政府が投資家と締結することである．＊が付してある変数は，それがベースライン上の値として契約時に与えられるものであることを示し，また式中の a_j^* とは，政府が貨幣の信用を維持するために財政余剰から留保しておくべきリザーブであって，

$$M_{-1}^*/P_0^* = \sum_{j=0}^{\infty} a_j^*/R_{0,j}^{r*} \quad (5.5)$$

という制約式を満足するよう選択された任意の実質価値の流列である[9]．

ここでリスク移転契約の背景となる考え方を理解してもらうために a_j^* について説明をしておこう．この(5.5)式のような条件を満たす実質価値 a_j^* の流列は，

$$\begin{cases} a_j^* = M_{-1}^*/P_0^* & \text{for} \quad j=0 \\ a_j^* = 0 & \text{for} \quad j>0 \end{cases} \quad (5.6)$$

とするものから，想定されたベースラインが，自然利子率がすべての期に

---

[9] Cochrane (2003a) は，財政余剰ショックから物価を隔離するための方法として状態依存型証券の発行について議論している(Cochrane 2003a, p.24)．そこでの発想は，財政余剰が増加したときには配当を増やして掃きだすということであり，(5.4)式のリスク移転契約と似ている面がある．ただし，コクランの考えているケースはキャッシュレス経済であり，状態依存型証券の機能は，国債償還分とちょうど見合うように財政余剰を調整するところにある．これに対して，(5.4)式では，（国債償還分ではなく）貨幣用リザーブとちょうど見合うように財政余剰を調整している．

ついて一定($=r^*$)であるとしたときに,すべての期について a_j^* を同額にして,

$$a_j^* = \frac{r^*}{1+r^*} \frac{M_{-1}^*}{P_0^*} \quad (5.7)$$

とするものまで無数にある.つまり,実質貨幣残高相当分のリザーブ M_{-1}^*/P_0^* を0期に全額計上してしまって後は何もしないというのが(5.6)式であり,現在から将来にわたってリザーブの積み立てコストを均等に負担しようというのが(5.7)式である.いずれにしても,財政余剰は国債への支払財源となると同時に,貨幣の信用を維持するためのリザーブを確保する原資にもならなければならない.しかし,中央銀行を含む広義の政府が,全体としてリザーブを過剰に確保してしまえばデフレになるし,リザーブを不足させればインフレになるだろう.だから,そうしたリザーブがショックにかかわらず維持されるよう,過剰が生じたら過剰分を契約の相手方の投資家へと流出させ,不足が生じたら不足分を払い込んでもらおうというのが,このリスク移転契約の能書きである.

では,このような能書きが機能しているかどうかを検算してみよう.行うことは,このような契約が締結されているときの貨幣価値を計算してみることである.そのために,0期における政府と中央銀行の連結バランスシートを示したものが表5.1である[10].このバランスシートが得られれば,その均衡条件から当期の物価水準 P_0 を得ることができる.すなわち,バランスシートの左右が一致するという条件に(5.4)式を代入すると

$$M_{-1}/P_0 = \sum_{j=0}^{\infty} a_j^*/R_{0,j}^r$$

を得る.ところが,この式の右辺は(5.5)式によって M_{-1}^*/P_0^* に等しいので,

$$M_{-1}/P_0 = M_{-1}^*/P_0^*$$

---

[10] 表5.1は,第1章で検討した表1.6にリスク移転契約の現在価値 $\sum_{j=0}^{\infty} d_j/R_{0,j}^r$ を負債項目として追加計上したものである.リスク移転契約が負債項目に計上される理由は,それが正値のときに支払つまり債務となり,負値のときに受取つまり債権となる金融商品だからである.

表 5.1　政府と中央銀行の連結バランスシート（実質ベース）

資　産　の　部	負債および資本の部	
財政余剰の現在価値 $\sum_{j=0}^{\infty} \tilde{s}_j / R_{0,j}^r$	貨　幣	M_{-1}/P_0
	名目国債の現在価値 $\{\sum_{j=0}^{\infty} B_{-1,j}/R_{0,j}^n\}/P_0$	
	リスク移転契約の現在価値 $\sum_{j=0}^{\infty} d_j / R_{0,j}^r$	

が得られる．ベースライン設定を行ったのは0期であるから，過去にさかのぼって実績と異なる貨幣量をベースラインに取り込んでしまうというような間違いが犯されていない限り，当然に $M_{-1}=M_{-1}^*$ であり，したがって，当期の物価水準は，$P_0=P_0^*$ となる．すなわち，ここで考えた契約が，0期に起こったショックを移転して物価をショックの前と後とで不変に保つ効果をもつことが確認できたことになる．

0期以降におけるショックの処理の仕方が分かれば，0期ではなく翌期以降のどれかの期にショックが生じた場合にも有効に機能するようなリスク移転契約の仕組みをどうすれば良いかも分かってくる．それは，0期についての条件であった(5.5)式を，任意の k 期に拡張して，

$$M_{k-1}^*/P_k^* = \sum_{j=k}^{\infty} a_j^* / R_{k,j}^{r*} \qquad (5.8)$$

とすることである．こうすれば，適切な金融政策により直前期の貨幣量がベースラインに一致している限り，物価は財政余剰や自然利子率がどのように変化しようと，ベースライン上の物価 P_k^* を踏み外すことがなくなり，物価は財政余剰や自然利子率の変動という外部ショックから隔離されるはずだ．これで，外部ショックを吸収して物価を安定に保つためのリスク移転契約の基本構造が設計できたことになる．

ここで重要なことがある．それは，物価が直前期の貨幣量がベースライン上にあることを条件に外部ショックから隔離されるということは，物価が無条件に一定に保たれるという意味ではないということである．リスク移転契約中に含まれている変数は，表面的には契約時におけるベースラインとしての自然利子率に対する予想 $R_{0,j}^{r*}$，同じく物価に対する予想 P_j^*，そして貨幣量に対する予想 M_j^* だけであるが，自然利子率と物価そして名目金利の間にはフィッシャー式が存在し，また実質貨幣残高と自然利子

率の間には貨幣需要関数が存在する．したがって，この契約が外部ショックを遮断するためには，金融政策により名目金利流列あるいは貨幣量流列がベースラインを踏み外さないよう適切に運営されている必要がある．つまり，このような契約を外部投資家と締結しておくことは，物価を無条件に不変に保つものではなく，物価の決定における財政の役割を受動的なものとして，物価を安定に保つ役割を専ら金融政策に委ねるものだということができる．これは，本書でたびたび議論してきたリカーディアンの政府の一つの実現形態であり，名付けるとすれば「契約型リカーディアン」と呼ぶべきものだろう．

さて，リスク移転契約の効果を確認しておこう．この契約の効果は，金融政策がベースラインを維持するよう運営されている限り外部ショックを吸収して，それが通時的な物価水準調整を生じさせないよう人々の財政に対する予想を調整してしまうところにある．したがって，外部ショックに対する金融政策の対応は図 5.2A に示すようなショックの先送りでなく，図 5.2B で示すような完全なショックの吸収ができることになる．すなわち，このような契約の下で金融政策が適切に運営されていれば，経済が流動性の罠に陥っているのでない限り，物価は完全に安定する．

問題は，経済が流動性の罠の状態にあるときである．現在の枠組みの下でそうしたショックが生じると，物価は，いったんショックによる通時的な物価水準調整の圧力から大きく下落し，その後は流動性の罠の効果によって名目金利が自然利子率より高めに維持されてしまうため上昇するという摩擦の大きい政策運営を余儀なくされることになる．このことは，すでに図 5.1A で示した．ところが，ここで検討したようなリスク移転契約が締結されていると話が変わってくる．このような契約が締結されていれば，その契約が足元の物価を変動させないよう財政の動きを調整してくれているので，足元の物価は変化せず流動性の罠の効果だけが残ることになる．すなわち，物価は名目金利が自然利子率を上回ってしまうことを反映して，図 5.3A で示すように自然利子率マイナスの期間が続く限り上昇することになる．これは，リスク移転契約が不十分だからではなく，名目金利がマイナスになれないという現在の貨幣制度が作り出す問題だが，そう

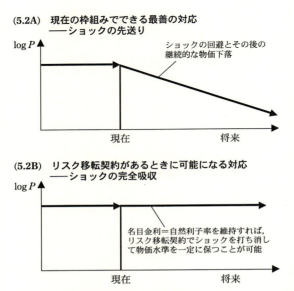

図 5.2 リスク移転契約の効果——流動性の罠に陥っていない場合

した問題があるにせよ，リスク移転契約を政府が締結してさえすれば，現在の枠組みで生じてしまうような「行って来い」型の物価変動は生じない．自然利子率のマイナスが続く限り金融政策の不完全によるインフレは避けられないのは「中途半端な解決」であるという批判もあろうが，財政の水準調整によるデフレと金融政策の不完全によるインフレの両方が生じてしまう現在よりは，望ましいシナリオに近いことは間違いないだろう．

では，もし私たちが，経済が流動性の罠の状態にあるときでも，「中途半端な解決」ではなく「完全な解決」が欲しい，物価の完全な安定が欲しいと考えるのならば，どうすればよいだろうか．答は，このリスク移転契約にゲゼル型貨幣を組み合わせることである．そうした組み合わせが実現できれば，名目金利を自然利子率に等しくすることが常に可能になるので，流動性の罠と自然利子率マイナスの同時発生という「最悪ケース」でも，図5.3Bで示すような完全な物価安定シナリオを，名目金利と自然利子率を常に等しくするというルールすなわちテイラールールによって実現できることになる．これは，物価を安定させる制度的シナリオとしては理

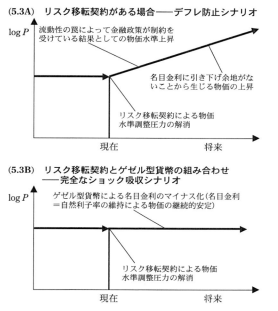

図 5.3 リスク移転契約の効果——流動性の罠に陥っている場合

想に近いだろう．リスク移転契約は，財政が物価に与える攪乱的な影響を見事に解消して，物価を金融政策で自由自在に操ることを可能にしてくれるのである．

ところで，ここで議論してきたのは，外部ショックから物価が変動してしまう仕掛けとしてのリスク移転契約が満足すべき条件と，そうした契約が締結されていれば実現できるはずの物価安定シナリオである．しかし，そのような契約は，無条件で締結できるわけではない．そのことを次に考えてみよう．

5.3.3 公約型リカーディアン

まず，リスク移転契約の性質をみるために，自然利子率がすべての期について一定 ($=r^*$) であり，さらに，実質貨幣残高もすべての期について同額 ($M^*_{j-1}/P^*_j = m^*$) としよう．現在から将来までのすべての期をカバーして物価を一定に保つリスク移転契約として，

$$a_j^* = \frac{r^*}{1+r^*}m^*$$

を考えよう．人々がこのベースラインを合理的であるとして受け入れてくれれば，リスク移転契約の価格はゼロになる[11]．政府行動がベースラインのとおりならば，

$$d_j = \tilde{s}_j - B_{-1,j}/P_j - a_j^* = 0$$

となって，契約参加者と政府との間で一切の収支は生じないからである．だが，ここで問題になるのは，このような政府の予想を人々が受け入れてくれるかどうかである．

例えば，リスク移転契約に参加する人々が，政府は現在から将来にわたって，財政収支ゼロ(財政余剰とネット国債の収支を等しくする)，すなわち，

$$\tilde{s}_j - B_{-1,j}/P_j = 0 \tag{5.9}$$

を維持すると予想していればどうだろうか．彼らは，各期において，d_j が負の値をとる($d_j=-[r^*/(1+r^*)]m^*<0$)と予想するはずである．したがって，そのような予想に基づいてリスク移転契約に価格付けを行えば，それは実質貨幣残高に自然利子率を乗じた金額 $[r^*/(1+r^*)]m^*$ の支払を契約者から政府に行うという契約なのだから，その現在価値は $-m^*$ となってしまう．そのような契約にサインしてもらうためには，契約の開始時に政府は m^* すなわち実質貨幣残高相当の金額を契約金として支払わなければならない．

そして，さらに困ることは，政府に対するもっと警戒的な見方も排除できないことである．例えば，彼らが，政府の行動を

$$\tilde{s}_j - \frac{B_{-1,j}}{P_j} = (1-\nu)\frac{r^*}{1+r^*}m^* \tag{5.10}$$

---

[11] 正確には，人々が政府の行動に不確実性があるとみているその程度に応じて，保険料に相当するリスクプレミアムを政府は支払う必要があるので，価格はプレミアム相当分だけマイナスになってゼロにはならない(政府はプレミアム相当分を契約者に支払う必要がある)．ただ，ここでは議論の単純化のために，リスクプレミアムもゼロだとしてしまうことにしよう．

と予想していたらどうだろう．ちなみに，ν は人々が政府の行動を警戒的にみるにしたがって大きくなる実数で，政府はベースラインどおりに行動するとみていれば $\nu=0$ になるし，上記(5.9)式の設例のようにみていれば $\nu=1$ となる．ここで重要なことは，ν の値には内在的な限界はなく，人々が ν を 1 よりも大きいとみるに従い，彼らの要求額 νm^* もどんどん大きくなってしまうということである．それは，このような契約には，それが政府（あるいは政府の債権者である国債や貨幣の保有者）にとっての価値保証保険として性質をもつことから生じる問題[12]，すなわち政府のモラルハザード問題が存在するからである．

　もっとも，リスク移転契約において ν が限りなく大きくなってしまう，言い換えれば，リスク移転契約に「限りないモラルハザード」が生じてしまうことに歯止めをかける手段は様々に考えられる．例えば，リスク移転契約の内容を修正して d_j が負の値になったときには，その累積繰越額が正の値になるまで，翌期に自然利子率を適用して繰り越すことも考えられるだろう．すなわち，リスク移転契約を，各 j 期について，

$$\tilde{d}_j = \sum_{\tau=s}^{j} R^r_{s,\tau} d_\tau \qquad (5.11)$$

で与えられる $\tilde{d}_j$ について締結し（ここで s は $\tilde{d}_j$ が正の値をとった j の直近期である），その値が正になったときに政府は投資家に $\tilde{d}_j$ 相当額を支払うが，$\tilde{d}_j$ が負になったときには支払も徴収も行わないとしておくのである．このような累積型契約に修正しても，もし政府が首尾よく契約を成立させることに成功すれば，外部ショックに応じて生じるその現在価値の変化は，もともとのリスク移転契約が外部ショックによって生じさせられる現在価値の変化と等しいはずなので，財政余剰の増減に伴うショックの吸収という点では，(5.4)式のリスク移転契約と変わらない[13]．ところが，契約締結交渉に当たって人々が予想する政府のモラルザードの可能性はさらに限定され，長期的な ν の平均値について，その上限を 1 にするという条件

---

[12] ここで価値保証というのは，実質ベースでの話である．名目ベースでの価値保証は，貨幣の場合はその仕組みから当然に得られているし，国債の場合でも，政府と中央銀行の関係を前提にする限り，事実上は満足されている．第 1.4 節を参照．

が付け加えられることになる．なぜなら，このように修正された契約しか結べなかった政府が恒常的に財政収支をマイナスにするような政策を取っていれば，遅かれ早かれ政府のディフォルトか経済のハイパーインフレーションに陥るほかはない．そして，人々が，政府は最低限そのシナリオだけは忌避するだろうとすれば，人々が合理的に予想する ν は 1 以下に限定されることになるからである．

　しかし，このようにリスク移転契約を累積型に修正しても，実現できるのは ν を 1 以下にすることにとどまり，モラルハザードへの懸念をゼロにできているわけではない．モラルハザードへの懸念をさらに小さくしようと思えば，政府自身が自らの政策スタンスを明らかにすることを含めて，もっと人々の信頼を得る努力をしなければならない[14]．だが，そのようにして人々の信頼を得られる政府であれば，あえてリスク移転契約というような形を取らなくても，物価への影響を生じかねない様々なショックが通時的な物価水準に影響を与えることがないよう，必要な財政措置をとることが期待できるのではないだろうか．

　具体的に考えてみよう．政府は，あたかもリスク移転契約が存在したら契約の相手方との間で行うような資金のやり取りを，契約の相手方とではなく減税や増税というかたちで納税者との間で行うようにしたらどうだろう．リスク移転契約が政府の支払になるような状況を認識したら直ちに減税し，受取になるような状況を認識したら増税するのである．そうした政府行動が常に取られるのであれば，リスク移転契約は支払になることもないし受取になることもない．リスク移転契約の現在価値も常にゼロで動かない．すなわち，リスク移転契約を締結しているのと財政収支上の同値と

---

[13] このように契約を変更した場合，修正前の契約の現在価値 $\sum_{j=0}^{\infty} d_j$ と修正後の契約の現在価値 $\sum_{j=0}^{\infty} \tilde{d}_j$ は，当然異なった値になる．これは，リスク移転契約を修正した場合，契約者は政府に契約金を支払うことになる(その見合いとして将来において一定の状況が生じたときに政府から支払を受ける権利を取得する)ことを示している．ただし，この発行価格相当の政府収入は発行時の財政余剰を嵩上げしているので，全体としてみれば，このように契約を修正しても，それがモラルハザードの文脈で政府行動に影響しない限り，政府にとっても損にも得にもならない．

[14] ここでは，ν をゼロよりも大きくする場合を議論したが，ν がゼロよりも小さくなる場合も当然に考えられる．ちなみに ν がゼロよりも小さくなるということは，人々が，政府は，債務不履行やインフレを恐れるあまり，過剰に貨幣のリザーブになる財政余剰を溜め込み，結果としてデフレが生じるだろうと人々が予想しているということである．

なるような行動を確実に取ることを公約(pledge)するのである．そのような公約を行い，それを信じてもらえるような政府の下では，リスク移転契約に頼らなくても物価は安定するはずだろう．これは，政府がリカーディアンであることを，契約の当事者同士であるという点では政府と対等の立場にある投資家との間の約束によるのではなく，政府の主人である納税者に対して政府が将来の政策実行を約束することにより実現するもので，名付けるとすれば「公約型リカーディアン」のシナリオである．公約型リカーディアンの良いところは，政府の「主人(主権者)」である納税者がリスクを負担するので，投資家との間の契約によってリカーディアンの政府を実現しようとするのに比べ，一般にはモラルハザード問題を生じにくいことである．

もっとも，このような公約型リカーディアンと契約型リカーディアンとの関係は互いに排他的なものではない．経済に発生する様々なショックを予想できる投資家に対価を払ってリスクを負担させるのが契約型リカーディアンのアプローチであり，ショックが生じてしまった後で事後的に納税者にリスクを負担させるのが公約型リカーディアンのアプローチである[15]．だから両者は互いに排他的なのではなく，適切なリスク分担の仕組みとして併用可能なはずである．例えば，政府は自らが公約型リカーディアンを目指すことをコミットしつつ，それでもカバーしきれないリスクの一部(d_jの一部)を移転する契約の締結を市場に提案したらどうだろう．リカーディアンの政府を契約だけによって実現するのは，保険だけによってあらゆるリスクから安全になろうとするのと同じように難しいが，公約型リカーディアンを実現できるだけの自律性があると納税者を説得できる政府ならば，そこで契約型リカーディアンのアプローチを併用できるし，それがコスト負担の観点から最適だろうからである[16]．

ところで，このような公約型リカーディアンが契約を併用することの意

---

[15] 契約型リカーディアンとは，すでに述べたように，外部ショックを心配する企業が，そのリスクを外部の投資家に引き受けてもらうことに似ている．これに対して，公約型リカーディアンとは，外部ショックに応じて行うべき経営対応を，あらかじめ株主に約束しておくことに似ている．株主は企業の本源的なオーナーであるから，そうしたオーナーとしての企業統治能力を前提にして，事後的なリスク負担の引き受け手となる．公約型リカーディアンで納税者が事後的なリスク負担者となるのも同じ理由である．

義は，リスクを市場と分け合い納税者の負担を減らすことにとどまらない．政府がリスク移転契約を締結していれば，その市場価格を通じて財政の将来に関する人々の評価を客観的に観察することができるようになる．これは，公約型リカーディアンの実現を確実にするために，大きな助けになるはずだ．公約型リカーディアンを実現するためには，市場が財政に対してどのような評価をしているかを知り，それがインフレ的であるときにはデフレ方向への政策メッセージを発し，デフレ的であるときには反対のメッセージを発することで，市場の評価の揺れを調整していかなければならない．そのためには，人々の物価予想への政府行動の影響を観察し，現在の財政スタンスへの市場の評価を正確に知ることが不可欠だからである．

なお，このように人々の物価予想への政府行動の影響の観察にリスク移転契約の価格を用いるとすれば，(5.11)式のような方法で累積型にリスク移転契約を修正しておくことの実務的な意味は大きい．このように修正された契約では，その支払は政府から契約参加者へと一方的に生じるだけなので，それを有価証券として資本市場で取引することが容易になるからである[17]．すなわち，こうした証券を一種の国債，いわば「レジデュアル国債」として発行しておけば，政府自身を含め誰もが，現在の政府行動が物価に対して中立的なスタンスなのか，インフレ的なのかデフレ的なのかを，その市場価格を観察することにより，レジデュアル国債の発行根拠となった政府自身によるベースライン予想との乖離度というかたちで知ることができるし，また，政府行動の物価中立性に関する議論に市場の評価という答を与えることができるようになる．これは，リカーディアンの政府を実現するための適切な制度的基盤になる．

現在の政府は様々なかたちで将来の財政にかかわる情報を発信し続けて

---

16) ちなみに，保険会社が私たちに盗難保険や火災保険のような保険を勧誘するとき，すべてのリスクを保険でカバーすることを提案しないのは，リスクの相当部分は加入者に残すことでモラルハザードを防止して適切な価格での保険契約を実現するためである．

17) (5.4)式で示したようなリスク移転契約では，契約の相手方が誰かによって，政府からみたリスク移転契約の価値が変化してしまう．契約の相手方の信用力が高ければ価値は大きいし，低ければ小さい．だから，このようなリスク移転契約のままでは，資本市場で自由に流通させるのは難しいだろう．

いる．情報を発信しているのは財政当局だけではない．厚生労働省が年金制度の維持可能性について議論することも，文部科学省が教育制度について検討することも，財政の将来に関して人々が期待形成を行うときの重要な材料になる．もちろん，政府行動が人々の予想にどのような影響を与えているかは，財政収支実績や国債の発行量などのデータに基づいても判断することができる．だが，政府行動が人々の予想に与える影響をみたいのであれば，過去の実績値としてのデータだけでは不十分である．政策当局が人々の予想形成にどのような影響を与えているかの判断には，金融政策についての判断にその予想指標である長期金利が必要なのと同じように，財政についても人々がどのような予想をもっているのかを直接に示す指標が必要なのである．そうした指標として，レジデュアル国債の価格は，過去の実績データからの推論では得られない客観性と説得力のある情報を提供できるはずなのである．

5.3.4　自己安定型リカーディアン

ここで，もう一度，リスク移転契約の作り方を振り返ってみよう．貨幣価値安定装置としてのリスク移転契約の性能は，(5.8)式で確認したように，ショックの直前の貨幣量がベースラインに乗っているかどうかに依存する．だから，性能の良い安定装置を作れるかどうかは，私たちがどの程度まで確実に将来を見通せるかに依存する．だが，安定装置としてのリスク移転契約の設計を難しくするのは，こうした予測の技術的な難しさだけではない．論理的にも，物価の安定とベースラインとが矛盾する場合が存在することは明らかである．

0期に設定されたベースラインに基づいてリスク移転契約が締結されていたとし，さらに0期以降のk期においては経済がベースライン上にあったとしよう．この経済を自然利子率ショックが襲ったら何が起こるだろうか．この状態でなら貨幣価値安定装置としてリスク移転機能は有効だから，自然利子率の変化に対応して名目金利が変更されていれば，物価を安定的に維持することが可能になる．だが，ここで忘れてはならないことは，いったん自然利子率ショックに対応して名目金利が変更されてしまえ

ば，例えば利子率の変化をちょうど中和するような貨幣需要関数の変化が技術進歩などによって生じるというような非常に幸運なケースを除き，k期以降の経済における貨幣量はベースラインから外れてしまっているということである．だから，そうしたベースラインからの逸脱が生じている期において新たなショックが経済を襲えば，もはやリスク移転契約はショックを完全に吸収することはできなくなってしまう．

　もちろん，このようにショックが連続的に襲ってくるようなシナリオを想定しても，襲ってくるショックの性格を限定することができれば，ショックの発生に応じて貨幣価値維持のためのリザーブコスト a_j^* を書き換えて行くような構造にリスク移転契約を改造しておくことはできるだろう[18]．そして，そうした改造を施されたリスク移転契約を基礎に財政行動をルール化し，あるいはレジデュアル国債を発行することにすれば，様々なショックに耐え，ショックに対応した政策調整から生じるベースラインからの歪みにも耐えて，財政の物価中立性を実現するようなリカーディアンの政府を実現できる可能性はある．ただ，そうした改造を行うこと自体，リスク移転契約の設計や運営について推計や近似に頼らざるを得なくする部分を多くするだろうから，その設計も運営も難しくなるし，誤った設計や運営がなされれば政府行動についての信頼を損なうことにもつながりかねない．

　もっとも，このような技術的困難は，リスク移転契約やそれを基礎とした公約型リカーディアンの意義を否定するものではない．ただ，様々なショックが発生する現実の世界の中で，一度きりのベースライン設定によって永続的な物価の安定を得ようとするのは簡単でないし，場合によっては実現不可能であることを示すものである．だから，私たちがリカーディアンの政府を実現しようとするならば，一度だけ設定したベースラインによるのではなく，コミットメントや契約の内容を事情に応じて変化させながら，段階的に政策を運営することを考えなければならない．しかし，その

---

[18]　例えば，a_j^* を(5.5)式のように貨幣量を使って定義するのではなく，自然利子率から実質貨幣残高を決める貨幣需要関数を使って定義しておけば，少なくとも一時的な自然利子率ショックに対しては，自然利子率がベースラインに復帰することを条件に，レジデュアル国債のショック吸収機能が回復するように仕組むことはできるだろう．

ような段階的な政策運営を行うのならば，むしろ全体の発想を転換して，0期に決定したベースライン予想を基礎とするリスク移転契約やリスク移転契約を政治的にコミットした公約型リカーディアンであらゆるリスクを吸収しようとするのではなく，もっと状況に対して受動的に振る舞う政府を考えたらどうだろうか．つまり，一度のリスク移転契約によって現在から将来までのあらゆるリスクに対応しようとするのではなく，状況に応じてリスク移転契約を見直し，新しい契約に次々に乗り換えて行くのと実質的に同等の効果をもつ自己安定装置を貨幣制度の中にビルトインすることを考えるのである．これを「自己安定型リカーディアン」とよぶことにしよう．

リスク移転契約の定義式(5.4)に戻って考えてみよう．この式で調整項の役割を果たしているリザーブコスト a_j^* の設計の難しさについては説明したとおりである．しかし，リスク移転契約に先々のショックまで調整する機能を求めないのであれば，前にも説明したように，a_j^* の流列を，(5.6)式のように設定する，すなわち0期の a_j^* を実質貨幣残高 (M_{-1}^*/P_0^*) に一致させ，来期以降についてはすべてゼロとしてしまうという選択がある．これなら，0期における物価 P_0^* 以外の情報を使わなくても，実質貨幣残高をリザーブとして保存するという方法によって確実に実現することができる．

この選択の優れているところは，リスク移転契約の内容が来期以降の予想にまったく依存していないので，0期に発生するショックであれば，どんなショックに対しても有効なことである．そこで考えられるのが，まず当期の実質貨幣残高に相当する資産をリザーブし，その後はリザーブした資産がいつも実質貨幣残高に見合うよう差し引き調整するということをルール化することである．つまり，「ネットの国債費を実質貨幣残高相当分だけ上回る財政余剰を実質ベースで確保する」ということだけをベースラインとしてリスク移転契約を締結して当期を乗り切り，翌期初には契約をいったん解消してリザーブを政府に戻し入れるのだが，すぐに翌期の実質貨幣残高相当分をリザーブに繰り入れて再び契約を締結し，さらに翌々期を迎えるというような運営を繰り返すのである[19]．

ところで，このようなシナリオでショックに対処しようとするのならば，あえて各期ごとにリスク移転契約を締結しなおすという手順を踏まずとも，あたかもリスク移転契約が存在するかのように財政余剰を操作することで，物価を安定に導くこともできるはずである．具体的には，当期において実質貨幣残高相当の実物資産を政府自身で区分管理し，そうして区分管理した資産額を，毎期洗い替えして，常に実質貨幣残高相当の実物資産が政府部門のどこかに保管されている状態を作るのである．もちろん，このような実物資産は，自然利子率が変動すれば増減してしまう．だから，いつも実質貨幣残高と等しい価値の実物資産を区分管理しておくためには，財政余剰と収支調整することが必要になるが，それをきちんと行うことさえルールとして確立させておけば，そこで実現できる状態は，リスク移転契約を納税者と締結しているのと同じことになる．そうすれば，やはり物価への政府の影響は中立化できるはずだし，このような洗い替え型の区分管理制度なら，現実に運用するのも難しくないだろう．では，そのような洗い替え型のルールによる自己安定型リカーディアンは実現可能なのだろうか．

実現可能なことは間違いない．なぜなら，私たちは，そのようにして貨幣価値を安定させるシステムをすでに知っているからである．それが金本位制，正確には100％準備型の金本位制である．

100％準備型の金本位制では，金を貨幣に見合う資産として，その金を

---

19) ここで「実質貨幣残高に相当する資産をリザーブする」というのは，資産のリザーブのために新たな財政支出が必要になるという意味ではない．リザーブのために最低限必要なアクションは，そうした貨幣見合い資産として認識可能な実物資産や事業資産と貨幣債務との間の概念的な紐付けだけであるから，もし政府が貨幣見合い資産への請求権を十分にもっているのであれば，貨幣を負債として取り込んだ政府の統合バランスシート全体には何ら異動はなく，したがって新たな財政支出の必要はない．また，リザーブを概念的な紐付けにとどめず，貨幣価値を管理するための主体を政府から完全に切り離すのであっても，そこで必要なアクションは企業が特定の資産と負債とを証券化してオフバランス化するときに必要なアクションと同じだから，やはり新たな取引が必要になるわけではない．問題は，政府が貨幣見合い資産として認識可能な実物資産や事業資産への請求権を十分にはもっていない場合で，この場合には，広義の政府は国債を増発して貨幣見合い資産にふさわしい資産を買い入れ，それを貨幣見合い資産に繰り入れなければならないので，民間部門との間の新たな取引が必要になる．もっとも，この場合でも，政府のバランスシートにおいて，①国債の増加，②貨幣見合い資産の増加（買い入れ），③貨幣見合い資産の減少（リザーブへの繰り入れによるオフバランス化），そして④貨幣債務の減少（オフバランス化），が同時に起こるだけだから，やはり財政の純支出にはならない．

中央銀行の金庫に他の公的資産とは区分して管理し，常に貨幣残高に見合うよう維持している．これは，私たちの自己安定型リカーディアンに求められる洗い替えルールそのものである．100％準備型の金本位制では，前期末から引き継いだ実質貨幣残高に対して払い戻しが要求されたとしても，当期末に払い戻しを実行するのに十分な金の量 M^*_{-1}/P^*_0 を期首に積み立ててしまう．これなら，どのようなショックが当期において生じたとしても，人々は貨幣を金の完全な預かり証書とみなして行動できるだろうから，第1章で100％準備型の金本位制における貨幣とは金貨のようなものだと説明したとおりで，金と他の実物財との相対価格がショックによって変わらなければ物価は変化しない．

もっとも，部分準備型の金本位制はそう単純でないことも，第1章で説明したとおりである．部分準備型の金本位制では，金準備高を A とすれば，政府と中央銀行の統合バランスシートは表5.2のようなかたちで与えられる．したがって，このような制度下で貨幣価値の安定を実現するためのリスク移転契約を計算すると，それは a^*_j を

$$M^*_{-1}/P^*_0 - A = \sum_{j=0}^{\infty} a^*_j / R^{r*}_{0,j} \qquad (5.12)$$

とすることで与えられる．すなわち，部分準備型の金本位制下で政府を貨幣価値から隔離してリカーディアンの政府を実現するためには，この(5.12)式を満足するようなリスク移転契約を締結するか，それともリスク移転契約が現実に締結されていた契約者との間でやり取りされるような受払いを，政府は納税者との間で行うのだという財政に関するコミットメントが追加的に必要である．そのような追加的コミットメント，言い換えれば公約型リカーディアンとしてのコミットメントが確保されていなければ，いくら貨幣価値を金にリンクして表示していても，その安定が達成さ

表 **5.2** 金本位制における政府と中央銀行の連結バランスシート（実質ベース）

資 産 の 部	負債および資本の部
金 A	貨 幣 M_{-1}/P_0
財政余剰の現在価値 $\sum_{j=0}^{\infty} \tilde{s}_j / R^r_{0,j}$	名目国債の現在価値 $\{\sum_{j=0}^{\infty} B_{-1,j}/R^n_{0,j}\}/P_0$

れるわけではない．金本位制下でもインフレやデフレがあったのは，こうした追加的コミットメントが十分に機能しなかったからである．ただ，それにしても，金本位制下でのインフレやデフレが図 5.4 に明らかなように比較的マイルドなものであったことが多いのは，部分的ながらも実質貨幣残高の相当部分が現に区分管理されているということが，リカーディアンの政府としてのコミットメントの不足を補う役割を果たしていたからなのであろう．

こうした観点からみると，金本位制は，通貨当局の将来の行動や目標設定に関する金融的なコミットメントだけでなく，実質貨幣残高に見合う実物資産を広義の政府が現在においてリザーブするという財政的コミットメントを含む制度であったというところに，そのコミットメントシステムとしての優れた機能があったといえる．

現代の中央銀行は，様々なかたちで貨幣価値つまり物価に関する金融的なコミットメントを発行し続けている．物価の安定を最優先の政策目標として掲げたり，あるいは物価ターゲットを掲げたりするのは，いずれも将来の中央銀行の行動に関するコミットメントである．しかし，こうしたコミットメントが，金本位制下の政府や中央銀行が平価をコミットしていたのと同じように強力であるかというと，残念ながら，同等の効果を発揮しているとは言い難い．私たちのこれまでの検討は，そうした現代の中央銀行が発するコミットメントの「力不足」は，金本位制下における貨幣価値に関するコミットメントに比べ，貨幣に対するリザーブを実物的に確保するという側面が抜け落ちているからであることを示唆しているのである．

では，もし私たちが貨幣価値の安定を望むのならば，貨幣制度を金本位制の時代に後戻りさせるべきなのだろうか．それは適切ではない．金本位制というのは，貨幣価値の安定という点では有効だが効率の悪い制度である[20]．実在する金の量に貨幣の発行量が制約される金本位制は，貨幣量

---

[20] 金本位制について，制約が大きく効率が悪い制度であるという認識は当時から各国の通貨当局者の間での実感ないし共通認識であった．ちなみに 1935 年から 37 年まで日本銀行総裁を務めた深井英五は，第 1 次大戦後の通貨体制を議論した 1922 年のジェノア会議に参加した経験に基づいて，当時の当局者の一般的な認識について，「金本位制は，通貨の状態を堅実に維持するには適当の制度であったと思われるけれども，通貨発行の条件が窮屈にして融通性が少ない」というものだったしている．深井 (1941)．

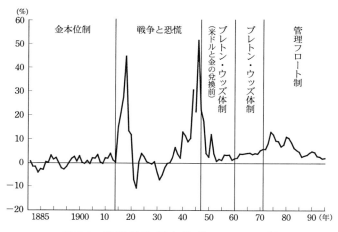

図 5.4 消費者物価上昇率, 1881-1995 年
注) 14 か国の平均値 (ベルギー, カナダ, デンマーク, フィンランド, フランス, ドイツ, イタリア, 日本, オランダ, ノルウェー, スウェーデン, スイス, 英国, 米国).
出所) Bordo (2003).

や金利に余計なバイアスを与えかねない．本来であれば，宝飾や工業用に用いることができるはずの金を中央銀行の金庫に眠らせておく資源的非効率もあるし，そもそも，100％準備型の金本位制で完全な貨幣価値の安定を得ようとするのは，必要とする金の総量からみても現実的でない．日本銀行の銀行券発行残高は70兆円を超えるが，これを金で賄おうとすれば，金価格を1400円/グラム（2003年8月の金価格）として実に5万トンもの金が必要になる．これに対して金の地上存在量は約14万トン強とされているから，円の価値を安定させるだけで，なんと世界中にある金の約3分の1が必要だということになってしまう[21]．

ところで，ここで重要なことがある．それは，もし私たちが金本位制にあった実物的あるいは財政的コミットメントと同等のものを現在に実現したいと考えるのならば，なにも金本位制そのものに帰る必要はないという

---

21) なお，金の推定埋蔵量は約7万トンといわれているから，これを合わせても金の全世界での存在量は21万トンしかない．また，地上にある14万トンのうち，その半分の7万トンは宝飾用として現に使用されていて，公的当局保有分は約3万トンとされている．

ことである.なぜなら,貨幣価値を安定させるためのリスク移転契約について検討することで私たちが得られた結果は,「実質貨幣残高に相当する実物資産がリザーブされていること」であって,「実質貨幣残高に相当する金がリザーブされていること」ではないからである.

5.3.5 貨幣リザーブ確保の制度的枠組み

19世紀は一般には金本位制の時代だったとされている.だが,実際には,純粋の金本位制を採用できた英国やフランスなどの「豊かな国」のグループと,少なくとも当時は変則的な制度とされていた金銀複本位制を採用せざるを得なかった日本やロシアなどの「貧しい国」のグループとがあった.しかし,そうした違いにもかかわらず「正則」の金本位制採用国と比べて,「変則」の金銀複本位制採用国の貨幣価値が不安定だったわけではない.これは,(5.6)式の意味するところを考えれば不思議なことではない.この式が意味しているのは,実質貨幣残高に相当する実物資産を政府から隔離し確実にリザーブしさえすれば,少なくとも当期に生じたショックには対処できる,ということであって,リザーブとする実物資産は金である必要はないからである.銀でも良いしプラチナでも良い.絵画や彫刻あるいは小麦や原油でも良いのである.ただ,絵画や彫刻は,その実物的価値が安定しないし,量目によって総価値を算定するのに向いていない.小麦は腐ってしまうので保管に向いていないし,原油は単価が安すぎて保管費用が嵩みすぎる.そう考えれば,もし貨幣リザーブを中央銀行の金庫に眠らせておく必要があるのであれば,そこでリザーブとする資産に貴金属を選ぶのは賢い選択である.

ところが,(5.6)式が要求するのは,貨幣リザーブを中央銀行の金庫に眠らせておくことでもない.この式が要求するのは貨幣価値に見合うリザーブを広義の政府のどこかに確保しておくことであって,その方法を限定するものではないからだ.貴金属を金庫に眠らせておくのは,銀行券と本位貨幣との交換つまり兌換を行うのには有効な方法だが,貨幣リザーブの維持という観点からは不可欠の条件ではない.それならば,貴金属を金庫に眠らせておくのではなく,リザーブの価値が維持されるような貨幣見合

い資産として認識可能な実物資産や事業資産への請求権への投資を，貨幣の発行機関である中央銀行が行っておくことにすればどうだろう．その方が，実物資産を金庫に眠らせておくのに比べても有効な資源活用を行ないながら，しかも100％準備型の金本位制に相当するような価値安定機能をもつ貨幣制度を設計することができるのではないだろうか．

　具体的に考えよう．中央銀行は，現在のように政府の名目債務である国債を保有するのをやめ，実物資産の価値にリンクする証券に投資することにする．実物資産の価値にリンクする証券であれば，投資の内容は商品先物でも良いのだが，特定の商品に偏った実物資産を貨幣の見合いにしておくと，その資産の対象となる財と他の財との相対価格の変動が貨幣価値に影響を及ぼしてしまう．したがって，適切に分散された株式ポートフォリオを，そうした株式を発行している企業の社債とを組み合わせて，自然利子率資産を合成するのが，最も基本的な貨幣見合い資産の保有形態になるだろう．ここで重要なのは，国債を中央銀行資産に組み入れないことと，中央銀行の資産から得られる投資収益すなわちシニョレッジを過不足なく政府に配当すること，この２点に関するルールを確立することである．

　このルールについて説明しよう．まず国債についてである．国債を中央銀行が保有することを企業金融に喩えれば，子会社がその資産の大半を親会社への与信に振り向けている状態である．このような子会社を設立運営することは一般には違法でも異常でもないが，投資家からみた子会社の信用度は親会社に従属することになる．親会社の収益力が低下すれば子会社の信用度も低下するし，親会社の収益力が向上すれば子会社の信用度も向上する．だから，もし子会社のクレジットを親会社のそれから分離したいのなら，親会社への与信を子会社は行ってはならない．これは，いわゆる証券化プロジェクトでは常識とされているが，同じことは中央銀行の資産選択についてもあてはまる．だから，中央銀行が貨幣価値を政府から隔離して安定させることを望むのであれば，その資産に国債を取り込んではならないのである[22]．

　ところで，貨幣価値を中央銀行の親会社に当たる政府のクレジットから隔離するためには，単に中央銀行の資産から国債を排除するだけでは十分

でない．中央銀行資産から得られる収益を政府に配当するときのルールも重要である．これまでの議論から明らかなように，実質貨幣残高が一定の場合に貨幣価値を安定に保つためには，新しいスキームへの移行の開始時において，中央銀行は国債を売却して自然利子率資産に乗り換えることになるが，その後の期については，もし実質貨幣残高が増加しないのであれば，すでに議論した洗い替えルールによって，見合い資産の実質額がネットベースで増えも減りもしないよう維持する必要がある．これは，一見，複雑な計算を要する手順のようだが，もし中央銀行が，いわゆるテイラールールによる金融政策を採用しているとすれば，名目ベースでの資産運用益から中央銀行の業務運営費を控除した残額を政府に納付するという現在のシニョレッジに関する配当ルールを維持することで，ほぼ同じ効果を実現できる．テイラールールの下では，シニョレッジ算出の基準になる名目金利が自然利子率と一致しているから，そこでのシニョレッジ（資産運用益から中央銀行の業務運営費を除いた残り全部）を政府に帰属させれば，貨幣リザーブの生み出す収益分は完全に財政余剰に組み入れられ，貨幣保有者のものではなくなる．そのように収益分を取り上げられた貨幣は，いわば貨幣のためにリザーブした資産の預かり証書のようなものになり，したがってその実物財との相対価格つまり物価は安定するはずである[23]．

では，金融政策がテイラールールに沿うものでなく，名目金利と自然利子率が乖離するような政策運営では何が起こるだろうか．名目金利が自然利子率を上回るときには，名目ベースで算出したシニョレッジ（＝貨幣残高×名目金利－業務運営費）が政府に納付された結果，貨幣リザーブの実質価値に食い込んで政府への配当が行われることになり，貨幣価値の低下つま

---

22) すなわち，このスキームに日本銀行のようにすでに国債を大量に保有している中央銀行が移行しようとすると，資本市場では中央銀行による大量の国債の売りと，同じく中央銀行による大量の株式および社債の買いが発生することになる．もっとも，人々が貨幣を保有するに際して，貨幣保有が中央銀行保有国債の迂回保有になることを完全に認識済みだとすれば，中央銀行が国債を売って株式や社債を買い入れるという行動から生じる貨幣保有のリスク変化を相殺するべく人々は国債への投資を増加させるはずだから，中央銀行の資本市場での行動は人々のポートフォリオ修正行動によって吸収されるはずである．

23) ちなみに，シニョレッジをすべて中央銀行に帰属させれば，貨幣は実物財の預かり証書ではなく，実物財への投資信託証書のようなものになる．これは，ハイエク流の政府から完全に分離した貨幣発行銀行の世界では，自然利子率がプラスかマイナスかによって，デフレあるいはインフレが生じてしまうということを示すものである．

りインフレが生じるだろう．反対に，名目金利が自然利子率を下回るときには貨幣価値の増加つまりデフレが生じることになる．また，もし政府と中央銀行がシニョレッジの分配においても完全に分断されているとすれば，自然利子率がプラスのときには貨幣リザーブが増加し続けるのでデフレになり，自然利子率がマイナスのときには貨幣リザーブの減少によりインフレになるだろう．

5.4 結 び

　私たちは，政府と中央銀行とが分かちがたく結び付いた現代の通貨制度における貨幣価値変動のメカニズムを考えることから出発して，物価を金融政策で完全にコントロールし，その安定を実現する方策を探ってきた．そこで得られたのは，一つには将来に対する予想に基づいて自らが物価に与える影響を中立化するよう積極的に行動する政府すなわち公約型リカーディアンのモデルであり，いま一つには中央銀行に貨幣リザーブをフェアに確保させることだけを役割とする受動的な政府すなわち自己安定型リカーディアンのモデルである．ところで，この自己安定型リカーディアンには，いわゆる中央銀行の独立性の議論と複合する部分があり，また異なる部分もある．

　中央銀行の独立性についての議論は数多いが，そのほとんどは中央銀行の意思決定とりわけ金融政策における意思決定における政府からの独立性の重要さを説くものであって，前節で論じたような意味での財務的な独立性，具体的には資産の政府からの隔離やシニョレッジの配当におけるルール確立という観点からの独立性を問題にするものは少ない．もちろん，私たちは，中央銀行の意思決定における独立性の意義を否定するものではない．だが，そうした意思決定における独立性が実現するのは，現在と将来との間の貨幣価値配分についての安定性であって，現在と将来を通算してみた貨幣価値の水準についての安定性を実現する力を中央銀行に与えるものではない．様々な不確実性に満ちた現在の世界で物価の安定を実現しようとするのならば，ショックに応じて物価水準が不安定に揺れ動くのに対

処するような装置が不可欠であり，それには中央銀行の意思決定にではなくその財務について，政府からの隔離ないしは独立性が確保されるべきなのである．もっとも，この文脈における中央銀行の財務の独立性というのは，政府と中央銀行とのあらゆる財務的なつながりを断ち切れと要求するものではない．それどころか，私たちの検討結果は，シニョレッジの政府への配当は，物価を一定に保つための平衡税という側面をもっていることを示している．これは，物価の安定という目標は，中央銀行だけで得られるものでもないし，もちろん政府だけで得られるものでもないだろうという本書全体の問題意識と整合的である．物価の安定には，中央銀行はもとより，政府もまた，その役割を認識して取り組んでいかなければならないのである[24]．

---

[24] ただし，額面金額だけを券面に記載するという現在の銀行券の設計を変更して，ゲゼル型貨幣のところでも述べたような発行日情報付貨幣を電子的に発行するようにすれば，政府と中央銀行との間の財務的なつながりをシニョレッジの分配面でも断ち切りながら貨幣価値を安定させることができる．中央銀行は発行日の異なる貨幣に対して，発行日からの経過日数に応じた交換レートを設定することで，貨幣の表示単位の問題と貨幣から得られる収益性の問題を分離できるからである．これは，ハイエク流の競争的貨幣発行の状態において，自然利子率が貨幣価値に取り込まれてデフレが生じてしまう（自然利子率がマイナスの場合にはインフレになる）のを回避する方法にもなるはずである．

参 考 文 献

有沢広巳監修 (1994)『昭和経済史 (上)』日経文庫.
岩田規久男 (2000)『金融政策の論点』東洋経済新報社.
岩村充・渡辺努 (2003)「インフレ目標論に潜む落とし穴」『論座』(朝日新聞社), 2003 年 4 月号, 50-57 頁.
植田和男 (1999)「金融政策の考え方: 先見性 (forward looking であること) が重要」(鹿児島県金融経済懇談会におけるスピーチ), 1999 年 7 月 1 日.
植田和男 (2000)「金融経済情勢と金融政策の枠組みを巡る議論」(千葉県金融経済懇談会におけるスピーチ), 2000 年 2 月 25 日.
翁邦雄・白塚重典 (2003)「コミットメントが期待形成に与える効果——時間軸効果の実証的検討」IMES Discussion Paper Series No. 2003-J-13.
工藤健 (2003)「価格粘着性とコア・インフレーション指標」一橋大学.
鎮目雅人 (2001)「財政規律と中央銀行のバランスシート」『金融研究』第 20 巻第 3 号, 213-257 頁.
白塚重典・藤木裕 (2001)「ゼロ金利政策下における時間軸効果——1999-2000 年の短期金融市場データによる検証」『金融研究』第 20 巻第 4 号, 137-170 頁.
高橋是清／上塚司編 (1976)『高橋是清自伝 (全 2 冊)』中公文庫 (原本は, 千倉書房, 1936 年).
土居丈朗 (2000)「わが国における国債管理政策と物価水準の財政理論」『経済分析』16 号, 169-211 頁.
土居丈朗・渡辺努 (2003)「国債市場と財政規律」(「財政改革」プロジェクト提出論文), 経済産業研究所.
日本銀行百年史編纂委員会編 (1986)『日本銀行百年史・資料編』日本銀行.
速水優 (1999)「最近の金融政策運営について」(日本記者クラブにおける講演), 1999 年 6 月 22 日.
深井英五 (1941)『回顧七十年』岩波書店.
福田慎一・計聡 (2002)「日本における財政政策のインパクト——1990 年代のイベント・スタディ」『金融研究』第 21 巻第 3 号, 55-100 頁.
渕仁志・渡辺努 (2002)「フィリップス曲線と価格粘着性——産業別データによる推計」『金融研究』第 21 巻第 1 号, 35-69 頁.
丸茂幸平・中山貴司・西岡慎一・吉田敏弘 (2003)「ゼロ金利政策下における金利の期間構造モデル」日本銀行金融市場局ワーキングペーパーシリーズ No. 2003-J-1.
吉川光治 (1970)『イギリス金本位制の歴史と理論』勁草書房.
吉川洋 (2000)「1990 年代の日本経済と金融政策」東京大学経済学部.
渡辺努 (2000)「流動性の罠と金融政策」『経済研究』第 51 巻第 4 号, 358-379 頁.
渡辺努 (2003)「市場の期待と金融政策」「やさしい経済学」『日本経済新聞』2003

年2月24日-3月4日.
渡辺努・岩村充(2002)「ゼロ金利制約下の物価調整」『フィナンシャル・レビュー』第64号, 110-139頁.

Ahearne, Alan, Joseph Gagnon, Jane Haltmaier, and Steve Kamin (2002), "Preventing Deflation: Lessons from Japan's Experience in the 1990s," International Finance Discussion Papers No. 729, Board of Governors of the Federal Reserve System.

Ball, Laurence (1999), "Policy Rules for Open Economies," in J. B. Taylor ed., *Monetary Policy Rules*, Chicago: University of Chicago Press, 127-144.

Barro, Robert J. (1974), "Are Government Bonds Net Wealth?" *Journal of Political Economy* 82, 1095-1117.

Barro, Robert J., and David B. Gordon (1983), "A Positive Theory of Monetary Policy in a Natural Rate Model," *Journal of Political Economy* 91, 589-610.

Bassetto, Marco (2002), "A Game-Theoretic View of the Fiscal Theory of the Price Level," *Econometrica* 70, 2167-2195.

Benhabib, Jess, Stephanie Schmitt-Grohe, and Martin Uribe (2002), "Avoiding Liquidity Traps," *Journal of Political Economy* 100, 535-563.

Bernanke, Ben S. (2000), "Japanese Monetary Policy: A Case of Self-induced Paralysis?" in R. Mikitani and A. S. Posen eds., *Japan's Financial Crisis and its Parallels to U.S. Experience*, Washington: Institute for International Economics, 149-166.

Bernanke, Ben S. (2002), "Deflation: Making Sure 'It' Doesn't Happen Here," Remarks before the National Economists Club, Washington, D.C., November 21, 2002.

Bernanke, Ben S. (2003), "Some Thoughts on Monetary Policy in Japan," Remarks before the Japan Society for Monetary Economics, Tokyo, Japan, March 31, 2003.

Blanchard, Olivier Jean, and Charles M. Kahn (1980), "The Solution of Linear Difference Models under Rational Expectations," *Econometrica* 48(5), 1305-1311.

Bohn, Henning (1998), "The Behavior of U.S. Public Debt and Deficits," *Quarterly Journal of Economics* 113, 949-963.

Bordo, Michael D. (2003), "Exchange Rate Regime Choice in Historical Perspective," NBER Working Paper No. 9654.

Bordo, Michael D., and Finn E. Kydland (1996), "The Gold Standard as a Commitment Mechanism," in T. Bayoumi, B. Eichengreen, and M. Taylor eds., *Economic Perspectives on the Classical Gold Standard*, Cambridge: Cambridge University Press, 55-100.

Bordo, Michael D., and Anna J. Schwartz (1999), "Monetary Policy Regimes and Economic Performance: The Historical Record," in J. B. Taylor and M.

Woodford eds., *Handbook of Macroeconomics*, Vol. 1A, Amsterdam: North-Holland, 149-234.

Buchanan, James M. (1976), "Barro on the Ricardian Equivalence Theorem," *Journal of Political Economy* 84, 337-342.

Buiter, Willem H. (1999), "The Fallacy of the Fiscal Theory of the Price Level," NBER Working Paper No. 7302.

Buiter, Willem H. (2002), "The Fiscal Theory of the Price Level: A Critique," *Economic Journal* 112, 459-480.

Buiter, William, and Nikolaos Panigirtzoglou (1999), "Liquidity Traps: How to Avoid Them and How to Escape Them," NBER Working Paper No. 7245.

Burnside, Craig, Martin Eichenbaum, and Sergio Rebelo (2001a), "Prospective Deficits and the Asian Currency Crisis," *Journal of Political Economy* 109, 1155-1197.

Burnside, Craig, Martin Eichenbaum, and Sergio Rebelo (2001b), "On the Fiscal Implications of Twin Crises," NBER Working Paper No. 8277.

Calvo, Guillermo (1983), "Staggered Prices in a Utility-Maximizing Framework," *Journal of Monetary Economics* 12, 383-398.

Canzoneri, Matthew B., Robert E. Cumby, and Behzad T. Diba (2000), "Fiscal Discipline and Exchange Rate Systems," Gergetwon University.

Canzoneri, Matthew B., Robert E. Cumby, and Behzad T. Diba (2001), "Is the Price Level Determined by the Needs of Fiscal Solvency?" *American Economic Review* 91(5), 1221-1238.

Canzoneri, Matthew B., and Behzad T. Diba (2000), "Monetary Policy in Models with Sticky Prices and Non-Ricardian Fiscal Policy," Georgetown University.

Cecchetti, Stephen G., and Michael Ehrmann (1999), "Does Inflation Targeting Increase Output Volatility?: An International Comparison of Policymakers' Preferences and Outcomes," NBER Working Paper No. 7426.

Christiano, Lawrence J., and Terry J. Fitzgerald (2000), "Understanding the Fiscal Theory of the Price Level," Federal Reserve Bank of Cleveland *Economic Review* 36, 1-37.

Clarida, Richard, Jordi Gali, and Mark Gertler (1999), "The Science of Monetary Policy: a New Keynesian Perspective," *Journal of Economic Literature* 37, 1661-1707.

Cochrane, John H. (1998), "A Frictionless View of U.S. Inflation," *NBER Macroeconomics Annual* 13, 323-384.

Cochrane, John H. (2001), "Long-Term Debt and Optimal Policy in the Fiscal Theory of the Price Level," *Econometrica* 69, 69-116.

Cochrane, John H. (2003a), "Money as Stock," University of Chicago.

Cochrane, John H. (2003b), "Fiscal Foundations of Monetary Regimes," University of Chicago.

Daniel, Betty C. (2001a), "The Fiscal Theory of the Price Level in an Open

Economy," *Journal of Monetary Economics* 48, 293-308.

Daniel, Betty C. (2001b), "A Fiscal Theory of Currency Crises," *International Economic Review* 42, 969-988.

Dupor, Bill (2000), "Exchange Rates and the Fiscal Theory of the Price Level," *Journal of Monetary Economics* 45, 613-630.

Eggertsson, Gauti, and Michael Woodford (2003), "The Zero Bound on Interest Rates and Optimal Monetary Policy," *Brooking Papers on Economic Activity* 1: 2003, 139-211.

Elmendorf, Douglas W., and N. Gregory Mankiw (1999), "Government Debt," in J. B. Taylor and M. Woodford eds., *Handbook of Macroeconomics*, Vol. 1C, Amsterdam: North-Holland, 1615-1669.

Friedman, Milton (1969), "The Optimum Quantity of Money," in *The Optimum Quantity of Money and Other Essays*, Chicago: Aldine.

Gali, Jordi, and Mark Gertler (1999), "Inflation Dynamics: A Structural Econometric Analysis," *Journal of Monetary Economics* 44, 195-222.

Gali, Jordi, Mark Gertler, and David Lopez-Salido (2001), "European Inflation Dynamics," *European Economic Review* 45, 1237-1270.

Gali, Jordi, and Roberto Perotti (2003), "Fiscal Policy and Monetary Integration in Europe," NBER Working Paper No. 9773.

Gesell, Silvio (1916), *The Natural Economic Order* (translated by Philip Pye, London: Peter Owen Limited).

Giavazzi, Francesco, and Marco Pagano (1988), "The Advantage of Tying One's Hands: EMS Discipline and Central Bank Credibility," *European Economic Review* 32, 1055-1082.

Goodfriend, Marvin (1991), "Interest Rate Smoothing in the Conduct of Monetary Policy," *Carnegie-Rochester Conference Series on Public Policy*, Spring 1991, 7-30.

Goodfriend, Marvin(2000), "Overcoming the Zero Bound on Interest Rate Policy," *Journal of Money, Credit, and Banking* 32, 1007-1035.

Gordon, David B., and Eric M. Leeper (2002), "The Price Level, the Quantity Theory of Money, and the Fiscal Theory of the Price Level," NBER Working Paper No. 9084.

Hicks, John (1967), *Critical Essays in Monetary Theory*, London: Oxford University.

Humphrey, Thomas M. (2002), "Knut Wicksell and Gustav Cassel on the Cumulative Process and the Price-Stabilizing Policy Rule," *Economic Quarterly*, Federal Reserve Bank of Richmond 88(3), 59-83.

Ihori, Toshihiro, Takeo Doi, and Hironori Kondo (2001), "Japanese Fiscal Reform: Fiscal Reconstruction and Fiscal Policy," *Japan and the World Economy* 13, 351-370.

Iwamura, Mitsuru, and Tsutomu Watanabe (2002), "Price Level Dynamics in a

Liquidity Trap," RIETI Discussion Paper Series No. 03-E-002.

Jung, Taehun, Yuki Teranishi, and Tsutomu Watanabe (2003), "Optimal Monetary Policy at the Zero-Interest-Rate Bound," *Journal of Money, Credit, and Banking*, forthcoming.

Keynes, John Maynard (1923/1971), *A Tract on Monetary Reform*, Volume IV of The Collected Writings of John Maynard Keynes (1971, Macmillan Press)［中内恒夫訳『貨幣改革論』東洋経済新報社，1978年］.

Keynes, John Maynard (1936/1971), *The General Theory of Employment, Interest and Money*, Volume VII of The Collected Writings of John Maynard Keynes (1971, Macmillan Press)［塩野谷祐一訳『雇用・利子および貨幣の一般理論』東洋経済新報社，1983年］.

Kocherlakota, Narayana, and Christopher Phelan (1999), "Explaining the Fiscal Theory of the Price Level," Federal Reserve Bank of Minneapolis *Quarterly Review* 23, 14-23.

Krugman, Paul (1979), "A Model of Balance of Payments Crises," *Journal of Money, Credit, and Banking* 11, 311-325.

Krugman, Paul (1991), "Target Zones and Exchange Rate Dynamics," *Quarterly Journal of Economics* 116, 669-682.

Krugman, Paul (1998), "It's Baaack: Japan's Slump and the Return of the Liquidity Trap," *Brookings Papers on Economic Activity* 2: 1998, 137-187.

Krugman, Paul (2000), "Thinking about the Liquidity Trap," *Journal of the Japanese and International Economies* 14, 221-237.

Leeper, Eric M. (1991), "Equilibria under 'Active' and 'Passive' Monetary and Fiscal Policies," *Journal of Monetary Economics* 27, 129-147.

Leijonhufvud, Axel (1981), "The Wicksellian Connection—Variations on a Theme," in *Information and Coordination: Essays in Macroeconomic Theory*, Oxford: Oxford University Press, 131-202［中山靖夫監訳『ケインズ経済学を超えて』東洋経済新報社，1984年］.

Ljungqvist, Lars, and Thomas J. Sargent (2000), *Recursive Macroeconomic Theory*, Cambridge: MIT Press.

Loyo, Eduardo (1999), "Tight Money Paradox on the Loose: A Fiscalist Hyperinflation," Kennedy School of Government.

Lucas, Robert E. Jr., and Nancy L. Stokey (1983), "Optimal Fiscal and Monetary Policy in an Economy without Capital," *Journal of Monetary Economics* 12, 55-93.

McCallum, Bennett T. (2000), "Theoretical Analysis Regarding a Zero Lower Bound on Nominal Interest Rates," *Journal of Money, Credit, and Banking* 32, 870-904.

McCallum, Bennett T., and Edward Nelson (1999), "An Optimizing IS-LM Specification for Monetary Policy and Business Cycle Analysis," *Journal of Money, Credit, and Banking* 31, 296-316.

Niehans, Jurg (1990), *A History of Economic Theory: Classic Contributions, 1720-1980*, Baltimore: Johns Hopkins University Press.

Nishizaki, Kenji, and Tsutomu Watanabe (2000), "Output-Inflation Tradeoff at Near-Zero Inflation Rates," *Journal of the Japanese and International Economies* 14, 304-326.

Okina, Kunio, and Nobuyuki Oda (2000), "Further Monetary Easing Policies under the Non-Negativity Constraints of Nominal Interest Rates: Summary of the Discussion Based on Japan's Experience," Paper presented at the conference, *The Role of Monetary Policy under Low Inflation: Deflationary Shocks and Their Policy Responses*, organized by Bank of Japan, Tokyo, July 3-4, 2000.

Onken, Werner (1983), "Ein vergessenes Kapital der Wirtschaftsgeschichte," *Zeitschrift für Sozialökonomie*［宮坂英一訳「経済史の忘れられた一章(上)」『自由経済研究』(ぱる出版)，2000 年 5 月］.

Orphanides, Athanasios, and Volker Wieland (1998), "Price Stability and Monetary Policy Effectiveness When Nominal Interest Rates Are Bounded at Zero," Finance and Economics Discussion Series 98-35, Board of Governors of the Federal Reserve System.

Orphanides, Athanasios, and Volker Wieland (2000), "Efficient Monetary Policy Design Near Price Stability," *Journal of the Japanese and International Economies* 14, 327-365.

Pigou, A. C. (1943), "The Classical Stationary State," *Economic Journal* 53, 343-351.

Reifschneider, David, and John C. Williams (2000), "Three Lessons for Monetary Policy in a Low Inflation Era," *Journal of Money, Credit, and Banking* 32, Part 2, 936-966.

Ricardo, David (1817/1951), *On the Principle of Political Economy and Taxation*, London: John Murray. Reprinted in P. Sraffa ed., *Works of David Ricardo*, Vol. 1, Cambridge: Cambridge University Press［堀経夫訳『経済学および課税の原理』雄松堂書店，1972 年］.

Ricardo, David (1820/1951), "Funding System," an essay in the supplement to the *Encyclopedia Britannica*. Reprinted in P. Sraffa ed., *Works of David Ricardo*, Vol. 4, Cambridge: Cambridge University Press［玉野井芳郎監訳「公債制度論」『リカードウ全集 IV』雄松堂書店，1970 年］.

Rogoff, Kenneth (1998), "Comment on Krugman, 'It's Baaack: Japan's Slump and the Return of the Liquidity Trap'," *Brooking Papers on Economic Activity* 2: 1998, 194-199.

Rotemberg, Julio J., and Michael Woodford (1997), "An Optimization-Based Econometric Framework for the Evaluation of Monetary Policy," *NBER Macroeconomics Annual* 12, 297-346.

Rotemberg, Julio J., and Michael Woodford (1999), "Interest-Rate Rules in an

Estimated Sticky Price Model," in J. B. Taylor ed., *Monetary Policy Rules*, Chicago: University of Chicago Press, 57-119.

Sargent, Thomas J. (1983a), "Stopping Moderate Inflations: The Methods of Poincare and Thatcher," in R. Dornbusch and M. Simonsen eds., *Inflation, Debt and Indexation*, Cambridge (MA): MIT Press, 54-98.

Sargent, Thomas J. (1983b), "The Ends of Four Big Inflations," in R. E. Hall ed., *Inflation: Causes and Effects*, Chicago: University of Chicago Press, 41-97.

Sargent, Thomas J., and Neil Wallace (1981), "Some Unpleasant Monetarist Arithmetic," *Federal Reserve Bank of Minneapolis Quarterly Review* 5(3), 1-17.

Sims, Christopher A. (1994), "A Simple Model for the Determination of the Price Level and the Interaction of Monetary and Fiscal Policy," *Economic Theory* 4, 381-399.

Sims, Christopher A. (1997), "Fiscal Foundation of Price Stability in Open Economies," Princeton University.

Sims, Christopher A. (2001), "Fiscal Consequences for Mexico of Adopting the Dollar," *Journal of Money, Credit, and Banking* 33, 597-616.

Summers, Lawrence (1991), "How Should Long-term Monetary Policy be Determined?" *Journal of Money, Credit, and Banking* 23, 625-631.

Svensson, Lars E. O. (2001), "The Zero Bound in an Open-Economy: A Foolproof Way of Escaping from a Liquidity Trap," *Monetary and Economic Studies* 19, 277-312.

Taylor, John B. (1993), "Discretion versus Policy Rules in Practice," *Carnegie-Rochester Conference Series on Public Policy* 39, 195-214.

Taylor, John B. (1999), "A Historical Analysis of Monetary Policy Rules," in J. B. Taylor ed., *Monetary Policy Rules*, Chicago: University of Chicago Press, 319-341.

Taylor, John B. (2000), "Recent Developments in the Use of Monetary Policy Rules," in C. Joseph and A. H. Gunawan eds., *Monetary Policy and Inflation Targeting in Emerging Economies*, Bank Indonesia and International Monetary Fund.

Ueda, Kazuo (1993), "Japanese Monetary Policy during 1970-1990: Rules versus Discretion?" in Kumiharu Shigehara ed., *Price Stabilization in the 1990s: Domestic and International Policy Requirements*, Basingstoke: Macmillan Press.

Ueda, Kazuo (2000), "The Transmission Mechanism of Monetary Policy near Zero Interest Rates: The Japanese Experience 1998-2000," Speech given at a conference sponsored by the National Bureau of Economic Research, European Institute of Japanese Studies, Tokyo University Center for International Research on the Japanese Economy, and the Center for Economic

Policy Research, held at Swedish Embassy in Tokyo on September 22, 2000.

Watanabe, Katsunori, Takayuki Watanabe, and Tsutomu Watanabe (2001), "Tax Policy and Consumer Spending: Evidence from Japanese Fiscal Experiments," *Journal of International Economics* 53, 261-281.

Wicksell, Knut (1898), *Interest and Prices*, English translation by R. F. Kahn, London: Macmillan, 1936 [北野熊喜男・服部新一訳『利子と物価』日本経済評論社, 1984年].

Woodford, Michael (1990), "The Optimum Quantity of Money," in B. M. Friedman and F. H. Hahn eds., *Handbook of Monetary Economics*, Vol. 2, Amsterdam: North-Holland, 1067-1152.

Woodford, Michael (1994), "Monetary Policy and Price-Level Determinacy in a Cash-in-Advance Economy," *Economic Theory* 4, 345-380.

Woodford, Michael (1995), "Price-level Determinacy without Control of a Monetary Aggregate," *Carnegie-Rochester Conference Series on Public Policy* 43, 1-46.

Woodford, Michael (1996), "Control of the Public Debt: A Requirement for Price Stability?" NBER Working Paper No. 5684.

Woodford, Michael (1998a), "Doing without Money: Controlling Inflation in a Post-Monetary World," *Review of Economic Dynamics* 1, 173-219.

Woodford, Michael (1998b), "Public Debt and the Price Level," Princeton University.

Woodford, Michael (1998c), "Comment on John Cochrane, 'A Frictionless View of U.S. Inflation'," *NBER Macroeconomics Annual* 13, 390-418.

Woodford, Michael (1999a), "Optimal Monetary Policy Inertia," NBER Working Paper No. 7261.

Woodford, Michael (1999b), "Commentary: How Should Monetary Policy Be Conducted in an Era of Price Stability?" in *New Challenges for Monetary Policy*, Kansas City: Federal Reserve Bank of Kansas City.

Woodford, Michael (2001), "Fiscal Requirements for Price Stability," *Journal of Money, Credit, and Banking* 33, 669-728.

Woodford, Michael (2003), *Interest and Prices*, Princeton: Princeton University Press.

索 引

あ 行

IS 曲線　　96n, 118, 121, 134, 148
アコード　　150
アンカー　　13
安全資産　　193
安定・成長協定(Stability and Growth Pact)　　79, 90
Unpleasant Monetarist Arithmetic　　171

EMU　→経済通貨同盟
一括固定税(lump-sum tax)　　30
井上準之助　　36, 37
インデックス国債　　204
インプライド・フォワード・レート　　98
インフレ　　42
　——課税　　55
　——期待　　136
　——目標　　113, 134
　期待——率　　173n
インフレターゲティング　　113, 133, 173

ヴィクセル(K. Wicksell)　　94
　——・レジーム　　94
ヴェーラ(Wära)　　198n
ヴェルグル　　198n
ウォレス(N. Wallace)　　171, 172
ウッドフォード(M. Woodford)　　24n, 25n, 56n, 62n-64n, 71, 76n, 77n, 79, 92n, 95n, 106, 110-112, 114, 115, 118n, 120, 121, 133n, 150, 151, 158n, 169, 176

AS 曲線　　96n, 118, 179n
永久公債　　139, 140n
FRB/US モデル　　111

FTPL　→物価水準の財政理論
LM 曲線　　148

オイラー方程式　　59, 119
欧州中央銀行(ECB)　　79
横断条件(transversality condition)　　61

か 行

外貨準備　　44, 87
外貨建て　　81
　——国債　　26
外国政府　　81, 82
価格粘着性　　118n, 119, 159, 176, 177
拡張版テイラールール(Augmented Taylor rule)　　111, 132, 175
過剰決定(over-determined)　　57, 86
課税ベース　　55n
価値尺度機能　　76n
価値保証保険　　215
価値保蔵手段　　194
株価　　23, 71
　——決定式　　74
株式　　23, 34, 71
　——時価総額　　71
　——ポートフォリオ　　227
貨幣価値決定式　　11, 18
貨幣価値(に関する)コミットメント　　2, 15, 37
貨幣価値の安定　　92
貨幣供給　　139
　——量　　52n, 148, 159n
貨幣サービス　　58n
貨幣需要　　139
　——関数　　211
貨幣数量関係式　　24
貨幣数量説　　41, 44

貨幣の取引需要　42, 152
貨幣の保有コスト（持ち越し費用）
　　195, 196
貨幣法　36
貨幣流通速度　19
ガリ（J. Gali）　80n, 119n
カルボ（G. Calvo）　119
カレンシーボード制　86
為替相場　44, 47, 79
観察上同等（observationally equivalent）　76
「間接的」な国債価格支持政策　153
カンツォネリ（M. B. Canzoneri）
　　62n, 77, 78n, 158n
管理通貨制　1

機会費用　58n, 152
企業金融　22, 70
期待インフレ率　173n
期待理論　98, 118, 161
既発国債　92, 93
キャッシュレス経済　56n, 61
局所的リカーディアン（Locally Ricardian）　63
金解禁　36
金銀複本位制　226
銀行主義　13n
均衡外（off-equilibrium）　74
均衡回復メカニズム　41, 168
均衡財政ルール　64n
均衡実質金利　60, 160
均衡の一意性（uniqueness）　57
均衡物価水準　61
金兌換　13
金本位制　1, 222
金融資産保有税　194
金融政策　11, 20, 55, 200
　　――の慣性（inertia）　111, 127
　　――の操作変数　91
　　――の伝達経路　143
　　――のトランスミッション・メカニズム　106
　　――の波及経路　91
　　――ルール　47

最適――　110
最適――ルール　183
受動的――ルール　66
能動的――ルール　66
無責任な――　109
金利の非負制約　117, 120, 121
　　――条件　96n
金利予想　106

グッドフレンド（M. Goodfriend）
　　112n, 143n
クルーグマン（P. Krugman）　44n, 103, 105-115, 119, 157n, 169, 172, 173, 176, 180n
　　――仮説　106
クーン＝タッカー条件　122, 179

経済通貨同盟（EMU）　64, 79, 90
契約型リカーディアン　211
ケインズ（J. M. Keynes）　14, 15n, 19, 91, 92, 107, 139, 140, 148, 153, 156, 195
　　――の流動性の罠　139
ゲゼル（S. Gesell）　193, 195-199
　　――型貨幣　195-199
決済手段　56n
　　――機能　76n
決定性（determinacy）　57

高インフレ　40
公開市場操作　56, 116, 147
交換手段　194
公共財の生産関数　27
後順位性　206
恒常所得　168n
　　――仮説　54n
購買力平価　81
公約解　121
公約型リカーディアン　217
国債価格支持政策（Bond-price support regime）　150
国債管理政策　24
国債金利　93
国債市場　153

索引 ——241

――価格　93
国債需要　93
国債償還額　172
国債の市場価格　11, 58
国債の実質価格　168
国債の実質価値　42
国債の実質償還額　177
国債の引き受け　33
国債の平均残存期間　164
国債の満期構成　60n, 147n, 162, 169, 188
国債枚数　72
国債流通市場　92
国際通貨制度　79
コクラン(J. H. Cochrane)　22n, 26n, 74n, 77n, 172n, 208n
固定相場制　86
コミットメント　6, 92, 136, 137, 224
　――型の政策運営　101
　財政(に関する)――　37, 92
コンティンジェンシー・プラン　101

さ　行

債券とマネーの代替性　91
最終期　82
財政赤字　42
財政悪化　40
財政インフレ論　40, 151
財政協調　183
財政規律　47, 55n, 142n
財政再建　41, 55n
財政従属　83
財政ショック　96n
財政政策　46
　――との協調　173
　――の協力　173
　――の規律　88
　――ルール　46
　受動的――ルール　54, 63n
　能動的――ルール　54, 63n
　リカーディアン型――ルール　54, 61
　非リカーディアン型――ルール　54
財政調整　63
財政独立　83
財政トランスファー　90
財政余剰　10, 49
　実質――　17
裁定　143
最適解　180
最適金融政策　110
　――ルール　183
最適通貨圏　79
最適ポリシーミックス　189
裁量　88
　――解　121
　――型の政策運営　101
先送り　171
サージェント(T. J. Sargent)　19, 43, 52n, 171, 172
サステイナブル　77
サマーズ(L. Summers)　112, 113, 133, 134, 169n
　――効果　133
残余請求権(residual claim)　73

ジェノア会議　34n, 224n
時間非整合性　121, 127n
自己安定型リカーディアン　221
自国政府　82
自国通貨建て　81
　――国債　26
資産価格　47
市場均衡　49
市場金利　11
市場参加者　104
市場の期待形成　102n
市場の信認　173
市場の予想　101, 111
市場利子率　95n
自然利子率　60, 119, 160, 197
　――ショック　96n, 200, 201
実質貨幣需要関数　161
実質金利　66
実質国債残高　61, 76n

実質財政余剰　17
実質政府債務残高　63
シニョレッジ　3, 7, 60, 161, 228
資本勘定　75
資本金　75
シムズ(C. A. Sims)　86n
需給ギャップ　97, 118, 179n
需給均衡式　51n
受動的金融政策ルール　66
受動的財政政策ルール　54, 63n
純資産　53, 149
準備資産　2
準備預金　56
証券化プロジェクト　227
乗数効果　149
新興市場国　44
信認　87

スタンプ付紙幣　195
スベンソン(L. E. O. Svensson)
　107, 140

税金　49
政策技術　113
政策協調　178
政策コミットメント　92, 97
政策ラグ　131
正の富効果　93
政府債務　52, 158
政府支出　49, 158
政府・中央銀行の統合勘定　147
政府と中央銀行を連結したバランスシート　17
政府の純税収　46
政府の名目債務　46
制約式　73
絶対価格　93
ゼロ金利　91
　——解除　130
　——解除の条件　102, 130
　——政策　97
　——政策の停止条件　105
　——制約　92, 167, 168
　——の継続期間　156

ゼロクーポン債　145, 160
先決変数　51, 52, 69
宣言　63, 173
先見的(forward-looking)　103, 131
潜在産出量　119
潜在成長率　125
戦時インフレ　39
1836年恐慌　13

相対価格　93
ソフト・ターゲティング　154

た　行

対外(的)価値　39, 44
大恐慌　91
対内価値　44
対内的な貨幣価値　39
高橋是清　31n
ターゲットゾーン制　157n
ターム物　98
単一通貨　85
短期国債　73n
短期名目金利　58

地域通貨運動　196
中央銀行　2, 55
　——債務　56n
　——の損失関数　96n, 118, 177, 178, 202
　——の目標インフレ率　66
中長期の金利　155
超過負担　55n
長期国債　73n, 92, 158, 159
徴税力　29
貯蓄超過　106, 107

通貨からの逃避　148n
通貨危機　39
通貨主義　13n, 14
通貨同盟　47, 79

定常状態　121
ディフォルト　26, 30, 41, 205
テイラー(J. B. Taylor)　66, 79n,

索　　引——243

　　　　95
　　——原則(Taylor principle)　66
　　——ルール　66, 95, 174, 212,
　　　228
　　拡張版——ルール　111, 132,
　　　175
デノミネーション　25
デフレーション　92
デフレ・スムージング　180, 186

統合政府　96n
独立性　55
富効果　42, 53
ドル化政策　79, 86n
ドルペッグ制　44, 86
トレードオフ関係　89, 171

な　行

2国1財モデル　81
日銀納付金　184n
日本銀行　97
　　——法　33
ニーハンス(J. Niehans)　95n
ニューケインジアン　97
　　——型フィリップス曲線　119
　　——型モデル　118n

納税者　93
能動的金融政策ルール　66
能動的(な)財政政策ルール　54,
　　63n

は　行

ハイエク(F. A. von Hayek)　6n,
　　228n, 230n
ハイパーインフレ　24, 26, 43
バーナンキ(B. S. Bernanke)　153
バランスシート　75
バロー(R. J. Barro)　53, 54n, 121

非ヴィクセル・レジーム　94
比較静学　140, 162
東アジア通貨危機　44
ピグー(A. C. Pigou)　53, 149

非決定　65
ヒックス(J. R. Hicks)　92n, 113,
　　148
非ポンジー・ゲーム条件　48
評価式　73
非リカーディアン型財政政策ルール
　　54

フィッシャー式　18, 59, 165, 202,
　　210
フィードバックルール　133n
フィリップス曲線　119, 121, 134
フェアな価格付け　18
フェアな市場価格　25
フェデラルファンドレート　143n
フォワード・ルッキング変数　120
複数通貨　79
物価　44
　　——安定　88, 95
　　——決定式　59, 164, 178
　　——水準ターゲティング　133n
　　——水準に関する条件式　18
　　——水準の財政理論(FTPL)
　　　19, 39
　　——制約式　204
　　——ターゲット　224
負の富効果　93
部分準備　223
プライマリーサープラス　49
フリー・ディスポーザル　50, 157
不良債権　45
　　——問題　119
ブレトン・ウッズ体制　14
フロート制　79

ベースマネー　184n
　　——への課税　112n
ベースライン　162
ヘリコプター国債　147n
ヘリコプターマネー　25
変動相場制　83

放漫(な)財政運営　44, 158
飽和点　48n, 112n

ポリシーミックス　182
ボーン（H. Bohn）　77
本位貨幣　26

ま　行

マイナスの日歩　198
前借り　127
マーストリヒト条約（欧州連合条約）
　　64, 79, 90
マネーファイナンス　44
満期日　163

民間投資機会　142
民間部門の生産関数　28

無効命題（Irrelevance proposition）
　　24n, 112
無責任な（irresponsible）金融政策
　　109
無担保コール翌日物　91

名目貨幣供給量　161
名目貨幣需要　19
名目為替相場　83
名目金利　66, 193
名目債　49
名目割引因子　58

目標インフレ率　133, 135, 136
モラルハザード　215

や　行

有効需要　148

予算条件式　141
予算制約式　47
予想インフレ率　108
予想外のインフレ（surprise inflation）
　　55n
予想チャネル　92
予想物価上昇率　107

ら　行

ラッファーカーブ　166n

リアル国債　204
リカーディアン　94, 217
　――型財政政策ルール　54, 61
　――の政府　211
　局所的――　63
　契約型――　211
　公約型――　217
　非――型財政政策ルール　54
リカード（D. Ricardo）　53, 54n
　――の等価定理　53
リスク移転契約　207
リーパー（E. M. Leeper）　63n
リフレ　77n
　――政策　105
流動性　98
流動性の罠　21, 24, 91, 197, 211
　一過性の――　107, 140, 197
　ケインズの――　139
量的緩和　112

ルール対裁量　101

歴史依存性　117, 122, 127, 181
歴史依存的　111, 130
レジデュアル国債　218
レジデュアル性　206
レバレッジ効果　169n
レーヨンフーヴッド（A. Leijonhufvud）　95n
レンテンマルク　35

労働証明書　198n
ロゴフ（K. Rogoff）　109
ロヨ（E. Loyo）　78

わ　行

ワルラス法則　51n

■岩波オンデマンドブックス■

一橋大学経済研究叢書 52
新しい物価理論——物価水準の財政理論と金融政策の役割

2004年2月20日　第1刷発行
2018年3月13日　オンデマンド版発行

著　者　渡辺　努　　岩村　充

発行者　岡本　厚

発行所　株式会社　岩波書店
　　　　〒101-8002　東京都千代田区一ツ橋2-5-5
　　　　電話案内　03-5210-4000
　　　　http://www.iwanami.co.jp/

印刷／製本・法令印刷

© Tsutomu Watanabe, Mitsuru Iwamura 2018
ISBN 978-4-00-730726-3　Printed in Japan